中国廉政史鉴

李洪峰题

典章制度卷 2

李洪峰 主编

文化艺术出版社
Culture and Art Publishing House
国家图书馆出版社

第五章　南北朝廉政制度

公元4世纪到公元581年隋朝建立，其间将近三百年，北方广大地区一直被少数民族政权所统治，先是由匈奴、鲜卑、羯、氐、羌五个民族所建立的前凉、后凉、南凉、西凉、北凉、前赵、后赵、前秦、后秦、西秦、前燕、后燕、南燕、北燕、夏、成汉所谓十六国时期，其后则是以北魏、东魏、西魏、北齐、北周为代表的北朝时期。同北朝相对立，长江以南的广大地区，在公元420年东晋灭亡后的一百七十年内，相继出现了宋、齐、梁、陈四个国家。它们存在的时间都相对较短，最长的不过五十九年，最短的仅有二十三年，是我国历史上朝代更迭较快的一段时期。因为南北分裂，我国历史上将这一时期合称为“南北朝”。

南方宋齐梁陈四朝偏安江南，总共出现了二十四个皇帝，皇位的频繁更替，争权夺势，相互残杀，直接导致政治制度不能完善。统治者在国家制度建设和治理方面多沿袭汉魏之制，在监察体制以及官吏管理等方面并无明显建树。而北方诸少数民族政权虽然处于由游牧社会向封建社会的过渡阶段，但以前秦皇帝苻坚，北魏初祖拓跋圭、孝文帝拓跋宏，北周文帝宇文泰等为首的政权组织，在政治上励精图治，逐渐接受汉族政治统治的先进经验，对本民族进行全面的改革，力图清廉为政。

从中央监察体制角度来看，北朝诸政权多设置御史台（南台）为国家唯一的监察机关，并极大地提高了御史台监察百官的权力，使其达到无官不监、无职不察的地位。监察法制方面，在北朝后期的西魏、北周时期获得一定的发展，《诏制九条》是为北朝最具代表性的监察立法。在官吏管理制度方面，北魏和西魏两朝都在汉族官吏的帮助下分别建立了相当严密的考课标准，包括北魏孝文帝时期的《三等黜陟法》和西魏于大统十一年（545 年）制定的《六条课郡法》。

北魏作为北朝统治时间最长的朝代，在监察方面用力颇深，不仅加强监察组织建设，发挥监察机关惩贪防腐的主力军作用，而且由朝廷直接遣使巡察地方，就地处置违法官吏，从而编织了一套系统的防腐惩贪之法网。在吸收汉民族先进丰富的封建建制观念和体系的同时，也注意保留鲜卑民族传统法制的实际效力。明元帝、太武帝、文成帝等都曾颁布诏令，允许普通百姓直接向中央机关状告不守法的地方长官。这种带有普众监察性质的“直诉”制度，有利于中央政权广泛了解基层百姓所处地方的基本动向，在一定程度上也为北魏政权的政治清明起到了良好的监察作用，避免了官官相护、层层相压的腐败风气。

总体而言，南北朝时期虽然在短短三百年的时间里出现了二十余朝政权，未有长期的中央集权统治确保社会稳定发展，但以北魏为首的各个政权组织在国家管理制度方面都进行了有益的尝试和探索，其所具有的历史功绩不可磨灭。正所谓“唐代一切制度，也多半是由南北朝演变而来，有其历史渊源，亦有其传统精神”〔1〕是也。

第一节 监察制度

南北朝时期的监察制度，在南朝和北朝呈现不同的发展态势。

南朝中央监察体制大体承袭两晋，御史中丞仍为御史台长官。刘宋时，御史中丞出入朝中特设专道，通过时除尚书外百官皆须停车下马以示敬意：“孝武帝孝建二年制，中丞与尚书令分道，虽丞、郎下朝相值，亦得断之，馀内外众官，皆受停驻。”〔2〕其实这一制度于汉代已见雏形：“凡三公、列卿、将、大夫、五营校尉行复道中，遇尚书仆射、左右丞郎、御史中丞、侍御史，皆避车豫相回避。卫士传不得迕台官，台官过后乃得去。”〔3〕只是南北朝时期将此项制度发扬光大而已。南齐年间，御史中丞权限更为广泛，“职无不察，专道而行，驺辐禁呵，加以声色，武将相逢，辄致侵犯，若有卤簿，至相驱击”〔4〕。梁国建立之初又置御史大夫，天监元年（502 年）恢复御史中丞执掌监察大权，此时专道而行，即便是尚书丞郎，亦得停驻。齐梁之时，因御史台在尚书台南，故而又名南台，御史中丞由此称为南司。

南朝诸国的廉政体系，因王朝短祚，难以充分发展，整体而

〔1〕《中国历代政治得失》，第 48 页。

〔2〕《通典》卷第二十四《职官六》，第 664 页。

〔3〕《后汉书》志第二十六《百官三》注引蔡质《汉仪》。

〔4〕《南齐书》志第八《百官》。

言不甚理想。同时因为高门士族把持政权，不屑担任监察官吏，普通士人因而得以高任。江淹家境贫寒，仕途几经周折，始得担任御史中丞，期间认真行使监察职责，“弹中书令谢朏等以久疾不预山陵公事。又奏收梁益二州刺史赃贿，付廷尉理罪。临海、永嘉二太守及诸郡二千石、大县长官等，多被劾理”，严明刚正，“内外肃然”，齐明帝亦称之曰：“今君为南司，足以震肃百僚也”，“可谓近世独步”[1]。然整体而言，庶族寒门尚未能与士族门阀全力抗衡，若尽职尽责纠弹不法则会遭受权贵的攻击。南齐高帝萧道成建元年间（479—482），刚刚担任御史中丞一年有余的刘休便提出辞呈：

> 建元初，（刘休）为御史中丞。顷之，休启曰：“臣自尘荣南宪，星晷交春，谬闻弱奏，劾无空月。岂唯不能使蕃邦敛手，豪右屏气，乃遣听已暴之辜，替网触罗之鸟。而犹以此，里失乡党之和，朝绝比肩之顾，覆背腾其喉唇，武人厉其觜吻。怨之所聚，势难久堪，议之所裁，孰怀其允。臣窃寻宋世载祀六十，历职斯任者五十有三，校其年月，不过盈岁。于臣叨滥，宜请骸骨。”上曰：“卿职当国司，以威裁为本，而忽惮世诮。卿便应辞之事始，何可获惰晚节邪？”[2]

按照刘休的统计，刘宋王朝六十年统治，历任御史中丞者便有五十三位，平均每位在职不过一年有余，即便“星晷交春，谬闻弱奏，劾无空月”，殚精竭虑，仍不能使“蕃邦敛手，豪右屏

〔1〕《通典》卷第二十四《职官六》，第664页。
〔2〕《南齐书》卷三十四《刘休传》。

气”，结果只能是“里失乡党之和，朝绝比肩之顾，覆背腾其喉唇，武人厉其觜吻。怨之所聚，势难久堪；议之所裁，孰怀其允”。御史监察之难，由此可见一斑。

在地方监察方面，南朝所创立的典签制，虽历世不足百年，但也颇具特色。典签本为地方长官典掌机要的官吏，当时地方官员处理文书，前叙所论事由，后书某官某签，皆置典签一职掌管。刘宋初期多以宗室出任州郡重镇，鉴于诸王大多尚未成年，故而选派贤德寒士充当典签，辅佐（代替）批阅公文，兼管其生活起居，职位虽低，但权力渐重，实际上已经超出了监察官的范围。刘宋中叶以后，随着诸王年龄增长，权势渐盛，争权夺利和骨肉相残的事件屡有发生。宋孝武帝遂直接把典签派往各州监察诸王和刺史，定期回都城汇报地方上的情况。由此典签的权力大增，甚至“威行州郡，权重蕃君”：“大明、泰始，长王临蕃，素族出镇，（典签）莫不皆出内教命，刺史不得专其任也。……典签递互还都，一岁数反，时主辄与闲言，访以方事。刺史行事之美恶，系于典签之口，莫不折节推奉，恒虑不及。于是威行州郡，权重蕃君。”[1]南齐时期，典签权势益盛，刺史郡守的升降去留，往往取决于典签之口。诸王更处于典签严格控制与监视之下，甚至“取一挺藕，一杯浆，皆谘签帅，不在则竟日忍渴”。武陵王萧晔任江州刺史时，与典签赵渥之发生矛盾。赵渥之赴京汇报期间进言诬告，萧晔虽为齐高帝萧道成之胞弟，亦终被免职还都。南海王萧子罕驻守琅邪，欲游东堂，典签姜秀不许，遂向其母哭诉：“儿欲移五步亦不得，与囚何异。”宋齐后期，“诸州唯闻有签帅，

〔1〕《南史》卷七十七《吕文显传》。

不闻有刺史”[1]。典签制的推行，在魏晋南北朝整体忽视地方监察的状态下，强化了对地方的监察，但由于典签直接受命于君主，权力太重，无人监督，亦容易滋生腐败。史载齐永明八年（490年），有司检举南兖州典签刘道济贪污赃物价值多达百万，齐武帝萧赜怒而杀道济：“（西阳王）子明典签刘道济取府州五十人役自给，又役子明左右，及船仗赃私百万，为有司所奏，世祖怒，赐道济死。”时任南兖州冠军长史之沈宪，因未能及时纠察而同时被处以免官的惩罚[2]。无独有偶，时隔仅仅一年，此州的另外一位典签何益孙亦为贪污百万，“典签何益孙赃罪百万，弃市”，时任西阳王征虏长史之惠朗也受到免官的惩罚[3]。由此可知典签制度积弊严重，梁武帝时终于下决心取消了这一制度。

五胡十六国政权诞生于戎马倥偬中，尽管战争环境使各政权都带有鲜明的军事化特征，政权组织机构比较粗疏，但他们都仿汉制建立有效地监督臣僚、控制地方的监察机关和官吏。御史大夫、御史中丞、司隶校尉、司直等都曾出现于十六国政治体制内部，为朝廷惩恶防奸、整肃朝纲起到了良好的监察作用。同时需要注意的是，这些政权的君主如前秦苻坚、前赵刘聪等人，都对于监察官吏大刀阔斧地行使职权表示了一定的支持，即便是涉及皇室成员的利益，也能在一定程度上不予姑息，这也从侧面表现了监察官吏强烈的责任感。

其中特别值得一提的是苻坚创立的前秦，其显著的监察成效代表了十六国时期监察的最高水平。在监察体制方面，前秦全面

〔1〕《南史》卷四十四《巴陵王萧子伦传》。
〔2〕《南齐书》卷五十三《良政》。
〔3〕《南齐书》卷四十六《萧惠基传》。

接受了魏晋模式，是十六国中最为成熟和完备的。中丞是御史组织的首领，邓羌、梁光平、李柔等先后居任此职，纠弹“无所顾忌”，上及皇太子。中丞下属御史若干人，他们在执行日常监察的同时，常常受遣为“绣衣使者”，巡行四方。此外，肩负台内监察的尚书左丞也未漏设，王猛、房旷任过此职。司隶校尉是前秦最主要的监察机关，司隶的选拔非常慎重，执掌也较魏晋更有扩展，不仅没有“皇太子以下”的限制，而且监察后所恶立退，直接行使审判制裁，并参与或复核重大案件的司法审判活动。前秦监察实践的特点是君主与监察机器相当协调而呈现的高性能。御史中丞王猛与邓羌行使监察权力时“疾恶纠察，无所顾忌”，正是在于君主苻坚的鼎力支持，所以才能达到“数旬之间，违法之豪强贵戚接踵遭诛，白僚屏气，路不拾遗，风化大行”的良好效果：

（宣昭帝甘露元年）中丞邓羌，性鲠直不挠，与（王）猛协规齐志，数旬之间，贵戚强豪诛死者二十有余人。于是百僚震肃，豪右屏气，路不拾遗，风化大行。坚叹曰：“吾今始知天下之有法也，天子之为尊也！”〔1〕

同前秦苻坚一样鼎力支持监察机构行使职权的统治者还有前赵昭武帝刘聪：

（陈元达）在位忠謇，屡进谠言，退而削草，虽子弟莫得而知也。聪每谓元达曰：“卿当畏朕，反使朕畏卿乎？”元达

〔1〕《晋书》卷一百十三《苻坚载记》。

叩头谢曰："臣闻师臣者王，友臣者霸。臣诚愚暗无可采也，幸邀陛下垂齐桓纳九九之义，故使微臣得尽愚忠。昔世宗遥可汲黯之奏，故能恢隆汉道；桀纣诛谏，幽厉弭谤，是以三代之亡也忽焉。陛下以大圣应期，挺不世之量，能远捐商周覆国之弊，近模孝武光汉之美，则天下幸甚，群臣知免。"[1]

陈元达为前赵政权开创者刘曜之父刘渊所赏识而得以入仕，至昭武帝刘聪时被任命为廷尉、左司隶等职，负责监察事务。从历史上看，刘聪并非明君，而是痴迷女色，曾经同时立三位妃子为皇后。陈远达以"三后并立非礼也"极言切谏，却未被刘聪采纳。其后因陈元达上奏皇后靳氏有淫秽之行，刘聪"迫于元达之势"始废靳氏。刘聪的另一宠妃刘娥于建兴元年（313 年）被立为皇后，按照刘聪的意思，本欲为其大建宫室，又是陈元达力谏此举劳民伤财始而作罢。监察官吏之威势，连帝王有时也不便违拂，前赵一朝的监察体制之严格可见一斑。故而刘聪虽贵为君主，亦不得不发出"卿当畏朕，反使朕畏卿乎"的自嘲之语。

北朝政权在十六国的基础上，积极吸收汉族地区的先进管理经验和制度，并结合本民族实际进行适度的融合和改造，在监察体制的设立方面丝毫不逊色于南朝。

从中央监察体制角度来看，北朝诸政权多设置御史台（南台）为直接受命于皇帝的监察机关，其长官为御史中丞（中尉）："后汉以来谓之御史台，亦谓之兰台寺。梁及后魏、北齐，或谓之南台。……后魏之制，有公事，百官朝会，名簿自尚书令、仆以下，

---

〔1〕《晋书》卷一百二《陈元达传》。

悉送南台。”〔1〕与此同时，又改变了司隶校尉与御史中丞区分监察百官的局面，将司隶的行政权拨归扬州刺史，将监察权划归御史台。这样，御史台遂成为国家唯一的监察机关，而其设置亦是相当完备。据记载北齐时期：“御史台，掌察纠弹劾。中丞一人，治书侍御史二人，侍御史八人，殿中侍御史、检校御史各十二人，录事四人。领符节署，令一人，符玺郎中四人。”〔2〕另外，朝廷又极大地提高了御史台监察百官的权力，使其达到无官不监、无职不察的地位。后魏（北魏）的御史中丞不仅“督司百僚”，而且其出入皇宫，可与皇太子分路而行，诸位官吏皆需停车下马退避，如有违禁，将会受到棒击之罚：“后魏为御史中尉，督司百僚，其出入，千步清道，与皇太子分路，王公百辟，咸使逊避，其余百僚，下马弛车止路傍。其违缓者，以棒棒之。”〔3〕北齐对于监察官吏亦赋予极高的权力。史载北齐御史中尉高恭之，字道穆，“凡是益国利人之事，必以奏闻。谏争尽言，无所顾惮”。“帝姊寿阳公主行犯清路，执赤棒卒呵之不止，道穆令卒棒破其车。公主深恨，泣以诉帝。帝曰：‘高中尉清直人，彼所行者公事，岂可私恨责之也？’道穆后见帝，帝曰：‘一日家姊行路相犯，深以为愧。’道穆免冠谢，帝曰：‘朕以愧卿，卿反谢朕！’”〔4〕在监察官面前，即便是公主也不能例外。后周时设有司宪中大夫二人，“掌司寇之法，辨国之五禁，亦得任也”〔5〕，相当于御史中丞。

南北朝在言谏制度方面也有所成。南朝承袭两晋，虽有谏议

〔1〕《通典》卷第二十四《职官六》，第659页。
〔2〕《隋书》卷二十七《志第二十二·百官志中》。
〔3〕《通典》卷第二十四《职官六》，第665页。
〔4〕《北史》卷五十《高道穆传》。
〔5〕《通典》卷第二十四《职官六》，第665—666页。

大夫设置，却并不执行谏诤之责。门下省之侍中、散骑省之散骑常侍、集书省之给事黄门侍郎等多种职官都曾负责过谏议工作，其原因在于主管谏诤的机构发生了变化，最为显著的就是散骑省从门下省分出，发展扩大为集书省这一专职机构，属官有给事黄门侍郎、散骑侍郎等。其中给事黄门侍郎，因执掌诏令等机密文字，备皇帝顾问，由魏晋时侍卫之官改为谏官。集书省与门下省属于平行机构，可见谏官的制度化进一步得到了加强。但由于南朝君主在位时间多甚短暂，忽略亦无力加强政治制度的建设，因而谏官制度在实际效能上不很明显。

北朝受汉族政治制度影响，北魏孝文帝汉化改革官制，设谏议大夫作为谏官，负责谏诤议论，随侍君王左右。北齐大体承袭此制。西魏宇文泰上溯周制创立六官制，到北周武帝亦即宇文泰之子宇文觉统治时期，由于六官制度弊端显现，因而在保定元年（561 年）进行改革，重新以谏议大夫等为谏官。此外，《隋书·百官志》提及北齐官制，在尚书省条都官尚书部属中设有“比部”，职责为“掌诏书律令勾检等事”〔1〕，其实质为行政官僚内部的文件检查系统。“勾检”的意思是官员审核官方文件完毕后，需用朱笔画勾，如果发现任何问题则需要在旁侧注明，并签署名字以示负责，便于日后追查。“上士宋谦奉使勾检，谦缘此别求他罪。”〔2〕这一文件检查系统制度发展至唐代愈趋完备，成为唐代官制中不可或缺的垂直监察系统。〔3〕

除了设置谏官制度之外，北魏高宗、高祖、世宗等多位君主

〔1〕《隋书》卷二十七《志第二十二·百官志中》。
〔2〕《北史》卷二十三《于仲文传》。
〔3〕《中国历代廉政监察制度史》，第 133 页。

都曾下诏招募敢于直言正谏人士，希望官吏能够“上事陈得失”，如果“不能面陈而上表显谏，此岂不彰君之短，明己之美”？

或有上事陈得失者，高宗省而谓群臣曰：“君父一也，父有是非，子何为不作书于人中谏之，使人知恶，而于家内隐处也。岂不以父亲，恐恶彰于外也。今国家善恶，不能面陈而上表显谏，此岂不彰君之短，明己之美。至如高允者，真忠臣矣。朕有是非，常正言面论，至朕所不乐闻者，皆侃侃言说，无所避就。朕闻其过，而天下不知其谏，岂不忠乎！汝等在左右，曾不闻一正言，但伺朕喜时求官乞职。汝等把弓刀侍朕左右，徒立劳耳，皆至公王。此人把笔匡我国家，不过作郎。汝等不自愧乎？”于是拜允中书令，著作如故。〔1〕

（北魏承明元年冬十月）己未，诏曰：“朕纂承皇极，照临万方，思阐遐风，光被兆庶，使朝有不讳之音，野无自蔽之响，畴咨帝载，询及刍荛。自今已后，群官卿士下及吏民，各听上书，直言极谏，勿有所隐。诸有便宜，益治利民，可以正风俗者，有司以闻。朕将亲览，与三事大夫论其可否，裁而用之。”〔2〕

（北魏太和八年）八月甲辰，诏曰：“帝业至重，非广询无以致治；王务至繁，非博采无以兴功。先王知其如此，故虚己以求过，明恕以思咎。是以谏鼓置于尧世，谤木立于舜庭，用能耳目四达，庶类咸熙。朕承累圣之洪基，属千载之昌运，每布遐风，景行前式。承明之初，班下内外，听人各

〔1〕《魏书》卷四十八《高允传》。
〔2〕《魏书》卷七上《高祖纪上》。

尽规，以补其阙。中旨虽宣，允称者少。故变时法，远遵古典，班制俸禄，改更刑书。宽猛未允，人或异议，思言者莫由申情，求谏者无因自达，故令上明不周，下情壅塞。今制百辟卿士，工商吏民，各上便宜。利民益治，损化伤政，直言极谏，勿有所隐，务令辞无烦华，理从简实。朕将亲览，以知世事之要，使言之者无罪，闻之者足以为戒。"〔1〕

（北魏太和九年二月）乙巳，诏曰："昔之哲王，莫不博采下情，勤求箴谏，建设旌鼓，询纳刍荛。朕班禄删刑，虑不周允，虚怀谠直，思显洪猷。百司卿士及工商吏民，其各上书极谏，靡有所隐。"〔2〕

（北魏孝昌二年六月）戊子，诏曰："自运属艰棘，历载于兹，烽驿交驰，旌鼓不息。祖宗盛业，危若缀旒，社稷鸿基，殆将沦坠。朕威德不能遐被，经略无以及远，俾令苍生罹此涂炭，何以苟安黄屋，无愧黔黎。今便避居正殿，蔬餐素服。当亲自招募，收集忠勇。其有直言正谏之士，敢决徇义之夫，二十五日悉集华林东门，人别引见，共论得失。班告内外，咸使闻知。"〔3〕

监察法制方面，在北朝后期的西魏、北周时期获得一定的发展。西魏宰相苏绰于大统十年（544 年）奉命制定新的"六条诏书"，虽深得文帝宇文泰的赞赏，但其不是地方监察法规，而更近于督导考课。北朝最具代表性的监察立法出现于北周。武帝宣政元年（578 年），派遣大使巡察诸州，颁布《诏制九条》，作为刺

〔1〕〔2〕《魏书》卷七上《高祖纪上》。
〔3〕《魏书》卷九《孝明帝纪》。

史、郡守的守则：

一曰，决狱科罪，皆准律文；二曰，母族绝服外者，听婚；三曰，以杖决罚，悉令依法；四曰，郡县当境贼盗不擒获者，并仰录奏；五曰，孝子顺孙义夫节妇，表其门闾，才堪任用者，即宜申荐；六曰，或昔经驱使，名位未达，或沉沦蓬荜，文武可施，宜并采访，具以名奏；七曰，伪齐七品以上，已敕收用，八品以下，爰及流外，若欲入仕，皆听预选，降二等授官；八曰，州举高才博学者为秀才，郡举经明行修者为孝廉，上州、上郡岁一人，下州、下郡三岁一人；九曰，年七十以上，依式授官，鳏寡困乏不能自存者，并加禀恤。〔1〕

《诏制九条》督导地方官实施行政权力，将道德和政绩同时列为考察对象，亦体现出监察立法中察举并重、奖惩结合的要求，在一定程度上值得肯定。但和汉武帝时“六条诏书”相比，专业性质有所减弱，大使也不是专职监察官，而是钦差大臣，其职权范围相当广泛，和汉武帝时六百石的刺史不可同日而语。

北魏作为北朝统治时间最长的朝代，在监察方面用力颇深。北魏吸收汉民族先进丰富的封建建制观念和体系的同时，也注意保留鲜卑民族传统法制的实际效力，以维系鲜卑军事集团的凝聚力，带有普众监察性质的“直诉”制度就是其中一个很好的例证。

---

〔1〕《周书》卷七《宣帝纪》。

（神瑞元年）冬十一月壬午，诏使者巡行诸州，校阅守宰资财，非自家所赍，悉簿为赃。诏守宰不如法，听民诣阙告言之。[1]

（太延三年）夏五月己丑，诏曰："方今寇逆消殄，天下渐晏。比年以来，屡诏有司，班宣惠政，与民宁息。而内外群官及牧守令长，不能忧勤所司，纠察非法，废公带私，更相隐置，浊货为官，政存苟且。夫法之不用，自上犯之，其令天下吏民，得举告守令不如法者。"[2]

（太安元年）夏六月癸酉诏曰："夫为治者，因宜以设官，举贤以任职，故上下和平，民无怨谤。若官非其人，奸邪在位，则政教陵迟，至于凋薄。思明黜陟，以隆治道。今遣尚书穆伏真等三十人，巡行州郡，观察风俗。入其境，农不垦殖，田亩多荒，则徭役不时，废于力也；耆老饭蔬食，少壮无衣褐，则聚敛烦数，匮于财也；闾里空虚，民多流散，则绥导无方，疏于恩也；盗贼公行，劫夺不息，则威禁不设，失于刑也；众谤并兴，大小嗟怨，善人隐伏，佞邪当途，则为法混淆，昏于政也。诸如此比，黜而戮之。善于政者，褒而赏之。其有阿枉不能自申，听诣使告状，使者检治。若信清能，众所称美，诬告以求直，反其罪。使者受财，断察不平，听诣公车上诉。[3]

北魏前期，明元帝、太武帝、文成帝等都曾颁布诏令，允许

[1]《魏书》卷三《明元帝纪》。
[2]《魏书》卷四上《太武帝纪》。
[3]《魏书》卷五《文成帝纪》。

普通百姓直接向中央机关状告不守法的地方长官。法律本来是统治阶级的国家机器，如今却为上层官吏所漠视；官员本应“因宜以设官，举贤以任职”，在任上举力实现“上下和平，民无怨谤”的社会和谐，如今却贪赃受贿、妄断狱讼——“不能忧勤所司，纠察非法，废公带私，更相隐置，浊货为官，政存苟且”。制法者犯法，何以监督纠察？民可载舟，亦可覆舟。老百姓的眼睛是雪亮的，认可百姓直接上诉中央这种“直诉”制度的存在，有利于中央政权广泛了解基层百姓所处地方的基本动向，在一定程度上也为北魏政权的政治清明起到了良好的监察作用，避免了官官相护、层层相压的腐败风气。诚然，直诉制度的保持也同北魏初年官僚队伍整体素质低劣难免出现监审失当的现实存在一定的关系。

此外，宣武帝还曾委派大使赴各地巡视检查，以“观风辨俗，采访功过，褒赏贤者，纠罚淫慝，理穷恤弊”，以期达到“善恶励心”之目的：

> （北魏正始二年）秋七月甲戌，诏曰：“朕纂驭宝历，于今七载，德泽未敷，鉴不烛远，人之冤瘼，所在犹滋，而纠察之狱未畅于下，贤愚靡分，皂白均贯，非所以革民耳目，使善恶励心。今分遣大使，省方巡检，随其愆负与风响相符者，即加纠黜，以明雷霆之威，以申旌轩之举，因以观风辨俗，采访功过，褒赏贤者，纠罚淫慝，理穷恤弊，以称朕心。”〔1〕

〔1〕《魏书》卷八《宣武帝纪》。

第二节 官吏管理制度

南北朝时期，源自两汉的察举、征辟等人才选拔制度仍有行使。北魏道武帝天赐元年（404 年）十一月，“令各辨宗党，保举才行”〔1〕；孝庄帝武泰元年（528 年）五月，“诏求德行、文艺、政事强直者，县令、太守、刺史皆叙其志业，具以表闻。得三人以上，县令、太守、刺史赏一阶；举非其人，亦黜一阶”〔2〕。北齐孝昭帝乾明二年（561 年）二月，“诏内外执事之官从五品已上及三府主簿录事参军、诸王文学、侍御史、廷尉三官、尚书郎中、中书舍人，每二年之内各举一人”〔3〕。北周武帝建德三年（574 年）二月，“令六府各举贤良清正之士”，六年三月，“诏山东诸州各举士”，七月又“诏山东诸州，举有才望者赴行在所，共论政事得失”〔4〕；宣帝宣政元年（578 年）时，“州举高才博学者为秀才，郡举经明行修者为孝廉，上州、上郡岁一人，下州、下郡三岁一人”〔5〕。同时，从清廉政治的角度出发，秀才、孝廉等察举科目多需通过策试的方式最终决定：“宋制……凡州秀才、郡孝廉，至皆策试，天子或亲临之。及公卿所举，皆属于吏部，叙才铨用。凡举得失，各有赏罚。失者，其人加禁锢，年月多少，随群议制。”〔6〕人才选拔的主要途径在于吏部。

---

〔1〕《魏书》卷二《道武帝纪》。
〔2〕《魏书》卷十《孝庄帝纪》。
〔3〕《北齐书》卷六《孝昭帝纪》。
〔4〕《北史》卷十《周本纪下·周武帝纪》。
〔5〕《周书》卷七《宣帝纪》。
〔6〕《通典》卷第十四《选举二》，第 333 页。

两汉官吏任用回避制度以东汉末年“三互法”为代表，魏晋南北朝时期将这一制度发展推进，回避范围由姻亲延及所有亲属，需回避官员亦由地方扩大到中央官员。晋帝令荆州刺史刘弘的女婿夏侯陟为襄阳太守，刘弘上书推辞：“陟姻亲，旧制不得相监。”[1]因而另选他人。永初二年（421年），刘裕之子庐陵王刘义真出任扬州刺史，其叔刘道怜遂因曾“都督徐、兖、青三州，扬州之晋陵诸事”，于是改为“入住殿省”以作回避：

高祖平定三秦，方思外略，征道怜还为侍中、都督徐兖青三州扬州之晋陵诸军事、守尚书令、徐兖二州刺史，持节、将军如故。元熙元年，解尚书令，进位司空，出镇京口。高祖受命，进位太尉，封长沙王，食邑五千户，持节、侍中、都督、刺史如故。永初二年朝正，入住殿省。先是，庐陵王义真为扬州刺史，太后谓上曰：“道怜汝布衣兄弟，故宜为扬州。”上曰：“寄奴于道怜岂有所惜。扬州根本所寄，事务至多，非道怜所了。”太后曰：“道怜年出五十，岂当不如汝十岁儿邪？”上曰：“车士虽为刺史，事无大小，悉由寄奴。道怜年长，不亲其事，于听望不足。”太后乃无言。[2]

纵观回避制度在中国封建社会的实行，可谓有松有紧，其和政治清明关涉颇深。南北朝时社会动荡，整体而言，做官不避本籍的例子不在少数。

---

〔1〕《晋书》卷六十六《刘弘传》。
〔2〕《宋书》卷五十一《宗室》。

一、考课制度

考课制度是我国古代官吏管理制度的一个重要组成部分，其设置与执行事关廉政建设的大局。这一问题的重要性不仅为中原汉族地区政权所深刻认识，对于魏晋南北朝时期中国北方相继出现的少数民族政权组织来说，亦是深有同感。五胡十六国时期各个少数民族政权处于游牧社会向封建社会的过渡阶段，统治乏力，故而相继乱亡，运祚不长，其考课制度并未于政治清明有何积极意义之表现。而北朝则不然，在承袭魏晋之法的基础上又多所创革，尤其是北魏和西魏两代，都在汉人的帮助下分别建立了相当严密的考课标准。

北魏世祖拓跋焘一生铁骑峥嵘，南征北战，并且任用汉世家大族崔浩等为谋臣，在国家治理方面吸收汉制："操持六柄，王者所以统摄；平政理讼，公卿之所司存；劝农平赋，宰民之所专急；尽力三时，黔首之所克济。各修其分，谓之有序。"在官吏管理制度方面，拓跋焘明确了太守、刺史应尽的考核职责："太守覆检能否，核其殿最，列言属州。刺史明考优劣，抑退奸吏，升进贞良，岁尽举课上台。"对于"越职侵局，有紊纲纪"的失职行为，亦有相关惩罚规定："州郡县不得妄遣吏卒，烦扰民庶。若有发调，县宰集乡邑三老计赀定课，裒多益寡，九品混通，不得纵富督贫，避强侵弱。"〔1〕北魏孝文帝拓跋宏是中国历史上功勋卓著的少数民族政治家和改革家。魏晋南北朝时期，恰逢北方草原游牧民族与

〔1〕《魏书》卷四上《太武帝纪》。

南方中原汉族文化大融合、大碰撞的动荡年代。其间孝文帝革除鲜卑旧制的汉化运动掀起了民族大融合的高潮，可谓名垂千史。为了缓和阶级矛盾，北魏统治者力求限制地方豪强势力，加强中央集权，使鲜卑贵族进一步封建化，并与汉族地主紧密结合，更有效地共同统治各族人民，因此，孝文帝进行了一系列的改革。首先就是整顿吏治，明确对官员的奖惩制度。自古以来，官吏都有三年一考的惯例，并根据考课的结果进行升迁与废黜。延兴二年（472 年），孝文帝颁发诏书规定，地方牧守治绩好的可以久任，满一年升迁一级——凡“牧守温仁清俭、克己奉公者，可久于其任。岁积有成，迁位一级”。而那些治绩不好的，即使就任不久，也要受到处罚，甚至降级——“有贪残非道、侵削黎庶者，虽在官甫尔，必加黜罚”：

（孝文帝延兴二年）十有二月庚戌，诏曰：“《书》云：‘三载一考，三考黜陟幽明。’顷者已来，官以劳升，未久而代，牧守无恤民之心，竞为聚敛，送故迎新，相属于路，非所以固民志，隆治道也。自今牧守温仁清俭、克己奉公者，可久于其任。岁积有成，迁位一级。其有贪残非道、侵削黎庶者，虽在官甫尔，必加黜罚。著之于令，永为彝准。”〔1〕

二十二年后，即太和十八年（494 年），孝文帝在此基础上又颁布《三等黜陟法》：

〔1〕《魏书》卷七上《孝文帝纪》。

三载考绩，自古通经；三考黜陟，以彰能否。今若待三考然后黜陟，可黜者不足为迟，可进者大成赊缓。是以朕今三载一考，考即黜陟，欲令愚滞无妨于贤者，才能不壅于下位。各令当曹考其优劣，为三等。六品以下，尚书重问；五品以上，朕将亲与公卿论其善恶。上上者迁之，下下者黜之，中中者守其本任。[1]

这一法律对职官考课的指导思想、考核成绩、黜陟标准及程序作了明确规定，通过考课将官员分为三等从而进行官位升降。具体而言，孝文帝规定先由各级官长定期对部属职官进行考评，然后由朝廷每三年进行一次考课，以定黜陟。同时，孝文帝对考课法的实施极为重视，该法令颁布不久，“帝临朝堂，亲加黜陟”，其后亦经常亲自依考课情况决定黜陟。这对于惩贪倡廉、贬抑平庸、擢升干练以及督促官吏勤政廉政、防治腐败，具有一定的积极意义。这一系列基于政治清明出发之措施制度的相继出台，可以表现出孝文帝对于统治国家的科学管理思路，而这也促成了北魏成为魏晋南北朝时期统治时间最长的国家。

西魏大统十一年（545 年），出身于“累世二千石”之家的宰相苏绰根据新的政治情况，奉命制定了新的“六条诏书”，又称《六条课郡法》：

其一，先修心，其二，敦教化，其三，尽地利，其四，擢贤良，其五，恤狱讼，其六，均赋役。周文甚重之，常置

〔1〕《魏书》卷七下《孝文帝纪》。

诸坐右。又令百司习诵之，其牧守令长非通六条及计帐者，不得居官。[1]

具体而言，这六条措施分别是：（1）“治心身”。治心即所谓“凡理人之体，当先理己心，心者一身之主，百行之本”；治身即所谓“躬行仁义，躬行孝悌，躬行忠信，躬行礼让，躬行廉平，躬行俭约，然后继之以无倦，加之以明察”。（2）“敦教化”。即“移风易俗，还淳反素”。（3）“尽地利”。即“劝课农桑”。“夫衣食所以足者，由于地利尽，地利所以尽者，由于劝课有方。主此教者，在乎牧守令长而已”。（4）“擢贤良”。即“不限资荫，唯在得人”，“是故将求材艺，必先择志行，善者则举之，其志行不善则去之”。（5）“恤狱讼”。即“率至公之心，去阿枉之志，务求曲直，念尽平当。……使获罪者如归”。（6）“均赋税”。即“不舍豪强而征贫弱，不纵奸巧而固愚拙”[2]。这六条考课之法从内容上看，涉及的范围相当广泛，不仅注意到了官吏的身心修养与社会风化的关系，也注意到官吏考课同国家行政和经济效益的关系，更为难能可贵的是注意到吏治同国家兴亡的密切关系，故而大得西魏执政大臣宇文泰的赞赏，“常置诸坐右。又令百司习诵之，其牧守令长非通六条及计帐者，不得居官”。西魏统治者对考绩标准的这一高度总结，从理论上对考核制度作了详尽阐述，虽然具有一定的理想化色彩，但又不失为对考绩制度的丰富和发展，故而被后人奉为南北朝时期考核理论的集大成之作。

南朝宋齐梁陈四朝一百八十年历史，关于考课的史料已不多

---

〔1〕〔2〕《北史》卷六十三《苏绰传》。

见，地方长吏的考课大体仍以地方年终谷物赋税多少为主：

四方水土功课，岁尽则奏其殿最而行赏罚。[1]

（宋文帝元嘉二十年）诏曰："国以民为本，民以食为天。故一夫辍稼，饥者必及。仓廪既实，礼节以兴。自顷在所贫罄，家无宿积，赋役暂偏，则人怀愁垫；岁或不稔，而病乏比室。诚由政德弗孚，以臻斯弊；抑亦耕桑未广，地利多遗。宰守微化导之方，萌庶忘勤分之义。永言弘济，明发载怀。虽制令亟下，终莫惩劝，而坐望滋殖，庸可致乎。有司其班宣旧条，务尽敦课。游食之徒，咸令附业，考核勤惰，行其诛赏，观察能殿，严加黜陟。古者躬耕帝籍，敬供粢盛。仰瞻前王，思遵令典。便可量处千亩，考卜元辰。朕当亲率百辟，致礼郊甸，庶几诚素，将被斯民。"[2]

（南齐永明三年）守宰亲民之要，刺史案部所先，宜严课农桑，相土揆时，必穷地利。若耕蚕殊众，足厉浮堕者，所在即便列奏。其违方骄矜，佚事妨农，亦以名闻。将明赏罚，以劝勤怠。校核殿最，岁竟考课，以申黜陟。[3]

这些措施的实行，使得考课制度对封建社会的进一步发展起到了良好的促进作用。

---

〔1〕《通典》卷二十《职官二》，第516页。

〔2〕《宋书》卷五《文帝纪》。

〔3〕《南齐书》卷三《武帝纪》。

二、奖惩制度

入仕官员是否合格称职，需要严格的考课制度进行衡量，也需要监察机制进行监管和纠察，同时还需要相应的奖惩制度对于廉洁自律的官员进行褒奖，对于违法乱纪的官员进行严厉的惩处，从而刷素仕风、整顿官箴。北朝各少数民族政权为了巩固统治，先后向中原地区学习先进的封建管理制度，其中依法立国是很重要的一个组成部分。法律制度是政治文化之核心，对于巩固国家政权和维护统治阶级的根本利益，有着特殊的作用。而这些法律制度之中有很多都是同惩治贪污腐败官吏的廉政治国有所关联的。北朝诸国，以北魏为代表，初期几任君主都曾为吏治清明制定了一系列严惩贪渎的奖惩制度。

北魏属于鲜卑族政权，源自拓跋什翼犍早期建立的游牧国——代。游牧民族因为个体经济分散经营，地缘关系相对薄弱，文化特质中蕴涵着比农耕民族更深刻的个体独立性。北魏政权建立后，其统治者通过与汉族士人的接触，逐渐认识到汉族封建制度的先进作用，进而改弦更张，尊奉儒教，重视礼法。赏罚必信观念的形成和运用，就是这种背景下的一个很好的代表。北魏太武帝拓跋焘率先确立了奖惩制度，并将其上升到法律高度：

> 每以财者军国之本，无所轻费，至赏赐，皆是死事勋绩之家，亲戚爱宠未曾横有所及。……拔士于卒伍之中，惟其才效所长，不论本末。兼甚严断，明于刑赏。功者赏不遗贱，罪者刑不避亲，虽宠爱之，终不亏法。常曰：“法者，朕与天

下共之，何敢轻也。”故大臣犯法，无所宽假。雅长听察，瞬息之间，下人无以措其奸隐。〔1〕

拓跋焘认为，君主自谓法乃天下之法，任何人都必须遵守；承认“君法”高于“君欲”，赋予法令绝对权威。拓跋焘赏功伐过，令行禁止，不偏私，不护短，并注意身体力行。一时之间，朝廷内外刑威肃正，奸佞之臣无处藏身。

献文帝统治时期，战事已经减少，社会渐趋稳定，使得封建化步伐渐趋加快，对于官吏的奖惩管理亦趋于严格。如果地方官以合法征赋为掩护，胁迫所监临部民向商贾借高利贷纳赋，坐分巨利，其性质与监临官本人在所监临地区仗恃权势，强迫他人借贷或买卖财务以谋私利相同，“为政之弊，莫过于此”，故而下诏布告天下，规定取此不当所得之利十匹以上者死。

（和平二年）春正月乙酉，诏曰：“刺史牧民，为万里之表。自顷每因发调，逼民假贷，大商富贾，要射时利，旬日之间，增赢十倍。上下通同，分以润屋。故编户之家，困于冻馁；豪富之门，日有兼积。为政之弊，莫过于此。其一切禁绝，犯者十匹以上皆死。布告天下，咸令知禁。”〔2〕

《唐律·职制律》贷所监临财务条规定对“以威力强买物”的“强市”罪有行即罚；如有得利，即计所撰数额，按官吏“守

〔1〕《魏书》卷四下《太武帝纪》。
〔2〕《魏书》卷五《文成帝纪》。

财而枉法”之赃处罪，即源于此。[1]

如果地方官利用职务之便截留国赋，私吞自肥，属于监守自盗。汉律规定主守盗窃价值十金者应处以死罪。晋时法律规定“主守偷五匹，常偷四十匹，并加大辟”。北魏对侵吞国赋者论死罪处理。即使犯罪官吏因任期已满离职，亦会被追诉并无时效限制。截断官物、隐匿课税罪亦被《唐律》所吸收。

(太安四年)夏五月壬戌，诏曰：“朕即阼至今，屡下宽大之旨，蠲除烦苛，去诸不急，欲令物获其所，人安其业。而牧守百里，不能宣扬恩意，求欲无厌，断截官物以入于己，使课调悬少；而深文极墨，委罪于民。苟求免咎，曾不改惧。国家之制，赋役乃轻，比年已来，杂调减省，而所在州郡，咸有逋悬，非在职之官绥导失所，贪秽过度，谁使之致？自今常调不充，民不安业，宰民之徒，加以死罪。”

(太安五年)九月戊辰，诏曰：“夫褒赏必于有功，刑罚审于有罪，此古今之所同，由来之常式。牧守莅民，侵食百姓，以营家业，王赋不充，虽岁满去职，应计前逋，正其刑罪。而主者失于督察，不加弹正，使有罪者优游获免，无罪者妄受其辜，是启奸邪之路，长贪暴之心，岂所谓原情处罪，以正天下。”[2]

同时，献文帝有感于北魏前期封爵混乱，时有以欺诈手段骗取爵位及与之相联系官职的行径发生。鉴于此主观上有诈骗政治

---

〔1〕 钱大群：《唐律译注》，江苏古籍出版社 1988 年 4 月第 1 版，第 130—131 页。
〔2〕《魏书》卷五《文成帝纪》。

名位和相应的经济利益的目的，为了严肃纲纪，遂于天安元年（466年）下诏：

> 秋七月辛亥，诏诸有诈取爵位，罪特原之，削其爵职。其有祖、父假爵号货赇以正名者，不听继袭。诸非劳进超迁者，亦各还初。不以实闻者，以大不敬论。[1]

将此种行为定性为诈取爵职罪，并分为三种情况分别进行处理：削除诈取的爵职，赦免其罪；祖、父诈取爵位，子孙采取贿赂手段将此假爵号证明为真爵者，中止其爵位的继承效力；未有军功勋劳，通过其他不正当途径超迁官职者，免除其超迁名位退还到原职。诈取爵职而不自首，论大不敬罪。这一制度对后世产生了积极的影响，亦被收入《唐律》之中。

北朝法律条款多有为《唐律》所收录，可知其对后世法律深有影响。“北朝自魏而齐而隋而唐，寻流溯源，自成一系”，“故其时中原律学，衰于南而盛于北”[2]。制定并执行法律制度是为了惩恶扬善，以期建设祥和安宁的社会环境。两汉三国魏晋诸朝都认识到道德和法制共同的重要性，多有采取德行相济、约法省刑的措施。北朝时期效法前制亦有此举。北魏世宗认为奸吏若逃避刑法，则当发配边疆；若找不到奸吏，则当由其兄弟代为受罚：“悬配远戍，若永避不出，兄弟代之。”大臣郭祚直言而谏，指出中国自先古时期就秉行“慎狱审刑”的法治思想，“法贵止奸，不在过酷”：

---

〔1〕《魏书》卷六《献文帝纪》。

〔2〕程树德：《九朝律考》卷四《南朝诸律考序》，中华书局1963年5月第1版，第311页。

“慎狱审刑，道焕先古；垂宪设禁，义纂惟今。是以先王沿物之情，为之轨法，故八刑备于昔典，奸律炳于来制，皆所以谋其始迹，访厥成罪，敦风厉俗，永资世范者也。伏惟旨义博远，理绝近情，既怀愚异，不容不述。诚以败法之原，起于奸吏，奸吏虽微，败法实甚。伏寻诏旨，信亦断其逋逃之路，为治之要，实在于斯。然法贵止奸，不在过酷，立制施禁，为可传之于后。若法猛而奸不息，禁过不可永传，将何以载之刑书，垂之百代？若以奸吏逃窜，徙其兄弟，罪人妻子复应从之，此则一人之罪，祸倾二室。愚谓罪人既逃，止徙妻子，走者之身，悬名永配，于眚不免，奸途自塞。”诏从之。[1]

〔1〕《魏书》卷六十四《郭祚传》。

参考文献:

《史记》，中华书局 1999 年 1 月版。
《汉书》，中华书局 1999 年 2 月版。
《后汉书》，中华书局 1999 年 3 月版。
《三国志》，中华书局 1999 年 3 月版。
《晋书》，中华书局 1999 年 4 月版。
《宋书》，中华书局 1999 年 5 月版。
《南齐书》，中华书局 1999 年 6 月版。
《梁书》，中华书局 1999 年 4 月版。
《陈书》，中华书局 1999 年 6 月版。
《魏书》，中华书局 1999 年 6 月版。
《北齐书》，中华书局 1999 年 7 月版。
《周书》，中华书局 1999 年 7 月版。
《隋书》，中华书局 1999 年 8 月版。
《南史》，中华书局 1999 年 7 月版。
《北史》，中华书局 1999 年 8 月版。
商鞅等著，章诗同注：《商君书》，上海人民出版社 1974 年 5 月版。
韩非子：《韩非子》，上海古籍出版社 1989 年 9 月版。
荀子：《荀子》，上海古籍出版社 1989 年 9 月版。
桓宽：《盐铁论》，上海人民出版社 1974 年 6 月版。
桓谭：《新论》，上海人民出版社 1977 年 6 月版。
王符撰，汪继培笺：《潜夫论》，上海古籍出版社 1978 年 4 月版。
陆贾著，王利器校注：《新语校注》，中华书局 1986 年 8 月版。
刘向撰，向宗鲁校证：《说苑校证》，中华书局 1987 年 7 月版。
刘安等编著，高诱注：《淮南子》，上海古籍出版社 1989 年 9 月版。
董仲舒：《春秋繁露》，上海古籍出版社 1989 年 9 月版。
郑玄注，贾公彦疏，黄侃经文句读：《周礼注疏》，《清十三经注疏》

本，上海古籍出版社 1990 年 12 月版。

王肃注：《孔子家语》，上海古籍出版社 1990 年 9 月版。

孔安国注，孔颖达等正义，黄侃经文句读：《尚书正义》，《清十三经注疏》本，上海古籍出版社 1990 年 12 月版。

郑玄注，孔颖达等正义，黄侃经文句读：《礼记正义》，《清十三经注疏》本，上海古籍出版社 1990 年 12 月版。

许慎撰，段玉裁注：《说文解字注》，浙江古籍出版社 1998 年 2 月版。

赵晔撰，吴庆峰点校：《二十五别史》，齐鲁书社 2000 年 5 月版。

袁宏撰，周天游校注：《后汉纪》，天津古籍出版社 1987 年 12 月版。

杜预注，孔颖达等正义，黄侃经文句读：《春秋左传正义》，《清十三经注疏》本，上海古籍出版社 1990 年 12 月版。

萧统著，李善注：《文选》，上海古籍出版社 1986 年 6 月版。

杜佑撰，王文锦等点校：《通典》，中华书局 1988 年 12 月版。

虞世南：《北堂书钞》，中国书店 1989 年 7 月版。

李林甫等撰，陈仲夫点校：《唐六典》，中华书局 1992 年 1 月版。

张九龄等著，袁文兴、潘寅生主编：《唐六典全译》，甘肃人民出版社 1997 年 11 月版。

《资治通鉴》，中华书局 1956 年 6 月版。

李昉等撰：《太平御览》，中华书局 1960 年 2 月版。

戴埴：《鼠璞·左右》，中华书局 1985 年 1 月版。

马端临：《文献通考》，浙江古籍出版社 1988 年 11 月版。

俞正燮：《癸巳存稿》，商务印书馆 1957 年 11 月重印版（1937 年初版）。

赵翼撰，王树民校证：《廿二史劄记校证》，中华书局 1984 年 1 月版。

顾炎武著，黄汝成集释：《日知录》，花山文艺出版社 1990 年 8 月版。

孙星衍等辑，周天游点校：《汉官六种》，中华书局 1990 年 9 月版。

刘宝楠：《论语正义》（《清十三经注疏》本），上海古籍出版社 1993

年11月版。

程树德:《九朝律考》,中华书局1963年5月版。

钱大群:《唐律译注》,江苏古籍出版社1988年4月版。

张鹏一编著,徐清廉校:《晋令辑存》,三秦出版社1989年1月版。

张政主编:《中国古代职官大辞典》,河南人民出版社1990年10月版。

王洲明、徐超校注:《贾谊集校注》,人民文学出版社1996年11月版。

郑文:《论衡析诂》,巴蜀书社1999年1月版。

钱穆:《中国历代政治得失》,三联书店2005年3月版。

周天:《中国历代廉政监察制度史》,上海文艺出版总社·百家出版社2007年8月版。

余华青主编:《中国古代廉政制度史》,上海人民出版社2007年11月版。

本章执笔:任　慧

第六章　隋代廉政制度

继魏晋南北朝的国家大分裂之后，隋代实现了短暂的统一。从公元 581 年至 618 年，隋代在中国历史上虽然仅仅存在了三十八年的时间，但其在政治制度的发展史上却起到了继往开来的枢纽作用，留下了不可磨灭的印记。

相比前代，隋代的政治制度呈现出多种变革。首先，从对皇权的约束来看，门下省摆脱了前代侍从服务于皇帝的宫官性质，封驳言谏的职能更为独立突出，为政令的合理颁布实施提供了保障。与此同时，御史台所肩负的进谏职责以及史官记录皇帝言行等制度均给予皇权一定的约束与制衡。其次，隋代选官制度的改革尤具开创性，政府废除了九品中正制而代之以开科取士。虽然隋代的科举尚未形成一项固定的制度，但已初具端倪，并且将重视才德而非门第的选官原则向着制度化的层面推进，为选官制度的公平性提供了保障。再次，以御史为中心的监察制度在维持隋代国家官僚机构正常运作方面亦发挥了重要作用。从中央机构的设置来看，门下省侍奉谏议，掌管审查政令及封驳之职，御史台则成为专门的察举监督机构。在四大核心机构即尚书、门下、内史、御史台之中，监察机构占据了一半的比例，足见其在隋代政治生活中的重要地位。此外，官吏的考核、任免、任期、回避、奖惩等多项制度的进一步完善，加之司隶台对地方政务的监察，共同构成了一个从中央到地方的严密的监督网络，封建国家监察体系的完备在隋代达到了新的高度。最后，中国古代的司法制度发展到隋代，无论从机构的设置还是律文的完善，都为后世创立了典范。从中央司法机构来看，大理寺为隋代中央最高审判机关，尚书省刑部为全国最高司法行政机关，御史台为监察机关而兼具司法职能，三者各有专职，且互相监督、配合。从地方司法机构来看，以州刺史和县令长兼知司法，同时，府、州、县都设有分管刑事案件和民事案件的僚属。这便建立了一整套自上而下的较为完整的司法和审判机构。再从律文的内容来看，隋律中针对官吏的种种违法行为，尤其是贪污官物、收受贿赂、营私舞弊、玩忽职守等等，规定了极为严厉的制裁标准。这些均为唐代法律所吸收，并通过唐律影响及于宋、元、明、清几个封建朝代。

第一节　政令的审查与督核

在隋代，门下省集封驳与言谏职能于一身，形成对皇权的有力监督与制衡。与此同时，御史台的进谏职责，加之由史官记录皇帝言行的制度，都在一定程度上构成对皇权的约束。

一、封驳言谏制度

南北朝时期，门下省往往带有浓厚的侍奉皇帝的宫官色彩，省内的官员除了负责颁布皇帝的命令，还需要照料皇帝的衣食供奉等日常生活事务。直到隋初，这种现象仍然在延续。隋文帝曾规定，“门下省，掌献纳谏正，及司进御之职”[1]。这里所谓的“司进御之职”主要是说，隋代的门下省要统领朝廷的殿内、尚食、尚药、尚府等负责日常事务的五局，可见，它仍然不是专职的封驳机构。但这种情况在大业三年（607 年）发生了转变。这一年，隋炀帝对门下省进行了重要的改革。他首先把城门、殿内、尚食、尚药、御府等机构从门下省分离出来，专门成立殿内省统领，使得门下省成为单一的封驳监督机构。其次，他去掉给事黄门侍郎的给事之名，使其成为专门审理奏案的官职。据记载，开皇中，“门下省减给事黄门侍郎员，置二人，去给事之名，移吏部给事郎名为门下之职，位次黄门下。置员四人，从五品，省读奏案”[2]。至此，给事中不再有宫廷杂务的纠缠，而专门管理“省读奏案”，即封还诏书，驳正百司奏抄。同时，隋炀帝规定门下省属员各有明确的职责，其中，纳言负责献纳谏正，对政事必须有所损益，否则即为失职。黄门侍郎则辅助纳言，纠正奏章得失，封还诏书，并可以直接向皇帝献纳谏正。毋庸讳言，这些旨在强化和突出门下省封驳权力的改革，都是为了使其更加专注于对皇权的监督。

---

〔1〕《隋书》卷二十七，第 753 页。
〔2〕《隋书》卷二十八，第 794—795 页。

同时，隋炀帝又赋予集书省统掌言谏的职能，并将其合并于门下省，共同发挥封驳言谏的职能。炀帝在集书省设置百余名谏官，负责讽议左右，匡正人君，并纠正奏章得失。“集书省，掌讽议左右，从容献纳。散骑常侍、通直散骑常侍各六人，谏议大夫七人，散骑侍郎六人，员外散骑常侍二十人，通直散骑侍郎六人，给事中六人，员外散骑侍郎一百二十人，奉朝请二百四十人。”〔1〕这样一来，门下省就形成了集封驳官和谏官于一体的较为完备的中央监察机构。

隋代的皇权监督确实在制度上有了一定的保障，但从实际执行情况来看，所谓的封驳言谏制度却并没有对皇权构成较严格的约束，这主要与文、炀两位皇帝都不能做到积极纳谏有关。前来进谏的人有时要冒着丢掉性命的危险，即使提出了建议，也很难得到皇帝的认可和实施。这样一来，不合理的政令往往得不到及时的纠正或制止，皇帝自身的骄奢淫逸等行为也缺乏有力的监督和规劝。

二、御史监察皇权

同门下省一样，隋代的御史台也逐渐摆脱了汉魏以来作为皇帝侍从的性质，成为相对独立的中央专职监察机关。御史台主要负责对朝臣百官的监督，而除此之外，御史还被赋予谏正君主得失的权力。《隋书·赵绰传》就记载了一段御史规谏皇帝依法执政的事迹。文中记载，文帝执政期间，往往随心所欲，滥施刑罚于

〔1〕《隋书》卷二十七，第754页。

官民。为此，御史多次上书谏止。一次，文帝下令对两位犯有通行坏钱之罪的犯人处以极刑，这时，御史柳彧、赵绰认为处以极刑的惩罚过重，不符合法律的标准，因而极力谏阻了文帝的行为。[1]可见，御史在被赋予了进谏职责后，是能够在一定程度上维护公平正义的。不仅如此，隋代御史甚至有权弹劾皇子。据《隋书·陆知命传》记载，隋炀帝次子齐王、河南尹杨暕十分骄奢淫逸，做出许多违法的事情，遭到了治书侍御史陆知命、监察御史韦德裕的先后奏劾。在两位御史的坚持下，隋炀帝终于降罪于杨暕，这件事使得"百僚震栗"[2]。而隋炀帝最终能够大义灭亲，也从一定程度上体现了御史的监督力量。

三、史官制度

在中国古代政治生活中，史官作为皇帝的近臣，虽然官职卑微，却起着重要的作用。特别是很多朝代的统治者赋予史官记录皇帝言行举止的职责，大到国家重要政令的颁行，小到日常起居，可以说细大不捐，都要载入史册。这便在无形中形成了对皇帝的监督，随时随地促使皇帝接受着有效的"他律"。隋代延用前代的史官制度，设置著作、起居等职官，由他们来记录皇帝言行。根据《史通通释》记载："至隋，以吏部散官及校书、正字闲于述注者修之，纳言监领其事。炀帝以为古有内史、外史，今既有著作，宜立起居。遂置起居舍人二员，职隶中书省。如庾自直、崔

[1]《隋书》卷六十二，第1484页。
[2]《隋书》卷六十六，第1560页。

祖濬、虞世南、蔡允恭等，咸居其职，时谓得人。”〔1〕如文中所述，隋炀帝在中书省设置起居舍人，并起用了一批正直耿介的起居官，目的就是要他们毫无隐讳地记录皇帝言行。这是隋炀帝自发推行的自我监督行为。而这种监督的效果如何，在很大程度上有赖于起居舍人是否能够严谨认真地履行职责，以及皇帝能否做到不干涉起居官正常行使其职责。

第二节 科举制的初创

在隋王朝所进行的一系列行政体制改革中，选官方式的改革尤具开创性。为巩固中央集权，缩小士族门阀在政治上的影响力，统治者逐渐废除了自魏晋南北朝以来带有浓厚人事色彩的九品中正制，而代之以开科取士，从而开启了后世科举选官的先河。开科取士，这一将考试成绩优劣作为选官标准的新的选官方式，使得重视才德而不问门第的选官原则开始向着制度化的方向迈进。与此同时，取消州郡长官对下级的辟署权，以及将考课成绩作为官吏的迁转凭借等措施的进一步推行，都为实现选官制度的公平性原则提供了保障。

一、开科取士

魏晋南北朝时期不可一世的门阀士族，到了隋代初年，势力已经大为削弱。隋代统一王朝建立后，统治者迫切要求加强中央

---

〔1〕 刘知幾撰，浦起龙释：《史通通释》卷十一，上海古籍出版社1978年4月第1版（下同），第320—321页。

集权，扩大统治基础，而九品中正的选官原则，由地方中正官掌控选举大权，并且看重门第、偏袒士族的现象，妨碍了大一统帝国统治基础的巩固，促使统治者采取改革措施。隋初，统治者致力于从两个方面改革选官制度：一方面是把官吏的选拔权收归中央，不再由地方中正官把持；另一方面则是将官吏选拔范围扩大到广大新兴的庶族阶层。为了实现这个目的，开科取士的选官制度应运而生。

其实，在南北朝后期，在南朝的南齐和北朝的北齐，就已经开始逐步放弃九品中正制，而通过考试选拔人才。到隋文帝即位之后，虽然九品中正制曾一度延续，但已然不是主要的选官方式。开皇七年（587 年）正月，隋文帝颁布施行贡举制度，“乙未，制诸州岁贡三人”〔1〕，这是说，朝廷每年要通过贡举考试的方式，从各州选拔三人为官，由此确立了贡举制度。开皇十八年（598 年）七月，隋文帝又“诏京官五品以上，总管、刺史，以志行修谨、清平干济二科举人”〔2〕。这又进一步确定了科举考试的选拔标准，即志行修谨、清平干济二科。由此，开科取士的选官方式已经初具规模。隋文帝废除九品中正制之后，官吏的选拔原则上权就归属于中央政府了。《通典·选举二》描述当时的选官情况说：“尚书举其大者，侍郎铨其小者，则六品以下官吏，咸吏部所掌。”〔3〕这就是说，隋代六品以下官吏的选拔皆由吏部主管。《通典·选举五》中又引唐人刘秩的话说：“隋氏罢中正，举选不本乡曲，故里闾无豪族，井邑无衣冠……五服之内，政决王朝；一命

〔1〕《隋书》卷一，第 25 页。
〔2〕《隋书》卷二，第 43 页。
〔3〕《通典》卷十四，第 342 页。

免拜，必归吏部。"[1]这更说明，官吏的选拔已经不再取决于豪族的利益，选举权不在乡曲，而归中央。

隋代的科举考试，荐举和策试并行，准备参加考试的士子可以投牒自荐，州、郡长官要从所有投牒应考的士子中选拔推荐一部分人才，送往朝廷参加策试，而考试最终要以策试的成绩作为录取的标准。显然，这种录用形式保证了考试机会的相对均等。从举荐标准来看，隋炀帝大业三年（607 年）四月，下诏曰："夫孝悌有闻，人伦之本，德行敦厚，立身之基。或节义可称，或操履清洁，所以激贪厉俗，有益风化。强毅正直，执宪不挠，学业优敏，文才美秀，并为廊庙之用，实乃瑚琏之资。才堪将略，则拔之以御侮，膂力骄壮，则任之以爪牙。爰及一艺可取，亦宜采录，众善毕举，与时无弃。以此求治，庶几非远。文武有职事者，五品已上，宜依令十科举人。有一于此，不必求备"[2]。大业五年（609 年）正月，又诏令诸郡以"学业该通，才艺优洽；膂力骄壮，超绝苛伦；在官勤慎，堪理政事；立性正直，不避强御四科举人"[3]。第一段引文列举了十项为官标准，第二段引文又列举了四条为官标准，无论是十条还是四条，都突出了德才方面的要求，体现了唯德才是举的举荐标准。

从考试的种类来看，隋炀帝时期已经设有秀才、明经、进士等科。秀才分考试策和杂文两部分。其中，试策考时务策，即对国家政治生活的见解。由于秀才的录取标准较高，致使每次考试

[1] 《通典》卷十七，第 417 页。
[2] 《隋书》卷三，第 68 页。
[3] 王钦若、杨亿等辑：《册府元龟》卷六四五，台北，中华书局 1996 年版（下同），第 7727 页。

及第的人很少，几乎形同虚设。明经科考九经、贴经或问经义，及第的人数较多。至于最受关注的进士科，据《旧唐书·杨绾传》云："近炀帝始置进士之科，当时犹试策而已。"[1]这是说，进士科只考试策。由于试策注重对时政的考察，因此，通过这样的考试选拔出的人才，能够保证其具有实际的从政能力。同时，进士科及第者较多，从而成为官吏的重要来源。除了以上三种科目之外，隋代还有一种孝廉科的考试，也是先由州县举荐，然后参加朝廷的策试。与进士科有所不同的是，孝廉科虽然也考试策，但选拔以德行为重，策试的成绩并不作为录取的唯一标准。孝廉科的设置，体现出统治阶级对官吏品行的要求。

总起来看，隋代的科举考试，无论是秀才、明经、进士还是孝廉，无不以考试成绩和士子德行作为录取的标准。而对于才德的强调，将为官与读书、应考紧密关联，彻底改变了魏晋以来只问门第而不论德才的痼疾。这种方法显然给予包括日益崛起的庶族地主在内的广大士子以相对公平的竞争机会，比之九品中正制度下造成的"上品无寒门，下品无士族"的现象，其历史进步性不言而喻，堪称中国封建选官制度史上的里程碑。

最后需要说明的是，处于草创时期的隋代科举制度，就当时的执行情况来看，尚存在诸多问题。这主要体现在上述考试措施大多只是偶一为之，尚未成为固定的制度，同时还体现在科举考试的程序不完备，考试的时间和内容不固定，主试官员的权威性不够等等方面。加之士族的反抗，开科取士的成效在隋代亦尚未十分明显。但尽管如此，分科取士这样的选官原则在隋代得到了确立却

---

〔1〕《旧唐书》卷一百一十九，第3430页。

是不争的事实。其中存在的种种问题，都在唐代的科举制度发展中逐步得到改进。

二、辟署制的废除

隋初，地方官的任免一般有两套系统，一是由吏部直接任命，一是由刺史辟署。其中，诸如州刺史、长史、司马、录事参军事、郡太守、郡丞以及县主管官员等由吏部直接任命，而诸如典签、州都、郡正、主簿、光初光曹、光初主簿、县正、功曹等僚佐则由地方长官自行辟署。魏晋时期九品中正制的推行，那种由大小中正决定官员去取的方式，形成了世家大族把持地方官辟署权的传统，而这日益成为地方割据势力不断猖獗的重要因素。有的属吏和辟主之间构成相互依附的关系，将中央政府的威严置若罔闻，这些势力对中央的离心力构成对中央集权的威胁。同时，地方豪门对僚属的辟署，不是倾向亲故、请托贿赂就是看重门第，往往视实际的从政能力和为官德行于不顾，这又使得官吏的素质缺乏保证。有鉴于此，隋文帝改革地方行政制度的重点之一便是废除辟署制。他把州郡僚佐的任免权完全收归吏部，地方官全部由中央任命，送吏部考核。便如《通典·选举二》记载，隋代开皇十八年，诏曰："自是，海内一命以上之官，州郡无复辟署矣。"〔1〕这样做，一方面加强了中央对地方的控制，进一步遏制九品中正制的流弊，另一方面，地方官吏的选拔皆须通过吏部的考核，亦有助于实现选官制度的公平性。

---

〔1〕《通典》卷十四，第342页。

第三节　监察网络的逐步健全

隋代的中枢权力机构由尚书、门下、内史三省和御史台构成，它们是支撑皇权的核心。其中，门下省负责侍奉谏议、审查政令和封驳诏书等事宜，御史台负责察举监督各级官吏，两者共同构成隋代的最高监察机关。监察机关在中枢权力机构中的显赫地位，本身就反映出监察在隋代政治生活中的重要意义。除了中央监察系统之外，统治者又在地方上设置司隶台以纠察畿外诸郡。与此同时，一些具体的措施，例如官吏的考核、任免、任期、回避、奖惩等等，也从不同的方面制约、监督官吏，防止其滥用职权。上述种种共同构成了一个较为严密的监督网络。有专家评价，隋代的监察制度，无论从机构建制、职责权限，还是从运作程序等方面，都已经非常完备、健全、规范。[1]这也为唐代监察机构的设置及其制度的颁行提供了借鉴。

一、御史制度

（一）御史台的机构设置

隋王朝建立之后，统治者在尚书、门下、内史三省之外设置御史台，作为全国最高常设监察机关，发挥督察百官的作用。根据《隋书·百官志下》记载，御史台内部的机构设置大致是这样：

---

〔1〕 参见张先昌《隋朝监察制度述论》，《法学研究》2005 年第 2 期（下同），第 156 页。

“御史台，大夫一人，治书侍御史二人，侍御史八人，殿内侍御史、监察御史，各十二人……”[1]其中，御史大夫为御史台的最高长官，掌管邦国刑宪、典章政令，以肃正朝列；治书侍御史为其副职，负责举劾百官非法行为，受理冤狱，谏诤规正；侍御史负责纠举百僚，推鞫狱讼；监察御史负责分察百僚，巡按郡县，纠视刑狱，肃整朝仪。[2]隋炀帝时期，又将监察御史增至十六人，负责纠举、弹劾朝廷内外百官的违法犯罪行为，监督行政办事程序并稽查重大财政支出。

比之前代，隋代的御史台不仅内部的机构设置及其职责分工都更为完备、细致，而且自身的独立性也得到了前所未有的凸显。先秦时期，御史有在宫内办公的惯例，要负责照料皇帝的起居事宜，并非专职的监察机构，御史之职也因此带有国君个人亲信的色彩。东汉的御史台隶属于少府，魏晋南朝隶属于内省，北朝属于禁中，北周司宪则听命于秋官府。直到隋初，御史仍未脱离禁中。但是到了大业中期，隋炀帝下诏“罢御史直宿台内”[3]的旧制，自此，御史台正式脱离了与宫内的关系，不再是皇帝的近侍之臣，而成为相对独立的中央专职监察机关。御史台摆脱了皇帝近侍的角色，不再被宫廷事务缠身，这有利于其全力履行监察职责并保证了对皇权的一定程度上的监督，可以说御史监察制度在隋代逐渐走向成熟。

〔1〕《隋书》卷二十八，第775页。
〔2〕《唐六典》卷十三，第378—381页。
〔3〕《通典》卷二十四，第670页。

（二）御史台的职权

1. 弹劾权

隋代御史被赋予十分广泛的纠举弹劾权。上自公卿贵族，下至地方僚佐，凡是有违法失职行为的，都在御史纠弹之列。受到御史弹劾的罪行，大致包括以下几个方面：一是官吏贪污受贿、中饱私囊。这在《隋书》中有很多相关的记载，例如，《隋书·刑法志》记载："（文帝）十六年，有司奏合川仓粟少七千石，命斛律孝卿鞫问其事，以为主典所窃。复令孝卿驰驿斩之，没其家为奴婢，鬻粟以填之。"[1]根据引文所述，合川官仓丢失仓粟七千石，经御史调查后发现是被主管仓粟的官吏所盗，枉法主典官因此被斩杀，其财产和家属没官，卖粟偿还官物。御史在案件中，主动行使了纠举权。二是违背举贤授能的原则，任凭私情授予人官位。例如，《隋书·苏威传》中记载，苏威在高阳典选，滥授人官，被御史大夫裴蕴弹劾。治书侍御史梁毗也上书弹劾苏威"安繁恋剧，无举贤自代之心"[2]。三是骄奢自大，对朝廷律令置若罔闻。例如，《隋书·刘昉传》记载：文帝时京城饥荒，诏令禁酒，而刘昉使其妾赁屋，当垆沽酒，被治书侍御史梁毗弹劾。[3]四是不理职事。根据《隋书·苏威传》记载，尚书右仆射苏威就曾因为不理职事而遭到御史的弹劾。[4]

谈及隋代御史弹劾的方式，主要有两种，一种是面弹，就是

---

〔1〕《隋书》卷二十五，第714页。
〔2〕《隋书》卷四十一，第1186—1187页。
〔3〕《隋书》卷三十八，第1131页。
〔4〕《隋书》卷四十一，第1187页。

在朝堂之上，当面对官吏的违法失职行为进行弹劾。二是封章奏弹，就是将要弹劾的事件写在奏章上，递交皇帝审阅。值得一提的是，在隋代，御史在行使其弹劾权时具有很大的独立性，他们几乎可以不受其他国家机关的制约，甚至也不必经过御史台台主的同意，而直接向皇帝进行弹劾。这是因为，在隋代，多数情况下只有皇帝一人具有受理弹劾的权力。从一定的程度来看，这样做确实可以减少御史弹劾过程中的一些不必要的阻力。

2. 检查权

隋代御史台还负有检查清核各类文书档案的职责。开皇初，隋政府建立了公文档案制度，要求政府官员在处理政务时，必须符合各项规章制度、法律条文的规定。据《隋书·百官志下》记载，隋政府设置了专门的勾检官“丞”，负责督察各级官吏的行政行为是否在制度规定的框架之内，“至是（隋炀帝时）……丞唯知勾检。”〔1〕丞在隋代官职中的地位很高，由这样的官员担任勾检的职责，说明这一职务的重要性。而进行勾检的意义就在于，防止不法官吏在转批公文、眷写、归档等公文运作过程中出现作弊等其他腐败枉法的行为，从而保证政府行政行为的规范化、廉洁化。监察机关依法清查文档的过程，实际上是对各级官吏执行国家政策、法规等情况进行的一次大检查，是对政府官员遵纪守法的监督。〔2〕

同时，隋代的御史还兼有部分司法监察权和审判权。隋制规定，御史要负责受理申诉和控告，巡视刑狱，审录囚徒。当中央或地方遇到重大、疑难案件时，还会将大理寺、刑部和御史台三

〔1〕《隋书》卷二十八，第797页。

〔2〕上述观点参考张先昌《隋朝监察制度述论》，第154—155页。

大司法机关联合起来，组成临时法庭，共同审理。

值得提出的是，隋代自开皇时期始，改革了御史台官员的选任方式，废除了北魏以来由台主自行任命的旧制，而“自吏部选用”[1]，即由吏部选拔，或由三省长官推荐，由皇帝敕授。应该说，这一变革具有十分积极的意义，它从官员进入御史台的那一刻起，便严密把关，不以台主的一己之见为标准，在奉行注重德才的用人原则时，保证御史官员的素质和能力，并且有利于强化皇权对监察机关的制约。当然，所有的制度都不能保证绝对的合理性，御史台官员由吏部任免的方式，从另一个角度来看，不利于御史对吏部的监察，但相比之前的做法，其历史进步性是不言而喻的。

此外，隋政府还考虑到对御史台官员自身的监督，建立了中央各机构之间的相互制约关系。隋文帝“（开皇）三年（583 年）四月，诏尚书左仆射，掌判吏部、礼部、兵部三尚书事，御史纠不当者，兼纠弹之”[2]。御史有纠弹不当的地方，由尚书省左仆射监督弹劾。这就是说，尚书省要对御史台行使一定的监督权，两者形成互相监督之势。无疑，这样做就在制度设定上防止了监察机关滥用职权，从而保证官僚体系内部的所有机构和官员都在受监督之列。

二、地方监督系统

隋代初年，地方行政机构是与三国魏晋南北朝一脉相承的州、

---

〔1〕《隋书》卷二十八，第 775 页。
〔2〕 同上书，第 792 页。

郡、县三级制，但这种机构设置存在的弊端是，州郡县数量太多，大小不一，机构重叠，体制混乱，不便于统一管理，出现了史书上所谓的“或地无百里，数县并置，或户不满千，二郡分领”等现象，造成了“民少官多，十羊九牧”[1]的问题，严重影响了封建国家的统治效能。为了改变这种局面，隋文帝根据兵部尚书杨尚希提出的“存要去闲，并小为大”[2]的建议，于开皇三年（583年），将传统的州、郡、县三级制，改为州、县二级制，废除郡一级行政机构，以州直接统治县，各州行政长官称刺史，京都长安所在地、雍州长官称州牧。隋炀帝大业三年（607年），又改州之名为郡，改刺史为郡太守，以郡统治县，实行郡、县二级制。同时规定，州的太守既是行政长官又具有监察职权。从地方行政制度的改革来看，精简机构有利于进一步加强中央对地方的控制，沟通中央与地方的联系，随之，中央对地方的监督也必然相应增强。

除了郡太守对其管辖地区具有监督职权外，隋代还施行巡抚制度，进一步加强地方督察。隋文帝时，政府就常常不定期地选派御史或其他政府官员巡视地方。到了隋炀帝大业三年，统治者在御史台之外分设谒者、司隶二台，专门监督地方官吏，考核地方政绩，并出使抚慰。据《隋书·百官志下》记载，隋炀帝时期设“谒者台大夫一人（从四品。五年，改为正四品），掌受诏劳问，出使慰抚，持节察授，及受冤枉而申奏之。驾出，对御史引驾”[3]。谒者台的主要职责是在出使抚慰的过程中了解民风政情，纠正冤假错案。应该说，它对地方的监察是巡视性的而非经常性

---

〔1〕〔2〕《隋书》卷四十六，第1253页。
〔3〕《隋书》卷二十八，第796页。

的。〔1〕与谒者台并列的司隶台，设于京师长安，负责定期监察京畿和郡县地方官员，管理地方监察。据《隋书·百官志》记载："司隶台大夫一人（正四品），掌诸巡察。别驾二人（从五品），分察畿内，一人案东都，一人案京师。刺史十四人（正六品），巡察畿外。诸郡从事四十人，副刺史巡察。"〔2〕由此看来，司隶台有司隶大夫一人，主管全国各地区的监察事务；别驾二人，分察畿内，一人按察东都（今河南洛阳），一人按察京师（今陕西西安）。另外还有刺史十四人，定期巡察两都之外的全国各地。后来，由于事繁剧务，又增置诸郡从事四十人，辅助刺史巡察。他们不掌管民政，而专司监察。司隶台每年二月派出刺史巡察地方，十月入奏。由此看来，这一时期的巡抚督察制度已经从临时性的遣使巡察向着制度化的方向迈进了一步。

三、《司隶六条》

为了使刺史巡察的工作有法可依，隋炀帝特别制定了六条法规作为巡察地方州县的依据，这便是大业四年（608 年）由司隶台颁布的《司隶六条》。根据《隋书·百官志下》的记载，六条察法内容如下："（司隶台）其所掌六条：一察品官以上理政能不。二察官人贪残害政。三察豪强奸猾，侵害下人，及田宅逾制，官司不能禁止者。四察水旱虫灾，不以实言，枉征赋役，及无灾妄蠲免者。五察部内贼盗，不能穷逐，隐而不申者。六察德行孝悌，茂才异行，隐不贡者。每年二月，乘轺巡郡县，十月入

〔1〕 参见张先昌《隋朝监察制度述论》，第 151 页。
〔2〕《隋书》卷二十八，第 797 页。

奏。"[1]根据《司隶六条》，监察的重点是地方官员的理政能力和对中央政策法令的贯彻执行情况，以及地方官员的贪赃枉法害政等情况。由于隋炀帝时期贪污腐败日渐成风，危及统治阶级政权的稳定性，因此，统治者对地方官员的能力、政绩、廉洁等方面的考核十分重视。隋炀帝大业元年（605 年）正月，又曾发八使巡省风俗，诏曰："所在州县，以礼发遣。其有蠹政害人，不便于时者，使还之日，具录奏闻。"[2]同时，《司隶六条》分察六项内容，还显示了隋朝在地方监督方面分工的明确性，标志着中国古代地方监察法逐渐走向成熟，并成为唐朝制定"六条察法"的蓝本。[3]

最后，从制度的实际执行情况来看，隋代初年，由于文帝吸取南北朝时政风败坏的教训，严肃处置蠹政害民的官员，积极接受监察官所提出的弹劾，使得监察官员受到鼓舞，往往能够主动行使其职权，监察制度在这一时期也发挥了一定的作用。但是到了隋炀帝时期，由于皇帝本人奢侈腐化，朝臣朋党之争日益加剧，致使王纲不振，朝士贪赃枉法的现象比比皆是，难以遏止。监察制度在混乱的政局中无力保证政风的清明廉洁，职能逐渐萎缩，后来，隋炀帝干脆撤去司隶台，州郡监察无从谈起，整个国家的监察系统也陷入瘫痪。

---

〔1〕《隋书》卷二十八，第 797 页。

〔2〕《隋书》卷三，第 63 页。

〔3〕参考邱永明《中国古代监察制度史》，上海人民出版社 2006 年版（下同）。

第四节 立法惩贪

隋代的中央司法机构主要由大理寺、尚书省和御史台构成。其中，大理寺为最高审判机关，负责审理百官犯罪以及京师徒刑以上的案件，同时还要覆审诸州府上报的疑案以及尚书省刑部转来的死刑案件。尚书省刑部作为全国最高的司法行政机关，负责覆审并驳正大理寺所判要案。御史台作为监察机关又兼具司法职能，负责调查、起诉官吏的严重犯罪。大理寺、刑部和御史台三者各有专职，且互相配合。遇有重大案件，三大机关的长官会联合审理，这称为三司推事。这种审判形式开明清两代三法司会审及九卿会审之先河。隋代的地方司法权主要由州刺史和县令长掌管，同时，府、州、县都设有分管刑事案件和民事案件的僚属。这样，从中央到地方，隋代就拥有了一整套自上而下的较为完整的司法和审判机构，为司法工作的顺利开展提供了保障。

从法典的制定来看，隋代具有代表意义的两部法典分别是隋文帝时期的《开皇律》和隋炀帝时期在此基础上稍加修订而成的《大业律》。两部法典的编制和修订体现了封建法律制度逐渐走向定型的趋势，在封建社会的历史上颇具奠基意义。其中颁布的《名例律》、《卫禁律》、《职制律》、《户婚律》、《厩库律》、《擅兴律》、《贼盗律》、《斗讼律》、《诈伪律》、《杂律》、《捕亡律》、《断狱律》等十二个方面的法制规定，被唐代借鉴吸收，并通过唐律影响及于宋、元、明、清几个封建朝代。此外，隋朝的成文法还有令、格、式[1]以及皇帝临时颁布的敕、制、诏，这些同样是隋朝法制的重要组成部分。

从律文的内容来看，隋律继承和发展了我国古代“官刑入律”的传统，把惩治官吏的违法犯罪作为重点内容，全面写入了法律条文。集中反映隋代法制思想的《开皇律》便体现了这一特点，其中的《职制律》专门为惩罚官吏犯罪而设。而从廉政的方面来看，其对于贪污官物、收受贿赂、营私舞弊、玩忽职守的犯罪行为，都设置了严厉的制裁标准。[2]

一、针对收受贿赂的惩罚

根据《隋书》中的相关记载，隋代官吏收受、索取贿赂，根据案情轻重会受到杖刑、免官甚至诛杀的惩罚。《隋书·杨汪传》就记载了这样一件事：谏议大夫王达受隋文帝委托举荐一名左丞，王达私下许诺杨汪将要推荐他，但要求以良田相报。杨汪将这件事上奏隋文帝，文帝因此降罪于王达。[3]值得注意的是，案件中

---

〔1〕 根据《唐六典》“凡律以正刑定罪，令以设范立制，格以禁违正邪，式以轨物程事”可知：“律”是处理刑事犯罪的法律条文，是对触犯和扰乱封建统治阶级利益及社会秩序的不法行为的量刑依据，其作用为“正刑定律”；“令”是规定有关国家制度的条例，其作用为“设范立制”，是对法律的补充；“格”是内外官署衙门进行行政事务的规范，其作用为“禁违正邪”；“式”是国家机关的办事细则和公文程式，其作用为“轨物程事”。《唐六典》卷六，上海古籍出版社2006年版，第185页。

〔2〕 隋朝的法制史料，包括《开皇律》、《大业律》等，于隋末大量亡佚，这为隋律的研究带来了极大不便。今天还原隋律的具体条文已经十分困难，唯隋朝旧臣魏徵等编纂的《隋书》记载了许多犯罪个案，据此可以部分推断当时的立法精神及律文内容，这些案例便成为了解隋律的重要史料。同时，除了固定的大型法典，隋朝统治者临时颁布的敕、制、诏等法令散布于各种史料中，其中的相关规定亦反映出当时的法制思想，皆应予以重视。下文便钩稽《隋书》及其他相关史料中的具体案例，以此推断并重点分析律文中关于以廉治吏的规定。

〔3〕《隋书》卷五十六，第1393页。

王达请求贿赂的意图并未能得逞，其行为本身尚未构成受财枉法的罪名，而即使这样也要被处罚，可见隋代统治者对于受贿行为的警觉和防范。这必然有利于防止官员之间相互请托、利用，以牟取私利。再如，《隋书·刘行本传》记载："雍州别驾元肇言于上曰：'有一州吏，受人馈钱三百文，依律合杖一百。'"[1]由此可以推断，隋律中有官吏受财三百文就要受到杖刑一百的惩罚规定。从案件的量刑标准来看，这样的惩罚应该说是很严厉的，可见隋律对受贿行为决不姑息纵容。另如，《隋书》中还记载了隋文帝开皇年间三位官员因受贿而被诛杀的案件："晋州刺史、南阳郡公贾悉达，隰州总管、抚宁郡公韩延等，以贿伏诛。"[2]这又说明隋律中对于受贿行为可以实施到死刑这一最高处罚，再次体现了统治者打击收受贿赂的决心。对于贪官来说，即使是朝廷重臣也难辞其咎。据《隋书·李圆通传》记载："述（宇文述）诉其（李圆通）受赂。帝怒而征之，见帝于洛阳，坐是免官。"[3]李圆通为隋炀帝时期的兵部尚书，位高而权重，但当他因为贪图私利触犯法律时，炀帝仍然毫不留情地将其职位罢免，李圆通身败名裂，郁郁而终。[4]

二、针对贪污官物以及侵吞百姓财物的惩罚

隋律中对于贪污官物的官员，处罚相当苛重。如前引文中所述，隋文帝开皇十六年（596 年），合川仓库主典私自窃取所管辖

〔1〕《隋书》卷六十二，第 1478 页。
〔2〕《隋书》卷二，第 38 页。
〔3〕〔4〕《隋书》卷六十四，第 1508 页。

仓粟，终因此被斩杀[1]，由此可见隋代法律惩治侵吞官物等渎职行为的严厉态度。虽然官吏利用职务之便侵吞官物的行为在封建社会在所难免，但是法律上的严加惩办，必然会给铤而走险者以警戒。进一步来看，官吏侵吞官物必然将其后果转嫁到百姓身上，而对此类行为的严打和防范也就是在或多或少地减轻百姓的负担。

同时，防止官员利用权威侵占所管辖地区百姓的财物，也被列入隋代律令之中。从大型法典到多项敕、令、制，都颁布了相关惩罚规定。这与统治阶级所提倡的缓和阶级矛盾，稳定和发展社会生产的治国理念相互关联。隋炀帝大业三年（607 年）的一道敕文说："敕百司不得践暴禾稼，其有须开为路者，有司计地所收，即以近仓酬赐，务从优厚。"[2]这条敕文规定了官吏破坏农人耕地的赔偿原则。根据敕文，官吏不得随意践踏百姓庄稼，如果是为了交通需要不得不破坏耕地，那么相关管理者要计算被破坏的土地收成，从附近的官仓中调集足够丰厚的粮食偿还耕地主人。这种"爱民"的举措，在主观上固然是法律制定者为了巩固自身的统治，但其客观上也起到了监督防范官吏随意侵犯、破坏百姓财产的作用。

三、针对经商牟利的惩罚

为防止官吏利用职权之便经营家业，尤其是欺压百姓，与其争利，隋代政府命令禁止官吏自谋生计。隋文帝开皇十六年（596 年）六月颁布的一道诏令说："诏省府州县，皆给公廨田，不得治

---

〔1〕《隋书》卷二十五，第 714 页。
〔2〕《隋书》卷三，第 68 页。

生，与人争利。”〔1〕这是说，政府分给官吏一部分公廨田，从而保证他们的生计，而官吏便不得再自谋生路，特别是不得利用淫威与百姓争利。这类措施显然有利于保障社会财产的合法分配和社会秩序的安定，而百姓也得以免受权贵的欺诈。

隋唐时期，官府、地主、官僚、寺院、商人等都有向百姓放高利贷进行盘剥的行为。在负担国家赋、役的沉重压力之下，再加以这样的搜刮，百姓不堪重负，也成为影响农业生产和社会稳定的一个因素。为此，隋文帝明令禁止官员向民间发放高利贷。据《隋书·秦孝王俊》记载：“（秦孝王俊）出钱求息，民吏苦之。上遣使按其事，与相连坐者百余人。”〔2〕秦孝王俊为文帝的第三子，平时骄奢无度，又向民间放高利贷以获利，触犯了法律。文帝大义灭亲，降罪于他，而且将与此事有关联的百余人都给予处罚。这可以看出，文帝依靠法律打击此类犯罪的决心和力度是很大的。

隋律禁止官吏经商的规定还包括与异族进行贸易，而触犯此律的惩罚是“当诛”。据《隋书·宇文化及传》记载：“化及与弟智及违禁与突厥交市。帝大怒，囚之数月。还至青门外，欲斩之而后入城，解衣辫发，以公主故，久之乃释，并智及并赐述为奴。”〔3〕宇文化及和其弟宇文智及是隋炀帝时期两位恶贯满盈的贪官，他们违犯禁令两次与异族交易，依法皆应处以极刑。但炀帝念及与宇文氏的姻亲关系（南阳公主下嫁宇文化及弟宇文士及），再加上考虑到他们的父亲宇文述为朝廷功臣，终于不忍杀之，只

〔1〕《隋书》卷二，第39页。
〔2〕《隋书》卷四十五，第1239页。
〔3〕《隋书》卷八十五，第1888—1892页。

是贬为奴隶。尽管皇帝对这些特权等级法外开恩，但能够实施一定程度的惩罚，亦能说明此类犯罪行为受到朝廷的重视，其打击犯罪的严正态度仍是十分明确的。

四、针对包庇纵容的惩罚

针对官员之间包庇纵容，看到过错却偏袒隐瞒的官场弊端，隋律也制定了相关惩罚规定。"开府萧摩诃妻患且死，奏请遣子向江南收其家产，御史见而不言。（元）寿奏劾之曰：'……御史之官，义存纠察，直绳莫举，宪典谁寄？……（摩诃）妻安遇患，弥留有日，安若长逝，世略（摩诃子）不合此行……（摩诃）远念资财，近忘匹好，又命其子舍危惙之母，为聚敛之行。一言才发，名教顿尽。而兼殿内侍御史臣韩微之等亲所闻见，竟不弹纠。若知非不举，事涉阿纵……请付大理。'上嘉纳之。"〔1〕这是隋文帝开皇年间尚书左丞元寿弹劾开府萧摩诃及兼殿内侍御史韩微之的一段话。萧摩诃的妻子患病将殁，在其弥留之际，萧遣其子到江南收理母亲的财产。元寿认为这种不念夫妻、母子之情，反以资财为重的做法有伤礼法，御史应当奏举。而兼殿内侍御史韩微之视若罔闻，元寿认为御史知非不举，包庇纵容，两人都应交付大理寺予以定罪。这一奏劾得到了高祖的嘉许。从这则案件可以推知，隋律中规定了官吏有检举不法行为的责任，而如果知非不举，则视为包庇，也要受到牵连。这样做有利于加强官吏间的相互监督。

〔1〕《隋书》卷六十三，第1497—1498页。

五、禁止奢侈浪费

经过了魏晋南北朝四百余年的分裂局面，百姓已经极其困顿，不堪重负，这个时候亟需发展生产，富国强兵。但隋朝刚刚建立，各地方官争相进献珍禽异兽、各类稀宝以博得皇帝欢心。针对这种劳民伤财的行为，一向躬先俭约的隋文帝于开皇元年（581 年）颁下诏书，严令禁止："丁亥，诏犬马器玩口味不得献上。"〔1〕皇帝带头提倡节俭，对遏制奢侈腐败自然起到良好的效用。文帝统治的年代出现"户口滋盛，中外仓库，无不盈积"〔2〕的盛况，应该说与此不无相关。

六、禁止滥施刑罚

隋代统治者亲历南北朝社会激烈动荡的历史，认识到法令繁重、多设酷刑容易激化社会矛盾，百姓不堪其命，必然导致社稷颠覆、政权动摇。因而，"重仁慎刑"便成为这一时期立法思想的主导，"以轻代重，化死为生"〔3〕成为立法的原则之一。隋律废除了商周以来的墨、劓、剕、宫、大辟的五刑制度及鞭刑、枭首、轘裂与孥戮相坐之法等多重酷刑〔4〕，确定刑名为笞、杖、徒、

〔1〕《隋书》卷三，第 14 页。

〔2〕《隋书》卷二十四，第 672 页。

〔3〕《隋书》卷二十五，第 712 页。

〔4〕据《隋书·刑法志》："蠲除前代鞭刑及枭首轘裂之法……又诏免尉迥、王谦、司马消难三道逆人家口之配没者，悉官酬赎，使为编户。因除孥戮相坐之法。"见《隋书》卷二十五，第 711、713 页。

流、死五种相对较轻的刑罚。从立法思想上来看，这些措施有利于避免滥施刑罚、任情断案的现象，堪称中国古代刑罚制度走向文明的一个里程碑。新的五刑制度一直沿用到明清。

同时，隋代统治者还惩办酷吏，制止暴虐。据《隋书·王文同传》记载，酷吏王文同，对部下残忍至极。他到达河间后，每次召集下属，稍有延迟，即捶杀之。他还臆断罪行，误将僧人聚众讲论视为蛊惑众人，全部杀害。又查验僧尼有非童男女者，全部杀害。这些酷刑，使得百姓不堪忍受、号哭于路，惊动了其他郡县，纷纷上书劾奏。文帝知道后，愤怒地斩杀了这个视百姓生命如草芥的恶吏，以平息冤情。〔1〕

此外，隋律中对于死刑的终审作了很多规定，颁布了死刑覆奏制度，强调死刑必须上报、覆审。隋文帝开皇十二年颁布诏令云：“诏诸州死罪不得便决，悉移大理案覆，事尽然后上省奏裁。”〔2〕这条诏令规定被地方政府判处死刑的囚犯，不得马上行刑，而是要交付大理寺复查，然后再上报尚书省再次裁决，方可执刑。隋文帝开皇十五年（595 年）再次颁布诏书规定，判决死罪的案件要经过三次上访才可执行：“十五年制，死罪者三奏而后决。”〔3〕这一系列措施对于防止官吏任情处断而造成冤案当具有一定效力。

需要指出的是，尽管隋代的立法精神体现了很大的进步性，司法机构的设置相对完善，律文更为完备具体，但从司法制度的实际执行情况来看，其中的弊端又显而易见。其一，虽然律文对于贪污受贿等重要罪行规定了严厉的处罚标准，但在执行之时，

〔1〕《隋书》卷七十四，第 1702 页。
〔2〕〔3〕《隋书》卷二十五，第 714 页。

往往对那些官品、地位较高的官员有所通融，特别是对那些拥有特殊背景的皇室成员、外戚等更设有议、赎等法，同意他们用现任职务或者财产抵当一部分罪行。其二，犯罪官员能否得到相应惩处，在很大程度上还取决于皇帝的态度。而皇帝凭本人好恶决定判刑轻重的现象，又大大降低了法律的威严。这正如唐代大臣张玄素所说："自古未有如隋乱者，得非君自专、法日乱乎?"[1]其三，"重仁慎刑"的立法精神在司法实践中亦并未得到严格的贯彻。文帝晚年，喜怒无常，法外施刑的现象极为常见。至炀帝时期，更大行暴政，甚至恢复了已经被废除的磔、轘裂、枭首、夷九族等酷刑。大业晚年，"敕天下窃盗已上，罪无轻重，不待闻奏，皆斩"[2]。其四，隋代皇帝本身就成为法律的破坏者。隋代末年，炀帝的生活愈发奢侈无度，不仅广造宫殿劳民伤财，而且对百姓横征暴敛，给地方官吏囤积居奇、以权谋私的机会。加之地方官各专威福，生杀任情。如此种种，使得隋朝法律威严扫地，贪污受贿、营私舞弊的现象公行无碍，成为导致隋朝最终短命而亡的催化剂。

---

〔1〕《新唐书》卷一百三，第3998页。
〔2〕《隋书》卷二十五，第717页。

参考文献：

《隋书》，中华书局 1973 年版。

杜佑：《通典》卷十四，中华书局 1988 年版。

王钦若、杨亿等：《册府元龟》，中华书局 1996 年版。

《旧唐书》，中华书局 1975 年版。

李林甫等撰，陈仲夫点校：《唐六典》，中华书局 1992 年版。

《新唐书》，中华书局 1975 年版。

《资治通鉴》，中华书局 1956 年版。

王溥：《唐会要》，上海古籍出版社 2006 年版。

马端临：《文献通考》，浙江古籍出版社 2000 年版。

董诰等：《全唐文》，中华书局 1983 年影印本。

王夫之：《读通鉴论》，中华书局 1975 年版。

刘知幾撰，浦起龙释：《史通通释》，上海古籍出版社 1978 年版。

吴兢撰，裴汝成、王义耀等译注：《贞观政要译注》，上海古籍出版社 2007 年版。

王定保撰，阳羡生校点：《唐摭言》，上海古籍出版社 2000 年版。

宋敏求：《唐大诏令集》，商务印书馆 1959 年版。

钱易撰，尚成校点：《南部新书》，上海古籍出版社 2007 年版。

元稹：《元氏长庆集》，上海古籍出版社 1994 年版。

长孙无忌：《唐律疏议》，中华书局 1985 年版。

李昉等：《文苑英华》卷九百五十八，中华书局 1966 年版。

仁井田升著，栗劲、霍存福、王占通、郭延德编译：《唐令拾遗》，长春出版社 1989 年版。

吴宗国：《唐代科举制度研究》，辽宁大学出版社 1997 年版。

张国刚：《唐代官制》，三秦出版社 1987 年版。

王勋成：《唐代铨选与文学》，中华书局 2001 年版。

邱永明：《中国古代监察制度史》，上海人民出版社2006年版。
胡宝华：《唐代监察制度研究》，商务印书馆2005年版。
钱大群：《唐律疏议新注》，南京师范大学出版社2007年版。

本章执笔：霍明宇

第七章　唐代廉政制度

唐代享祚近三百年，在这期间，相继出现的“贞观之治”、“永徽之治”和“开元盛世”等治世局面，几乎占据其全部历史的一半时间。可想而知，罕见的长期治世在一定程度上依赖于政治制度的完善，而针对官僚主体所颁布的相关吏治措施，亦成为促成良好政治环境的重要因素。

比之前代，唐朝的中央集权得到了进一步的加强，而与此同时，对皇权的监督与约束亦发展到了前所未有的水平。在隋代封驳制度的基础上，唐政府将门下省对政令的审查封驳职责进一步独立和突出，在一定程度上保证了国家政令的颁布和实施建立在民主集议的基础上。唐代又是一个士人进谏和君主纳谏意识都十分积极的朝代，这使得唐代的谏官系统十分发达，不仅专职的谏官数量庞大，而且朝野上下的全体官员都被赋予监督进谏的职责与义务。加之，前代史官记注皇帝言行起居的制度在唐代继续延用，史官自主权进一步加强，都在一定程度上帮助实现着君权的约束与制衡。

比之秦汉的察举制度和魏晋南北朝的九品中正制度，经隋代草创，至唐代正式确立的科举制度为士人提供了相对来说更加公正的入仕途径。这种原则上以才华和考试成绩作为去取标准的取士制度，大大改变了前代门阀士族把持选举权的状况，为统治阶级扩大政治基础，吸收贤能之士提供了可能。特别是针对考试各环节中请托、舞弊、弄虚作假等腐败现象所制定的层层防范措施，更为这一制度的公正性提供了保证。这样，在官员进入仕途之先，便强调了公平廉洁的为官原则，为其入仕后保持清正廉洁做思想上的准备。

唐代以科举取士，以铨选举官。同科举制度相似，唐代选官制度的一大特点是将考试的方法广泛应用于包括吏部铨选、考课乃至奏荐等选官环节中，使得凭借考试成绩决定授予官职这一较为公正公平的选官原则得到了尽可能的实现。与之同时，对于考试过程中出现的种种徇私舞弊行为，亦有一系列的措施进行防范和打击。此外，从选拔原则方面来看，唐政府对官吏的品德、才干以及地方行政历练经验十分重视，并在制度设定中加以体现，这也在一定程度上保证了官场风气的清廉以及政府办事效率和决策能力的提高。

唐代士人经过层层筛选进入仕途之后，政府又有一系列措施对其任官行为进行管理与约束。例如，将官员所得俸禄与考课成绩相结合，以加禄或夺禄的方式鼓励或惩戒官吏的为政善恶。再如，唐政府在继承并发展了前代亲属回避制度的基础上，又大力推行地区回避制度，为防范官吏之间的包庇纵容设定层层措施。此外，较为优厚的致仕待遇又在一定程度上保证了高龄官员的及时致仕，加速了官员队伍的优化更新，进而促进了国家行政效率的提高。

伴随上述各项政治制度在唐代进入相对成熟的发展阶段，监督各项制度有效运行的监察体制也相当严密和完备。从机构设置来看，御史台是唐代的最高中央监察机关，它与三省（中书、门下、尚书）相分离，形成了监察与行政机构之间的分权制衡，这有利于对中枢决策机构的监督。从监督范围来看，御史台的监察涉及中央及地方的人事、司法、财政、经济等各个方面，范围空前广泛。从地方监察来看，唐代实行“设官以经之，置使以纬之”的地方监察思想，监察方式一是由中央派出的监察御史出使系统，二是常驻各地的监察使臣系统。两者相互补充，在很大的程度上实现了中央对各级州县的强有力监控。此外，庞大的谏官系统除了对皇帝进行规谏外，还在一定程度上负责对文武百官的监督与约束。其所履行的各项谏诤职能，特别是对于各种文书的勾检，以及对经济现象的稽核等，在封建社会发展史上亦具有开创意义。

如果说监察制度从正面实现了对官吏的约束，那么法律制度则从反面加强了这一监督的效果。以完成于唐高宗永徽四年（653年）的《唐律疏议》为代表的唐代法律，其律文的详尽完备，堪称封建法制史上的里程碑。特别是从吏治的角度来看，唐律继承并进一步发挥了我国古代法律中“官刑入律”的传统，对官吏犯罪的惩罚规定更为广泛、具体、细致。在总计十二项的法制规定中，几乎每一项都涉及对官吏犯罪的惩罚，具体律文接近二百条。其中的《职制律》更是专门为治吏所设，内容涉及官职的设置、贡举、出勤、职责及犯罪后所应承担的法律责任等多个方面。而就立法思想来看，把官吏中握有行政权力的监临主守视为从严监督和惩处的对象，同时，将官吏的贪污受贿、徇私枉法的行为作为打击的重点等，都体现出廉政在唐代法制生活中的重要意义。

第一节　皇权的强化与制约

在唐代，封建国家的中央集权得到了进一步的加强，而与此同时，对皇权的约束与制衡也达到了新的高度。沿袭隋代的封驳制度并有所发展，唐代门下省的封驳权力更为独立和突出。而由于皇帝注重纳谏，因此谏官系统也得到了显著发展，不仅专职的谏官居于空前绝后的显赫地位，而且包括监察官在内的全体官员都被赋予进谏的职责和权利，这便使得唐代成为一个士人进谏和皇帝纳谏意识都极为强烈的封建王朝。此外，起居制度在唐代也受到了更高的重视，不仅史官规模得到了扩大，在修史工作中，史官还获得了相当大的自主权，从而在一定程度上保证了史书的客观公正。

一、封驳制度

唐代的中央机构承袭隋制，也是由中书（隋代称内史）、门下、尚书三省构成。其中，中书省负责起草和审议皇帝诏令，为决策和审议机构；门下省负责把关，并再次审查诏令，为审议机构；尚书省负责贯彻执行，为行政机构。唐代中央决策的制定程序是，在皇帝制敕下达后，首先由中书省审查起草，再交门下省驳正。门下省对其认为不妥当的诏令有权驳回中书省，并由其上奏皇帝，待皇帝重新下旨后，门下省再行审议，直到认为妥当宜行，才交给尚书省执行。其中，中书和门下两省的审议封驳对政令起到最初的监督作用。贞观三年（629 年）四月，唐太宗下诏曰："故事：凡军国大事，则中书舍人各执所见，杂署其名，谓之五花判事。中书侍郎、中书令省审之。给事中、黄门侍郎驳正之。上始申明旧制，由是鲜有败事。"[1]可见，在唐初，凡是军国大政、谕旨诏令，都要由中书舍人等审议讨论，并且署名，谓之"五花判事"。之后，再由门下省的给事中和黄门侍郎进行驳正，然后才交付尚书省执行。再据《旧唐书·职官志二》："给事中掌陪侍左右，分判省事。凡百司奏抄，侍中审定，则先读而署之，以驳正违失。凡制敕宣行，大事则称扬德泽，褒美功业，覆奏而请施行；小事则署而颁之。"[2]"大和三年八月敕：凡制命颁行，事有不可，给事中职合封进。省察既毕，宣布百司，稽停晷刻，皆著律令。"[3]这又是说，门下省的审议封驳职能主要由给事中一职承担，凡是由中书省起草的皇帝诏令，皆交由其审议，于不当之处驳正违失。同时，门下省官员可以在认为不妥当的诏敕上直接涂改，然后奏还，这又被称为"涂归"。"按唐制，凡诏旨制敕，玺书册命，皆中书舍人起草进画，既下，则署行而过门下省，有不便者，涂窜而奏还，谓之涂归。"[4]门下省还可以在敕书后面用黄纸加上批语，这称为"批敕"。皇帝下达的诏敕事关政治的成败和国家的兴衰，绝不能草率，而上述封驳制度的运行，使得诏令的颁布经过了层层审核，充分地集思广益，无疑是对皇权的有

〔1〕《资治通鉴》卷一百九十三，第 6064 页。
〔2〕《旧唐书》卷四十三，第 1843 页。
〔3〕《唐会要》卷五十四，第 1103 页。
〔4〕《资治通鉴》卷一百九十二，第 6041 页。

效制衡，从而使政令更好地切合国情民生。同时，中书、门下省的审议封驳职能，在之前的封建政治制度发展史上并不多见，南宋马端临曾说“盖门下审覆之说始于唐”[1]，这也从一定程度上体现出唐代政治的开明。

此外，唐代中书省出诏令，门下省负责封驳，有时会遇到两者对诏令有异议的情况，需要共同审议，为此，中央又设置了政事堂，作为中书和门下两省议政之所。每当遇到有争议的事，就在政事堂集中审议，然后再上奏皇帝。元代马端临在《文献通考·职官四》中引宋代司马光的话说：唐初，“又置政事堂，盖以中书出诏令，门下掌封驳，日有争论，纷纭不决，故使两省先于政事堂议定，然后奏闻”[2]。又如《全唐文·中书政事堂记》中所说：“政事堂者，自武德以来，常于门下省议事，即以议事之所，谓之政事堂。……政事堂者，君不可以枉道于天，反道于地，覆道于社稷，无道于黎元，此堂得以议之。”[3]政事堂制度专门为方便解决政事久议不决的现象而设，也使得皇帝所下诏令能够在多种观点的争议之中得到较好的权衡改进。

从封驳制度的实际执行情况来看，在唐代前期，还是得到了较好的贯彻。这主要体现在封驳范围十分广泛，官员们对包括政治、经济、法律、军事各个方面所涉及的各类具体问题，甚至如帝王奢侈、外戚不法、宗族家事等等，都能各抒己见，大大促进了政治民主。然而到了唐代后期，随着藩镇割据、宦官专权等政治环境的日趋恶劣，封驳制度逐渐丧失了其在政治生活中的重要

---

〔1〕 马端临：《文献通考》卷五十，浙江古籍出版社2000年版，第456页。
〔2〕 同上书，第455页。
〔3〕 董诰等编：《全唐文》卷三百十六，中华书局1983年影印本（下同），第3202页。

地位，在强化皇权监督制衡方面的效力也日益萎缩。

二、谏诤制度

唐代政府对即将颁布或者已经颁出的诏敕进行监督审查的方式主要有两种，一种是前面提到的，主要由门下省职掌的驳正封还制度，另一种是由谏官职掌的封驳制度。也就是说，在诏令颁布后，如果谏官提出异议，也有撤回或者作出修改的可能。谏官正是通过这种方式履行其对皇权的监督职能。

唐朝建立以后，由于初期的几位皇帝十分注重纳谏，因此谏官系统得到显著发展。唐代谏官隶属于门下、中书两省，门下谏官曰左，中书谏官曰右。两者分别有左右散骑常侍二人，“掌规讽过失，侍从顾问”[1]；左右谏议大夫四人，“掌谏谕得失，侍从赞相”[2]。同时，在武则天时期又设置了左右补阙、拾遗之职。补阙的职责是帮助皇帝弥补过失。拾遗的职责是提醒皇帝所遗忘的事情。垂拱元年（685年）二月，武则天下敕：“记言书事，每切于旁求；补阙、拾遗，未弘于注选。瞻言共理，必藉众才，寄以登贤，期之进善。可置左右补阙各二员，从七品，左右拾遗各二人，从八品上，掌供奉讽谏。”[3]“左补阙、拾遗掌供奉讽谏，扈从乘舆。凡发令举事有不便于时，不合于道，大则廷议，小则上封。若贤良之遗滞于下，忠孝之不闻于上，则条其事状而荐言之。”[4]左右补阙、拾遗的品级虽低，但他们是强化规谏体制这一

---

〔1〕〔2〕《新唐书》卷四十七，第1206页。

〔3〕《唐会要》卷五十六，第1132页。

〔4〕《唐六典》卷第八，第247—248页。

政治思想的产物，并且时常跟随皇帝左右，其职能不可轻视。安史之乱后，唐中央又进一步扩大了补阙、拾遗的编制，例如《新唐书·百官志二》记载，代宗时期："左补阙六人，从七品上；左拾遗六人，从八品上。掌供奉讽谏，大事廷议，小则上封事。……右补阙六人，右拾遗六人，掌如门下省。"[1]到这时，补阙、拾遗的人员都比唐初增加了两倍，辅佐门下省共同实现谏诤封驳的职能。补阙、拾遗制度一直沿用到唐末。唐政府扩大谏官编制的举措，反映出中央对谏官制度在监督朝政方面所寄予的厚望。

谏官向皇帝指陈得失的方式大致有二：一是廷争；二是上封事。如上所述，补阙、拾遗遇到重大事件则廷议，遇到小事则上封陈奏。这里所说的廷议，是在朝堂之上当面直言皇帝及大臣的得失。贞观元年（627 年），唐太宗下制："自今中书、门下及三品以上入阁议事，皆命谏官随之，有失辄谏。"[2]自此，朝廷的重大决策，均有谏官参加，皇帝或大臣如果有决策失误的情况被谏官觉察，则可以当面规谏，直陈得失。这样做有利于问题及时得到解决，同时，也反映了唐代谏官地位的提高。对此，清代王夫之给予肯定的评价："太宗制谏官随宰相入阁议事，故当时言无不尽，而治得其理。"[3]上封事是指谏官可以书面陈述时政的得失。唐制规定，谏官上封言事不受时间的限制，而且所有的机构不得稽留谏官的奏书，谏官如果需要面奏，即刻引见。为了确保谏官及时上封言事，唐玄宗开元十二年（724 年）四月曾下敕曰："自今以后，谏官所献封事，不限旦晚，任封状进来。所由门司不得

---

〔1〕《新唐书》卷四十七，第 1207、1212 页。
〔2〕《资治通鉴》卷一百九十二，第 6031 页。
〔3〕王夫之：《读通鉴论》卷二十，中华书局 1975 年版，第 685 页。

有停滞。如须侧门论事，亦任随状面奏，即便令引对。如有除拜不称于职，诏令不便于时，法禁乖宜，刑赏未当，征求无节，冤抑在人，并极论失，无所回避，以称朕意。其常诏六品以上，亦宜准此。"〔1〕可见，朝廷为谏官的进谏提供了一切方便的条件，而同时也提出了更高的要求，即包括官吏的任免是否恰当、诏令的颁布是否合乎时宜、刑罚是否公正等等问题，谏官都要有足够的洞察力。不仅唐玄宗如此，唐代各朝皇帝皆重视谏官的进言。如至德元年（756年）九月，唐肃宗也曾敕令："谏议大夫论事，自今以后，不须令宰相先知。"〔2〕这是说，谏议大夫上书陈事可以不通过宰相的批准，这就使得谏官得以独立行使职权而不受上级官员的干扰，这自然能够鼓励他们极言切谏。乾元二年（759年）四月，唐肃宗再下敕文："两省谏官十日一上封事，直论得失，无假文言，冀成殿最，用存沮劝。"〔3〕代宗广德二年（764年）九月二十一日敕谏官："令每月一上封事，指陈时政得失。"〔4〕这些诏令规定了谏官进谏的时间，也就是从制度上保证督励谏官及时发现问题，匡正君失。而从唐代政治生活的实际情况来看，这些措施也确实起到了一定的作用，是唐朝在较长时间内得以维持稳定发展的一个重要因素。

唐代是一个谏官制度日趋完善的朝代，也是士人进谏意识非常强烈的朝代。尤其是唐太宗时，由于皇帝虚心纳谏，重视法制，谏诤制度得以充分发挥其依法察吏的效能，这在史册早已传为美谈。"贞观元年，上谓侍臣曰：'中书门下，机要之司，擢才而居，

---

〔1〕《唐会要》卷五十五，第1116页。
〔2〕〔3〕 同上书，第1113页。
〔4〕《唐会要》卷五十六，第1139页。

委任实重，诏敕如有不便，皆须执论。比来唯觉阿旨顺情，唯唯相尚，遂无一言谏诤者，岂是道理？若唯署敕文书而已，人谁不堪，何须简择，以相委付？自今已后，诏敕疑有不稳，必须执之。'"[1]诏敕是最具权威的法律形式，诏敕不便者，允许谏官"执论"，即对即将或者已经发出的决定提出不同意见，从而敦促有司进行立法监察，这便使得谏官对朝廷决策具有了一定的牵制作用。这项规定在中国古代谏官体制中极具特色。

需要指出的是，在唐代，上书进谏指陈政令得失，并非仅仅是谏官才有的权利，而是全体官僚士大夫都具有的一种权利，掌管封驳的官员以及包括御史台官员在内的朝臣百官，都可以上报对皇帝旨令的看法以补偏救弊。这也是唐代进谏制度得以充分发挥作用的保障。

从唐代谏诤制度的实际执行情况来看，唐初，由于皇帝对谏官的高度重视，并颁布了各项措施以确保其职责的发挥，故而在一定程度上减少了决策的失误。贞观年间，谏诤制度已经得到较为充分的发展，至玄宗时，则进一步形成了一套比较完善的谏诤体制。但到了唐中期以后，整个政治局势的急转直下使得言谏制度失去了昔日的威严。皇帝对谏官的职责也不再加以重视。唐后期的很多皇帝自身昏庸闭听，不愿意广开言路，谏诤制度更形同虚设，这直接导致谏官议政的机会大大减少，有关进谏的记载也较前代大为减少。与此同时，宰相专权也是干扰谏官进谏的一个重要因素。特别是到了开元后期，自李林甫执政后，对谏官进行约束，致使很多人不敢直言时弊，只求保其官位，尸位素餐；加

---

〔1〕《唐会要》卷五十四，第1087页。

之藩镇与宦官两大势力的猖獗跋扈，也都给后期谏官制度的实施带来诸多不利影响。

三、史官制度

我国古代有设置史官记录当朝天子行动和言论的传统。由于史官的记录都将载入史册，皇帝要想垂范后世，就不得不时时注意自己的言行，这无疑成为对皇权的一种监督和约束。唐代的起居制度承接隋代而来，并在史官规模上进一步扩大，史官的地位亦得到了提高。唐政府在门下省设置起居郎和起居舍人，他们负责对皇帝的言论和起居事宜进行注录，谓之“起居注”。据《史通通释》记载，比之隋代，唐代“又加置起居郎二员，职与舍人同。每天子临轩，侍立于玉阶之下。郎居其左，舍人居其右。人主有命，则逼阶延首而听之，退而编录，以为起居注。龙朔中，改名左史、右史”〔1〕。由于起居郎善恶必书，因此皇帝不得不谨慎从事，这样，起居注就起到提醒天子不做非法之事的作用。如唐太宗就曾表示：“朕今勤行三事，亦望史官不书吾恶。一则鉴前代成败事，以为元龟；二则进用善人，共成政道；三则斥弃群小，不听谗言。吾能守之，终不转也。”〔2〕《旧唐书·职官志二》描述了史官记录皇帝起居事宜的方式和程序：“起居郎掌起居注，录天子之言动法度，以修记事之史。凡记事之制，以事系日，以日系月，以月系时，以时系年。必书其朔日甲乙，以纪历数，典礼文物，以考制度，迁拜旌赏以劝善，诛伐黜免以惩恶。季终则授之

〔1〕《史通通释》卷十一，第320—321页。

〔2〕《贞观政要译注》卷六，第326页。

国史焉。”[1]另外，为了保证史书的客观公正，在修史工作中，史官可以拒绝当朝天子的观看和阅读。这给予史官相当大的自主权，而严肃正直的史官也往往能够认识到修史工作对皇帝的监督约束作用，从而令这种他律得以维持。

第二节 科场中防范舞弊的措施

中国古代的科举制度，渊源于汉，草创于隋，而形成于唐。唐代科举可分为常举和制举。所谓常举是指每年在规定的时间、地点举行的选拔人才的考试。其科目主要有秀才、明经、进士、明法、明书、明算六科。从唐代科举考试的实际情况来看，进士科因为每年都会举行而且入仕之后升迁速度较快而备受举子青睐，成为争相角逐的重点。所谓制举，则是由皇帝临时下制诏举行的考试。与常举不同，制举并非每年都会举行。考试的具体时间、科目设置和录取人数等都没有常规，完全由皇帝临时下诏决定。相比较而言，常举考试更为频繁，所受关注更大，而有关这方面的制度也更为完备。

唐代参加科举考试的人分为两类，一类是国子监、弘文馆、崇文馆的生徒，一类是来自各州县的乡贡举人。后者没有官资，一旦科举及第，便获得了出身，即取得了做官的资格。唐代科举考试的程序为先解试后省试。所谓解试，是指应考者首先依次参加自己所在的县和州府组织的考试，合格后给予解状，即证明其通过了地方考试。这样的考生便有资格到京城参加一年一度由尚

---

[1]《旧唐书》卷四十三，第1845页。

书省礼部组织的考试，即省试。省试合格者就可以说是在科举考试中取得了优胜，由此获得了官资，从而有资格进一步参加吏部选拔官员的铨选考试，进而进入仕途。

以上所述便是唐代科举考试的大体流程。需要指出的是，虽然开科取士的制度大大改变了前代以门阀士族把持选举权的状况，但完全凭借才华和考试成绩作为官吏选拔的依据，在封建时代的唐王朝又几乎是不可能的。在实际的录取工作中，权门贵胄干扰录取的现象屡见不鲜，各种科场舞弊的行为亦屡禁不止。考试的公平、公正不断受到威胁，而士子的才华与试卷的成绩却常常起不到决定性的作用。这些现象成为官场腐败的一大表征。为此，唐政府采取了一系列防范措施，从考官的选取到考试程序的规范、考场秩序的维护，到对请托、徇私等行为的遏制、考官子弟的回避等方面，都提出并实施了相应的对策，其中不乏可资借鉴之处。由于唐代科举考试以常举考试的制度较为完备，而其中又以进士科的考试备受关注，因此，下文便以此为重点，逐条论述科举考试各个环节对于舞弊行为的防范。

一、考官的选取

唐初以来，常举考试主要由吏部考功司主管，主考官员为吏部考功员外郎。到了开元二十四年（736 年），朝廷将考试的权力由吏部移交礼部，自此之后，由礼部掌管贡举的制度一直沿用不改。主考官由吏部移交礼部的原因，据当时文献记载，是由于吏部考功员外郎李昂曾与举人发生冲突，朝廷认为考功员外郎的官位过轻，不足以担任科举考试主考官的重任，所以将考试权移交给官位较高的礼部官员。除此之外，关于唐代主考官的选用，似乎还可以从《唐摭言》的下面这段记载中得到进一步的认识："（考功员外郎）李昂员外性刚急，不容物，以举人皆饰名求称，摇荡主司，谈毁失实，窃病之而将革焉。"[1]这段话说明，随着唐代参加科举考试的人数渐趋增多，权门贵胄延誉请托、干扰主司录取等现象也日益泛滥。这样，官位仅为从六品上的考功员外郎，对上无力抗拒高官的嘱请，对下亦无力应付未被录取的举子的喧讼。而在这种情况下，提高主考官的级别，有利于避免更多的权贵施压于考官，从而也便在一定程度上避免了官员之间暗通关节、营私舞弊的不良风气。[2]

二、考生资格的审查

如前所述，唐代士子科举考试的第一关是由州县府组织的解试，合格者被发给解状，然后持解状到尚书省礼部报到，才可以继续参加其后的省试。这里所说的解状包括文解和家状。文解是由州府出示的证明士子已经通过州府考试，获得参加省试资格的证件。家状则是记录考生相关信息的证件，包括乡贯、三代名讳和本人的体貌特征等。贵族子弟还要写明诸亲等第。

为了防止考官与考生串通舞弊，致使不符合应考资格的士子混迹考场，唐政府在考试前会对考生进行严格的资格审查，而审查的方式便是"结款通保"。《新唐书·选举制上》有段话说：

---

〔1〕《唐五代笔记小说大观》，王定保撰，阳羡生校点：《唐摭言》卷一，上海古籍出版社2000年版（下同），第1583页。

〔2〕参见吴宗国《唐代科举制度研究》，辽宁大学出版社1997年版（下同），第48—49页。

“每岁仲冬，州、县、馆、监举其成者送之尚书省……既至省，皆疏名列到，结款通保及所居，始由户部集阅，而关于考功员外郎试之。”〔1〕由州县举送的士子到达尚书省后，在考试之前，必须经过结款通保的程序，才被允许参加考试。这一制度终唐一代都没有大的变动。所谓的结款，是指举子到京后，先按照主持科举考试的礼部贡院所公布的“状书”、“板样”，填写家状和文解。尚书省据此进行审核，以防止所举非人。颁布于元和二年（807 年）十二月的一道敕文规定：“自今已后，州府所送进士，如迹涉疏狂，兼亏礼教，或曾任州府小吏，有一事不合清流者，虽薄有辞艺，并不得申送。如后举事发，长吏奏停现任，如已停替者，殿二年。本试官及司功官，见任及已停替，并量事轻重贬降，仍委御史台常加察访。”〔2〕由此可见，不仅考生本人要如实填写家状文解，而且，州府官吏如果举送了不够资格的考生，也会遭到停职、延缓任职期限甚至贬黜等惩罚。这就加强了对州府官员的监督，强制其认真履行解送职责。同时，这条敕文还强调了，州府在解送士子时，应特别看重人品德行，如果犯有前科，即使有才华也不得申送。

另外，在唐代后期，特别是元和前后，出现了考官包庇考生，帮助其不经过州府考试而直接被送到礼部参加省试的情况，即所谓“外府不试而贡者”〔3〕。越过解试的竞争，直接进入省试，无疑减少了考生通过选拔的阻力，是考官与考生协同舞弊的行为。对于这类现象，唐政府也有所警觉。如武宗会昌五年（845 年）

〔1〕《新唐书》卷四十四，第 1161 页。
〔2〕《唐会要》卷七十六，第 1634 页。
〔3〕《唐五代笔记小说大观》，李肇撰，曹中孚校点：《唐国史补》卷下，第 193 页。

颁发的举格[1]中有云："公卿百家子弟及京畿内士人、寄客、外州府举士人等，修明经、进士业者，并隶名所在监及官学，仍精加考试……今诸州府所试，各须封送省司检勘，如病败不近词理，州府妄给解者，试官停见任用阙。"[2]这是要求尚书省有关官员对州府所举送的举子的情况进行核查，并重点从监督考官入手，如果发现有包庇行为，州府考试官即被停职。进一步的检勘核实为科场公正平添了一道保障。

所谓"通保"，是指乡贡举子在送到尚书省后，互相之间进行人品德行的担保。即如《唐国史补》所说："将试各相保任，谓之合保。"[3]会昌四年（844 年）十月，中书门下的一条奏章中亦说明了通保的形式："朝廷设文学之科，以求髦俊，台阁清选，莫不繇兹。近缘核实不在于乡闾，趋名颇杂于非类，致有跋扈之地，情计交通，将澄化源，在举明宪。臣等商量，今日以后，举人于礼部纳家状后，望依前三人自相保，其衣冠则以亲姻故旧，久同游处。其有江湖之士，则以封壤接近，素所谙知者为保。如有缺孝弟之行，资朋党之势，迹繇邪径，言涉多端者，并不在就仕之限。如容情故，自相隐蔽，有人纠举，其同保人并三年不得赴举。仍委礼部明为戒励，编入举格。"[4]这条奏折得到了敕准。由此可见，唐代举子在参加省试之前，以相互熟悉的三人结为一保，保证三人的品行合乎入仕为官的资格，而如果结款不实，有"迹涉疏狂、兼亏礼教"或"有缺孝弟之行，资朋党之势"或"迹繇邪

〔1〕 举格即每年礼部在贡举考试之前所颁发的有关考试的具体规定或要求，包括国子监和各地举送到尚书省参加明经、进士考试的人数，主司录取的人数，对举主、考官的要求等。

〔2〕《文献通考》卷二十九，第 275—276 页。

〔3〕《唐五代笔记小说大观》，李肇撰，曹中孚校点：《唐国史补》卷下，第 193 页。

〔4〕《册府元龟》，第 13 册，第 7686 页。

径，言涉多端”等等问题的，不仅本人被罢免考试资格，与他通保的士子也将被取消三年的考试资格。应考士子之间通过相互监督，监督的范围就大大扩大了。

三、考试秩序的规范

(一)搜索夹带,分铺考试

唐代前期，考生在即将进入考场之时，要接受严格的搜身检查，这是为了防止其藏匿与考试有关的书册进行作弊。这被称为搜索夹带制度。根据《通典·选举三》记载：“阅试之日，皆严设兵卫，荐棘围之，搜索衣服，讥诃出入，以防假滥焉。”〔1〕中唐以后，由于进士科考试诗赋与时务策，并不要求考生死记硬背，是否有书册作为参考，已经不是考察士子能力的关键，因此，禁止怀夹书册的规定也就放宽。到后来，甚至发展到官方特意于考场中放置一些必要的书策，以便考生翻拣。〔2〕因此，这一制度在唐代后期就取消了。

除了曾经搜索夹带之外，对于防范冒名代考的行为，唐政府也采取了相应措施。《文苑英华》中载杜牧《平卢军节度巡官李府君墓志铭》一文曾提到，在考生进入考场之时，会有兵卫“大

〔1〕《通典》卷十五，第357页。

〔2〕《旧唐书》卷一百二十六《李揆传》记载：“乾元初，(李揆)兼礼部侍郎。揆尝以主司取士，多不考实，徒峻其堤防，索其书策，殊未知艺不至者，文史之囿亦不能摛词，深昧求贤之意也。其试进士文章，请于庭中设《五经》、诸史及《切韵》本于床，而引贡士谓之曰：“大国选士，但务得才，经籍在此，请恣寻检。”这一上奏获准执行。

呼其姓名，熟视符验”。[1]这是通过核对考生的面貌与其所进解状中的描述是否一致，来判定有无冒名代考的行为。

此外，为防止考生在考试过程中交头接耳、传递夹带，唐政府还采取“分铺”的方法将其隔离。如元和八年（813 年）进士及第的舒元舆后来在《上论贡士书》中回忆其当年参加省试时的情景：“试之日，见八百人尽手携脂烛水炭，洎朝晡餐器。或荷于肩，或提于席，为吏胥纵慢声大呼其名氏。试者突入，棘围重重，乃分坐庑下，寒余雪飞，单席在地……”[2]这段话描述了科举考试的场面，考生在吏胥的指令下，分别坐在被分隔开的席位上，身边只有考试必备的物品，如蜡烛及餐饮器具等，气氛相当严肃紧张。

（二）锁院制度

唐代，随着行卷[3]之风的盛行，考生在考试之前拜谒主考官员或名流贵胄，以博取赏识、推荐的情况十分普遍。从积极的方面来说，这有助于考官通过考生平日所做诗文，或他人对考生的评价全面了解考生的水平，避免仅由一份考卷决定去取的偏颇。但从消极的方面来看，这又为请托、延誉等舞弊之风大开方便之门。特别是到了中晚唐时期，借助亲故权势，干扰主考官录取的现象愈演愈烈。为此，唐政府实施锁院制度加以遏制。锁院制度，是在考试之前，将主考官锁闭于贡院，禁止其与士子及其他官员往来，以限制士子在考试之前进行舞弊。负责贡举考试的官员在进入贡院之

〔1〕 李昉等：《文苑英华》卷九百五十八，中华书局 1966 年版（下同），第 5036 页。

〔2〕《全唐文》卷七百二十七，第 7487 页。

〔3〕 行卷即应试举人将平日所做诗文编辑成卷，在考试前呈送考官或者其他有威望者，从而增加及第的可能并争取名次。

后，相互之间有任何勾结、请托的行为，都会受到严厉惩罚。中晚唐许多科场案都说明了这一问题。例如，贞元十一年，知贡举的吕渭受请托，录取了户部侍郎判度支裴延龄的儿子，事发后被贬官。[1]

与此同时，朝廷还指派御史台官员对锁院制度加以监督。例如宣宗大中九年（855 年）就发生了御史台纠弹违纪考生的事件："御史台据正月八日礼部贡院捉到明经黄续之、赵弘成、全质三人伪造堂印、堂帖，兼黄续之伪著绯衫，将伪帖入贡院，令与举人虞蒸、胡简、党赞三人及第，许得钱一千六百贯文。据勘黄续之等罪款，具招造伪，所许钱未曾入手，便事败。奉敕并准法处死。主司以自获奸人，并放。"[2]参加考试的士子在锁院期间出入贡院必须要有中书门下省的堂印、堂帖，而文中黄续之、赵弘成、全质三人伪造堂印、堂帖，进入贡院，事发后被处罚。其中，黄续之因为蓄意贿赂考官，帮助士子及第，被御史台发现，处以死刑。从这件科场案件可以看出，御史台对于锁院制度的维护是很严格的。在请托之风盛行的封建王朝，科场锁院制度是保证科举考试相对公平的有力措施，因此，这一制度也被后代广泛继承。宋代的锁院制度就是在此基础上加以完善，使其成为定制，为以后历代科举考试所延用。

(三)复试制度

为了进一步消除请托勾结、贿赂考官等现象，开元二十五年(737 年)，唐玄宗下敕文规定："其应试进士等唱第讫，具所试杂

〔1〕《旧唐书》卷一百三十七，第 3768 页。
〔2〕《旧唐书》卷十八下，第 633 页。

文及策送中书门下详覆。”[1]这就是说，在进士考试结束后，要将及第举子的试卷送到中书门下重新审查考校，确定考试结果是否公正可靠，这就是所谓的复试制度。其实，复试制度在唐初已经施行，只是后来曾一度废止[2]，直到长庆三年（823 年）礼部侍郎王起奏请恢复，“本司考试讫，其诗赋先送中书门下详覆，候敕却下本司，然后准旧例大字放榜”[3]。这次上奏得到了敕准，复试制度从此成为定制，一直延续到五代。

复试制度相当于在考试程序中增加了一道监督环节，而这对于当时的许多科场积弊确实起到了一定的遏制作用。随着公卿大臣子弟应举的人数越来越多，他们凭借权势打通关节，干扰主司垄断科举的现象也达到了十分猖獗的地步。与之相对，一般士子反对勾结请托，抗议优先录取贵族子弟的呼声也越来越高。为了调和两者的矛盾，统治者一方面采取别头考试的方法，对有特殊身份的贵族考生另行考试（下文对此有详细介绍），一方面便不断通过复试的方法加以监督，避免不公。唐穆宗长庆元年（821 年）的复试事件，就是一个例证。这一年，知贡举的礼部侍郎钱徽被指责接受请托，所录取的进士中有很多缺乏才华的贵族子弟。[4]穆宗于是派中书舍人王起，主客郎中、知制诰白居易等人复试及第举子，结果很多子弟遭到黜落，钱徽受请托的事实也败露，不法考生与考官都受到了惩罚。[5]通过这次事件，此后一段时期内，

---

〔1〕《册府元龟》卷六三九，第 7671 页。

〔2〕《新唐书·选举志上》记载：“初，开元中，礼部考试毕，送中书门下详覆，其后中废。”

〔3〕《唐会要》卷七十六，第 1635 页。

〔4〕《旧唐书》卷一百六十八，第 4383 页。

〔5〕同上书，第 4383—4384 页。

职掌贡举的官员一般都比较注意凭借才学高低录取人才。

（四）别头考试制度

如前所述，随着贵族子弟应举者日益增多，贵族子弟在科举考试中所拥有的优势和特权日益成为备受指摘的对象，公卿子弟与一般士子之间的矛盾愈演愈烈。为此，唐政府推行了别头考试的制度加以缓和。别头考试可视为一种子弟回避制度，即主考官的亲族故旧不得在其所主持的礼部贡院参加考试，而要在尚书省吏部考功司另行考试。这也就是《新唐书·选举志上》中所说的："初，礼部侍郎亲故移试考功，谓之别头。"[1]另据《唐会要·考功员外郎》记载，开元二十九年（741 年）十一月十九日，礼部侍郎韦陟也曾奏请实施别头考试制度："准旧例，掌举官亲族，皆于本司差郎中一人考试，有及第者，尚书覆定，然后附奏。臣本司今阙尚书，纵差郎官，是臣麾下，事在嫌疑，所望厘革。伏望天恩许臣移送吏部，差考功员外郎试拣，侍郎覆定，任所在闻奏。即望浮议止息。"[2]这段话说明，在开元二十九年之前，考官的亲族子弟参加贡举考试，往往有徇私之嫌。为了改变这一现象，韦陟奏请将这类考生改由吏部考试，及第者由吏部尚书覆定，然后生效。这一提议得到了皇帝的认可，别头考试的措施由此开始推行。而据《唐摭言·别头及第》记载，别头考试被正式规定为一项制度则是在唐肃宗上元二年（761 年）："别头及第，始于上元

〔1〕《新唐书》卷四十四，第 1165 页。
〔2〕《唐会要》卷五十八，第 1185 页。

二年钱令绪、郑人政、王悌、崔志恂四人，亦谓之承优及第。”[1]别头考试制度在唐代时行时废，这是由于考试名额有限，致使亲故子弟及第的机会相对较少，因此触犯了他们的利益，激起了很大不满。正是由于一般士子与亲故子弟两者的利益难以调和，这一考试制度也就时常遭到废止，直到唐文宗时期才固定下来，一直沿用到五代。

别头考试的具体执行情况是这样的：考试之前，中书门下将需要避嫌的亲族名单下发给礼部知贡举的主司，主司在礼部贡院南门榜示，提示相关举子参加别头考试。从制度本身来看，别头考试的目的是避免考官容情徇私，优先录取亲族子弟，这在很大程度上体现了科举考试的公正、进步。同时，值得肯定的是，亲故子弟与一般士子矛盾的激化，也使得广大考官有所顾忌，因此，即使在别头考试被废止的期间，很多考官也往往自觉避嫌。例如，元和十年（815 年）中书舍人崔群担任贡举官，为了回避亲故，便不让其座主陆贽的儿子参加礼部的贡举考试，而让他参加吏部的别头考试。唐代的别头考试制度也被其后的朝代所借鉴继承。例如，在北宋，凡是大臣的子弟贡举及第者，礼部上奏后，都要再由其他部门主持复试，这一措施的推行就滥觞于唐代的别头考试。

再从制度的实际执行情况来看，考官与亲故子弟串通作弊的问题虽然得到一定的遏制，但并不能彻底解决。考试的权力固然可以移交到吏部，但图谋在考试过程中获利的人，依然能够通过不法手段延誉请托，而面对种种诱惑，又总有考官铤而走险，无视

---

〔1〕《唐摭言》卷八，第 1650 页。另，唐代“上元”年号有二，一为高宗年号，一为肃宗年号，由于关于别头考试的最早记载为前述开元二十九年，故此处的上元二年当指肃宗上元二年，即 761 年。

制度与法律的约束。特别是到了晚唐，随着宰相、宦官对科举考试的一再干扰，考试更加难以公正地进行。可见，遏制科场舞弊，制度的设立固然十分重要，而官员道德素质的约束也不可忽视。

唐代科举制度作为封建科举考试发展的起始阶段，它所提出并施行的上述措施足以令人瞩目，而其自身的流弊又在所难免。这主要是由于考生的录取受到多方的干扰而难以实现彻底的公平。首先，整个录取工作都要受到皇帝的控制，而皇帝却往往凭借自身的喜好选录人才，无视制度的约束。其次，宰相对科举考试的干预也成为影响其公正性的一大弊端。特别是“呈榜”〔1〕制度的施行，给予宰相很大的便利，以干预主考官的录取工作。正如会昌三年（843年）宰臣李德裕等上奏所说：“旧例，进士未放榜前，礼部侍郎遍到宰相私第，先呈及第人名，谓之呈榜。比闻多有改换，颇致流言。宰相稍有寄情，有司固无畏忌，取士之滥，莫不繇斯。”〔2〕虽然在李德裕的坚持下，呈榜制度得以取消，但宰相借助其权势干扰主司录取的现象却并不能得到彻底的解决。再次，由于唐代行卷和请托之风盛行，士子的声誉、达官的赏识和亲朋的关系，对考生的录取往往具有极大的影响。特别是随着公荐〔3〕、通榜〔4〕制度的推行，士子要参加科考就必须先投谒权要，主考官则往往要得到好友的推荐才会考虑录取，这必然促使考生与权要相互勾结。考生能否录取，有时不是凭借考试成绩的高低，

〔1〕 呈榜，即在省试结束后放榜前，考官把可能及第的进士名单拿给宰相们一一过目。

〔2〕《册府元龟》卷六四一，第7685页。

〔3〕 所谓公荐，即应考举子向达官显贵或者盛誉文坛的学者投递行卷，并通过他们向主考官举荐。

〔4〕 所谓通榜，指主考官在决定科举及第的名单时，除了根据举子的考试成绩和参考他们所交纳的平日所作诗赋文集，还需要得到好友的举荐。

而是在考试之前已见分晓。上述种种弊端尚需要通过制度和人事管理上的进一步完善来加以解决。

第三节　选官制度中维护公正的举措

唐代采取举、选分开的方法，以科举取士，以铨选举官。举士与选官分属于礼部与吏部两个不同的机构，各有一套独立的运行机制。所谓铨选就是对科举考试选拔出来的人才和任期已满等待叙阶的前资官进行量材授官。唐代根据待选官员品阶的不同分为流内铨与流外铨，流内铨任命职事官〔1〕九品以上的官员，流外铨任命不入九流的吏职。其中，流内铨又分为两种：一种是五品以上官，由皇帝亲自任命或经宰相提名，皇帝任命；一种是六品以下官，由吏部、兵部任命。流外铨也由尚书省吏部主持，称为“小选”。由于参加流内铨的六品以下官员在官僚整体中所占比重最大，故一般意义上的铨选多指这类官员的选拔。〔2〕下文的叙述也便以此为重点。此外，奏荐制度、科目选制度等选官方式是铨选制度之外的补充方式，其创立的目的是不拘形式选拔人才，以弥补铨选制度的不足。

唐代选官制度的一大特点是将考试的方法广泛应用于包括吏部铨选、科目选、考课等选官环节之中，使得通过考试成绩决定授予官职的原则得到了尽可能的实现。而如同科举取士的进步性一样，凭借考试成绩决定官员的去取，比之依靠世袭门荫更具公平性。与之同时，对于考试过程中出现的种种勾结请托、弄虚作

〔1〕所谓职事官是相对于散官而言的，有职务的官员称为职事官，无职务者称为散官。

〔2〕参见张国刚《唐代官制》，三秦出版社1987年版（下同），第144—145页。

假等腐败行为，亦有一系列的措施进行严密防范和打击。另外，从选拔原则上来看，对品德、才干以及地方行政历练的重视，又体现出唐政府注重实际从政才能的务实的选官原则，对提高政府办事效率和决策能力皆大有裨益。

一、注重德才的考课制度

唐代官员任满后，叙阶的方法有多种，“有以封爵，有以亲戚，有以勋庸，有以资荫，有以秀、孝，有以劳考，有除免而复叙者……”〔1〕其中，劳考即考课成绩，是官员叙阶的主要方式。所谓考课，就是朝廷定期对官员的为政业绩进行考察与评估，其目的一方面是作为褒贬奖惩的标准，另一方面，考课的成绩用作官员任满叙阶的凭借，为吏部铨选所参考。应该说，相对于凭借亲故、资荫等方式，考课制度具有更大的公平性和公正性。正如有研究者所指出的：“考课制的实施，对于正确地识别、选拔和使用官吏，对于澄清吏治，保持国家机制的正常运转，都有着十分重要的意义。”〔2〕

其实，考课在中国古代政治制度中久已有之，但唐代的考课制度在继承前代的基础上又有所发展，这主要体现在考课方式、评定标准、奖惩措施等方面都更为细致和完备。一般来说，唐代四品以下官员的考课，每年举行一次小考，评定官吏当年的为政优劣；每三年或四年举行一次大考，综合评定官吏该任期的政绩。考课的大体程序是，首先由应考者本人总结当年的为政业绩，交

〔1〕《唐六典》卷二，第31—32页。
〔2〕参见王勋成《唐代铨选与文学》，中华书局2001年版（下同），第81页。

由本部门或州府长官对众宣读，审议评定，定出考第。[1]对于评定结果，如果应考者有异议，可以提出，重新复核。随后，本部或州府长官将评定结果写成考状报呈尚书省，由尚书省吏部考功司负责进一步审察。其中，吏部考功郎中负责判定京官的考课，员外郎负责判定外官的考课，他们皆被称为判考使。为了加强评审工作的公正与公平，在贞观初年，政府又增派京官中德高望重者两人分别负责校对京官和外官的考课工作，称为校考使。再命令给事中二人、中书舍人二人，分别派一人监督京官的考试，另一人监督外官的考试，称为监考使。判考使、校考使和监考使共同负责核查覆审所有官吏的考课。如果复查结果发现部、州府所报考课成绩、考第与事实不符，判考使有权予以改正。复查完毕后，考使们重新写出考课成绩和考第，并对众宣读，然后将其上奏朝廷，并正式誊录在考簿上，入库存档，以备日后铨选或升迁时检勘。

唐代考课标准根据官员品级的不同而有所不同[2]，由于六品以下职事官在整个官僚体系中所占比重最大，而其考课内容和标准又最为完备，因此这里仅对六品以下职事官的考课情况加以介绍。针对这类官员的考课内容和标准是所谓的“四善二十七最”。其中，四善强调官吏的道德水准：“凡考课之法有四善：一曰德义

〔1〕 对官吏的为政情况按照上中下九等确定等级，这九等分别为上上、上中、上下、中上、中中、中下、下上、下中、下下。

〔2〕 唐代官员分为职事官、流外官、亲、勋、李卫、诸卫主帅、监门校尉、直长、品子、杂任、飞骑等类别。各类官员考课的标准皆不同。例如至于京官三品以上官员，外官大都督、节度使以上官，以及亲王、宰相等的考课，只需将功过行能写成考状，奏于皇帝，由皇帝直接裁定其考绩和考第。对于流外官考课的标准则是按照行能功过分为四等，“清谨勤公为上，执事无私为中，不勤其职为下，贪浊有状为下下。”考下下者，要解任。

有闻，二曰清慎明著，三曰公平可称，四曰恪勤匪懈。”[1]二十七最强调官吏的为政才能。“善状之外，有二十七最：一曰献替可否，拾遗补阙，为近侍之最；二曰铨衡人物，擢尽才良，为选司之最；三曰扬清激浊，褒贬必当，为考校之最；四曰礼制仪式，动合经典，为礼官之最；五曰音律克谐，不失节奏，为乐官之最；六曰决断不滞，与夺合理，为判事之最；七曰部统有方，警守无失，为宿卫之最；八曰兵士调习，戎装充备，为督领之最；九曰推鞫得情，处断平允，为法官之最；十曰雠校精审，明于刊定，为校正之最；十一曰承旨敷奏，吐纳明敏，为宣纳之最；十二曰训导有方，生徒充业，为学官之最；十三曰赏罚严明，攻战必胜，为将帅之最；十四曰礼义兴行，肃清所部，为政教之最；十五曰详录典正，词理兼举，为文史之最；十六曰访察精审，弹举必当，为纠正之最；十七曰明于勘覆，稽失无隐，为句检之最；十八曰职事修理，供承强济，为监掌之最；十九曰功课皆充，丁匠无怨，为役使之最；二十曰耕耨以时，收获剩课，为屯官之最；二十一曰谨于盖藏，明于出纳，为仓库之最；二十二曰推步盈虚，究理精密，为历官之最；二十三曰占候医卜，效验居多，为方术之最；二十四讥察有方，行旅无壅，为关津之最；二十五曰市廛不扰，奸滥不行，为市肆之最；二十六曰牧养肥硕，蕃息孳多，为牧官之最；二十七曰边境肃清，城隍修理，为镇防之最。”[2]这二十七条考察标准是按照官员不同的工作性质，提出不同的考核原则，具有较强的可操作性。结合四善二十七最来看，唐代考课制度能够兼顾德与才，全面而注重实效地考察官吏。设定这样的标准，

〔1〕《唐六典》卷二，第42页。
〔2〕同上书，第42—43页。

体现了唐代考课制度的历史进步性。

根据四善二十七最评定官员的考第，“一最已上有四善为上上；一最已上有三善，或无最而有四善为上中；一最已上有二善，或无最而有三善为上下；一最已上有一善，或无最而有二善为中上；一最已上，或无最而有一善为中中；职事粗理，善最弗闻为中下；爱憎任情，处断乖理为下上；背公向私，职务废阙为下中；居官谄诈，贪浊有状为下下”〔1〕。根据考第，唐政府制定了相应的奖惩黜陟标准，按照规定，小考中，凡是得中上以上考，每进一等加禄一季，中中考可以保持本禄，中下以下，每降一等，就要夺禄一季。另外，唐政府规定“凡居官必四考”〔2〕，就是说官吏入仕之后，改转升迁都要以四考为限，也就是要根据在任四年间的考课成绩和等第来决定下一任官阶的高低。《册府元龟·铨选部》载贞观十一年（637年）正月十三日的一道敕文说：“凡入仕之后，迁代则以四考为限。四考中中，进年劳一阶；每一考中上，进一阶；一考上下，进二阶。五品已上，非特恩刺史，无进阶之令。”〔3〕这就是说，四考进阶法的规定是，如果四考皆中中，则铨选时便可以进一阶；四考中每有一考为中上，就可以再进一阶；有一考为上下，则可进两阶。另据《唐六典·尚书吏部》，四考中，“若兼有下考，得以上考除之。”〔4〕这是说，在四考中，既有上考又有下考者，则用抵消法，就是用一中上考抵消一中下考，用一上下考抵消两个中下考。抵消以后，就统统以四考皆中中计

〔1〕《唐六典》卷二，第43页。
〔2〕《新唐书》卷四十五，第1173页。
〔3〕《册府元龟》卷六三五，第7620页。
〔4〕《唐六典》卷二，第32页。

算。唐代的上述奖惩标准可谓严密具体，按此执行，官员的升迁黜陟就有了便于操作的依据，其公平性原则也随之得到保证。

二、守选中的减选、殿选制度

在唐代，进士及第只是取得了做官的资格，尚不能直接获得官位。按照一般的程序，还要依次通过由吏部举行的关试，再经过长达几年的守选，然后参加吏部铨选，才能进入仕途。其中的所谓守选，就是指待选人参加关试之后，等候参加吏部铨选的那个阶段。在唐代，参加吏部铨选的对象除了新及第的进士之外，还有文职六品以下考满罢秩的前资官。

唐代制度规定，守选期间，对于待选者可以实行减选和殿选的制度。减选就是减少守选的年数，是一种奖励；反之，殿选则是增加守选的年数，是一种惩罚。而判定减选和殿选的标准之一是待选者的才华，才华出众者可以享受减选的待遇，反之，则会遭到殿选。例如，根据《唐会要·贡举上》记载，唐德宗建中二年（781 年），中书舍人赵赞上奏说："如有义策全通者，《五经》举人，请准广德元年七月敕，超与处分，明经请减二选。伏请每岁甄奖，不过数人，庶使经术渐兴，人知教本。"[1]这封奏章是请求在明经科考试中，给予那些能够精通《五经》的士子以减少两年守选期限的奖励，并通过这种奖励方式，激励士子钻研经义。这条奏章得到了皇帝的敕准。由此可见，士子学有专长可以减少守选的年限。同时，对于前资官来说，在任期间业绩突出者，守

〔1〕《唐会要》卷七十五，第 1628 页。

选时也可获得减选。如唐宣宗大中六年（852 年）五月曾下诏："县令、司录、录事参军，今任四上考，减两选；馀官得四上考，县令、司录参军得三考，并减一选。"[1]与之相反，对于那些在任期间有较大过失者，则要给予殿选的处罚。唐武宗会昌六年（846 年）五月有一道敕文说："自今已后，县令非因灾旱，交割之时，走失二百户以上者，殿一选。三百户已上者，书下考，殿两选。"[2]这是说，县令在任期间，由于非自然灾害的原因而走失人口的，要受到殿选的惩罚。对于不称职的官吏，不仅要在考课成绩上降低其品级，而且还要延长其守选的期限，给予其足够的警戒。守选中的减选、殿选制度，与考课制度一道，增加了对待选者的约束，勉励他们勤政好学。

三、铨选制度的选官原则

（一）"四才"、"三实"的考察内容

在唐代，参加铨选者要经过考试才能被授予官职，而考试的内容便是"四才"、"三实"。据《新唐书·选举志下》记载："凡择人之法有四：一曰身，体貌丰伟；二曰言，言辞辩正；三曰书，楷法遒美；四曰判，文理优长。"[3]"身"是要求体格健壮，形貌端庄；"言"是要求语言表达流畅、清晰；"书"是要求书法遒劲秀美；"判"是要求明辨是非、文辞优美。在这四者之中，"书"

---

〔1〕《册府元龟》卷六三二，第 7575 页。
〔2〕《唐会要》卷六十九，第 1445 页。
〔3〕《新唐书》卷四十五，第 1171 页。

和“判”的考察更为关键，而尤以后者为重，《文献通考·选举十》有云：“吏部所试四者之中，则判为尤切。盖临政治民，此为第一义，必通晓事情，谙练法律，明辨是非，发摘隐伏，皆可以此觇之。”〔1〕可见，试判的内容就是考察选人熟悉法令的程度与处理事务的能力，判题一般选取有关国家大事的问题和疑难案例。〔2〕这种注重考察实际从政能力的做法，反映出唐政府务实的选官标准，体现着“唯才是举”的用人原则。

在上述“四才”的考察完毕之后，便开始注拟授官。注拟的方式是对那些通过了“四才”考试后的合格者，再按照“三实”的标准进行权衡。如前所述，所谓三实即“德行、才干、劳效”。具体而言，评定德行的标准是考课的等级。唐政府对官员每一任的任绩按照五个等级进行评定，上等为最，下等为殿，中间三等以次定优劣，定为上等即“最”等的，就叫清白状，又称善状。注拟时所据以为凭的德行，就是根据有无清白状的记录以及善状等级来确定的。〔3〕德行之外，再看才用和劳效。才用，就是书判成绩的优劣等第；劳效，就是考课中的成绩。〔4〕注拟时，本着“四事皆可取，则先德行；德均以才，才均以劳”〔5〕的原则，也就是先德行、后才干、后劳效的轻重次序进行，以决定其取舍。值得注意的是，在“三实”的考察中，将德行排在了第一位，这反映出统治者对于官吏人品素质的重视。而从实际情况来看，由于唐代将这一选官标准应用于实践，故而确实选拔出了一批既有实

〔1〕《文献通考》卷三十七，第354页。
〔2〕《唐代官制》，第149页。
〔3〕《唐代铨选与文学》，第179—180页。
〔4〕同上书，第179页。
〔5〕《新唐书》卷四十五，第1171页。

际才能又德才兼备的官吏，保持了官僚队伍的相对纯洁。

（二）“不历州县不拟台省”制度

除了上述“四才”、“三实”的考核标准外，对于担任中央要职的官员，有无地方工作经验也逐渐成为注官时的重要参考，于是出台了所谓的“不历州县不拟台省”制度。据《通典·选举五》记载，这一制度的出台源于开元年间左拾遗张九龄的一次上书：“今朝廷卿士入而不出，于其私情，甚自得计。何则？京华之地，衣冠所聚，子弟之间，身名所出，从容附会，不劳而成。一出外藩，有异于是。人情进取，岂忘之于私，但法制之不敢违耳，原其本意，固私是欲。今大利于京职，而不在外郡，如此则智能之士，欲利之心，日夜营营，安肯复出为刺史、县令？而国家之利，方赖智能之人，此辈既自固而不行，在外者又技痒而求入，如此，则智能之辈常无亲人之日，今又未革之以法，无乃甚不可乎！故臣以为欲理之本，莫若重刺史、县令，此官诚重，智能者可行。正宜悬以科条，定其资历：凡不历都督、刺史，虽有高第，不得入为侍郎、列卿；不历县令，虽有善政，亦不得入为台郎、给舍；虽远处都督、刺史，至于县令，递次差降，以为出入，亦不十年频任京职，又不得十年尽任外官。如此设科以救其失，则内外通理，万姓获安。”[1]张九龄在这次上书中首先切中肯綮地提出了一个重要问题，即唐代内外官升迁机会的不平等。正如文中所说，在京为官往往容易获得更多的升迁机会，而出任外官的情况就大不相同了。这势必造成大量人才争做京官而轻视外官的现

〔1〕《通典》卷十七，第412—413页。

象，而为了能够留在中央，很多人不惜请托延誉，打通关节。这一现象直接导致的不良后果便是地方官素质低下，地方治理不善。在指出这一问题之后，张九龄提出了解决办法，即文中所说的“凡不历都督、刺史，虽有高第，不得入为侍郎、列卿；不历县令，虽有善政，亦不得入为台郎、给舍；虽远处都督、刺史，至于县令，以次差降，以为出入，亦不得十年频任京职，又不得十年尽任外官”。这是说，对于那些没有地方从政经验的官员，不允许他们进入中央担任要职；而对于担任过都督、刺史以及县令等职务的地方官员，则优先考虑升任中央。这强调了地方官的实际从政能力。同时，不论任京官还是外官，都并非一成不变，不允许常年担任京官或者常年担任外官的现象出现。这又从地方官的任命到之后迁转京官的过程，都给予了保证。这条建议很快被唐玄宗采纳，开元三年（715 年）六月下诏：“京官不曾任州县官者，不得拟为台省官。”〔1〕出台这一制度的意义，正如有学者所指出的，就将内外官的流动纳入硬性的制度规定之中，而不再是弹性的政策导向。〔2〕而朝廷对地方官以及地方政务的重视，必然激励地方官砥砺其行，勤于政事，从而改善地方治理不善和官员素质低下的问题。

“不历州县不拟台省”制度自颁布之后，不断细化，成熟。〔3〕唐玄宗开元八年（720 年）有敕文曰：“自今已后，诸司清望官阙……其台郎以下除改，亦于上佐、县令中通取。”〔4〕唐代宗广德

〔1〕《册府元龟》卷六三五，第 7622 页。

〔2〕参考王湛《“不历州县不拟台省”选官原则在唐代的实施》，《江西社会科学》2006 年第 11 期（下同），第 94 页。

〔3〕观点参考王湛《“不历州县不拟台省”选官原则在唐代的实施》，第 94—96 页。

〔4〕《册府元龟》卷六九，第 778 页。

二年（764 年）有敕文曰："并所选御史亦宜于录事参军、县令中简择……" 可见，不仅担任过刺史、县令的州县长官具有升任为台省长官的优先资格，包括州府上佐和录事参军等在内的一系列地方职位都成为优先考虑的对象，这进一步提高了地方官员的从政热情。另外，唐政府对于担任台省要职的官员，如御史、谏议大夫、给事中、中书舍人等，尤其强调其地方行政经验。唐宣宗大中元年（847 年）正月下诏："今后谏议大夫、给事中、中书舍人未曾任刺史、县令，或在任有赃累者，宰臣不得拟议。"〔1〕台省官员多以文士担任，且通常在清要职位上迁转，往往缺乏基层锻炼的经验，而这一制度的出台，则对此类官员的实际从政能力提出了要求，从而保证各项政令的制定更加切合时弊。

此外，"不历州县不拟台省" 制度，不仅是针对前资官进行迁转的参考，也是对科举及第者能力的要求。随着唐代科举制度的推行，中央官员很多是来自科举出身的文士，而这些人普遍存在着地方工作经验不足的缺点，并由此造成决策偏失等问题。为解决这类问题，唐政府不断采取措施，如武宗会昌二年（842 年）四月下制："准太和元年十二月十八日敕，进士初合格，并令授诸州府参军及紧县尉，未经两考，不许奏职。"〔2〕这是说，所有进士在及第后都要首先进入州县，担任一定时间的理民之官。作为未来的台省官员，州县历练为其提供了十分必要的积蓄政治经验和了解国运民瘼的机会。

总之，"不历州县不拟台省" 制度的不断细化和完善，一方面为解决官僚体系中内外官迁转机会不公平的问题提供了可能，从

---

〔1〕《旧唐书》卷十八下，第 616 页。
〔2〕《唐会要》卷七十五，第 1620 页。

而减少了官员为留任京官而采取的种种徇私舞弊行为；同时，也为改善地方治理水平以及提高各级官员的实际从政能力发挥了重要作用。

四、铨选过程中维护公正的措施

从唐高宗时起，随着参加铨选考试人数的增多，各种选场弊端也开始滋生。有鉴于此，唐政府在制度上采取措施，从待选人的资格审查、考场秩序的维护，到最终的授官审查，每一道程序都严密把关。

（一）选人资格的审查

1. 南曹驳放

唐代铨选之时，准备参加铨选的前资官要向曾任职州府报名应选，及第举子则向户籍所在州府报名应选。而同科举考试一样，铨选也要由州府来审核选人的情况。对于审查合格者，为其出具解送状文，如实填写其籍贯、姓名、年龄、家庭成员、亲戚关系、科举等第、考课等级等相关材料。与此同时，有出身人〔1〕要交纳出身文凭，如春关，前资官还要交纳解由〔2〕、历子〔3〕、考牒〔4〕等。州府将这些送达尚书省吏部南曹（即负责审查选人档案的机构，由于其位于尚书省之南，故称南曹），由专人进行详细审查。

---

〔1〕 所谓有出身者，即前科举出身、门荫出身、流外出身等人。
〔2〕 所谓解由，是指官员罢任时发给的文书，写有其罢任的年月等内容。
〔3〕 所谓历子，是指官员赴任时，由吏部签发并加盖印章的文书，写有其到任年月等内容。
〔4〕 所谓考牒，是指官员历次考课的记录。

正如《旧唐书·职官志二》中提到南曹的职责时所说："每岁选人，有解状、簿书、资历、考课，必由之（南曹）以核其实，乃上三铨。"[1]审查工作的重点是冒名顶替、身名不符、虚报业绩、隐瞒为政过失等现象，并对上述行为实施惩罚："刑家之子、工贾异类及假名承伪、隐冒升降者有罚。文书粟错，隐幸者驳放之。"[2]此外，对于前资官的审核还要依据"甲历"进行。"甲历"是政府收藏的官吏的档案材料，它们被存放在专门管理官吏档案材料的机构"甲库"中，"甲库"在中书、门下和吏部各设一个。南曹将前资官上报的文书与甲历一一对照后，如果发现上报文书有假，则予以惩罚、驳放。

2. 废置复断

在待选之人经过了南曹详细的资格审查之后，对于遭到驳放的选人，还要进行一次复核，再次确定其留放，这就是在废置司举行的废置复断制度。《唐会要·选部上》记载唐文宗太和五年（831年）的一道敕文说："南曹检勘，废置详断，选人傥有屈事，足以往复辨明。"[3]可见，废置的工作是对被黜落者进行覆审，从而防止南曹误将合格选人驳放，这在一定程度上避免了冤抑不平的现象。

3. 中书门下陈状

废置覆审之后，如果被驳放的选人仍然感到冤屈，则可以向中书门下陈状。唐文宗太和五年（831年）六月的一道敕文规定："起今以后，其被驳选人，若已依期限，经废置详断不成，自谓有屈，任经中书门下陈状。状到吏部后，铨曹及废置之吏，更为详

〔1〕《旧唐书》卷四十三，第1820页。
〔2〕《新唐书》卷四十五，第1171页。
〔3〕《唐会要》卷七十四，第1601页。

断，审其事理，可收即收。如数至三人已上，废置郎官请牒都省罚直。如至十人已上，具事状申中书门下处分。如未经废置详断，公然越诉，或有已经详断不错，辄更有投论者，选人量殿两选，当日具格文榜示，冀无冤滥，亦免幸求。"〔1〕这是说，中书门下收到选人的诉状后，便命令吏部选院和废置司会审，以决定选人的去留。会审的结果，如果确实存在冤屈，则掌管废置的员外郎要视情况的轻重受到处罚；如果驳放无误，则上诉的选人要受到殿选两年的惩罚。这样做是为了进一步避免冤滥。上述审查工作结束之后，南曹将确定下来的选人名单分别交给中书门下和尚书省吏部铨司，由吏部尚书与侍郎再对选人进行引验，而南曹的资格审查工作到此告一段落。

4. 铨司引验

通过南曹审查的选人还要再经过吏部铨司的进一步考核引验，才有资格参加铨选。《通典·选举三》记载了铨司引验的相关内容："（尚书省）乃考核（选人）资绪、郡县乡里名籍、父祖官名、内外族姻、年齿形状、优劣课最、谴负刑犯，必具焉。以同流者五五为联，以京官五人为保，一人为识，皆列名结款。……应选者有知人之诈冒而纠得三人以上者，优以授之。"〔2〕由这段引文可见，在铨司引验之前，选人要向其交纳家状、保状等相关材料，而审查工作便依据这些材料进行。家状的内容包括"郡县乡里名籍、父祖官名、内外族姻、年齿形状、优劣课最、谴负刑犯"等，铨司以之对照本人，看是否相符，是否有冒名顶替的现象。从引文中还可以得知，与科举考试中的"通保"制度类似，待选

〔1〕《唐会要》卷七十四，第1602页。
〔2〕《通典》卷十五，第360页。

人在参加铨司引验之前也要实行联保的制度，联保的方式是，同一类待选者五人结为一组，五组相联，这二十五人由五位京官作为保官，另有一位认识并熟悉他们的京员作为识官。保官与识官作为待选者品行才学的担保，都要在保状上亲笔签名并由其所属官署盖章。如果选人的身份有误或者在考试时有作弊行为，则保官、识官都要受到相应的惩罚。另外，如果选人发现同考者有隐情并将其揭发者，则给予奖励。上述种种措施是通过官员对选人的监督以及选人之间的相互监督来避免资质低下的官吏混迹官场。铨司引验的具体方式是每三天点名印证一次，总共点名三次，共需九天。三次引验结束后，如果没有问题，铨司便将选人的相关材料申报中书门下，请示铨试。

5. 锁曹锁铨

在上述南曹和铨司进行资格审查的过程中，都要实行锁闭审查官员的制度，即锁曹和锁铨。锁曹是在待选人把所有文书与选解上交到吏部之后开始的，这期间，负责审查的官员要住宿在南曹之内，不得与外界接触，以防止待选者与选官在资格审查过程中相互勾结。而直到废置覆审完毕后，南曹才可以开宿。与此类似，在铨司对南曹上报的选人进行资格审查的工作中，具体办事人员，如令史等，也必须锁闭在铨司之内，而不得与外人交流。等到引验、铨试、注拟等工作全部结束之后，才能开铨。锁曹与锁铨与常举考试中的锁院制度一样，都是从限制考官的方面入手，遏止考官与选人之间串通作弊。

（二）考场秩序的维护

铨司引验完毕后，合格的选人就可以参加铨试了。铨选考试的考场秩序十分严格，设有一系列的防范舞弊措施。据《册府元龟·铨选部》记载："其试之日，搜索防援，棘篱机察，如礼部举人之法也。"〔1〕这就是说，与科举考试相似，铨试之前也要清理考场，搜索夹带以防止考生携带与考试有关的书册，甚至要以荆棘围护在考场周围，以防考生与外界串通。不仅如此，为了防止有冒名顶替、假手代考者，考试当天，选人还要由为其担保的识官亲自送入考场。据《唐六典·尚书吏部》记载："每试判之日，皆平明集于试场，识官亲送。"〔2〕同时，选人的解状与文书都要求亲笔书写，这是为了与考试时的笔迹进行对照，如果发现了纰缪造假，待选者要受到殿选的处罚。正如《唐会要》中记载，贞元九年御史中丞韦贞伯奏称："又按《选格》，铨状选人自书，试日书迹不同，即驳放。"〔3〕

除此之外，唐代铨选考试还曾实行过糊名暗考的制度。《新唐书·选举志下》云:(唐初)"……试选人皆糊名，令学士考判……"〔4〕铨选中的糊名暗考制度在武则天时期曾一度被废止，这与最高统治者收揽人心的政治目的有关。但到了玄宗时期，随着铨选过程中越来越多弄虚作假、营私舞弊现象的出现，糊名暗考制度又予恢复。唐玄宗开元十五年（727 年）就颁布了有关实施糊名暗考的敕文："今年吏部选人，宜依例糊名试判，临时考第奏闻。"〔5〕开元之后，铨选糊名之法的行废由于史书缺载，不得而知。从整个朝代来看，糊名之法始终时行时废，未成定制。

---

〔1〕《册府元龟》卷二九，第 7545 页。
〔2〕《唐六典》卷二，第 27 页。
〔3〕《唐会要》卷七十四，第 1595—1596 页。
〔4〕《新唐书》卷四十五，第 1175 页。
〔5〕《唐会要》卷七十五，第 1612 页。

（三）授官审核

吏部铨试结束之后，接下来的工作，就是根据铨试成绩注拟授官。所谓注拟，也就是根据缺位先将某选人拟定为某官，并注录在簿。[1]注拟之事由吏部尚书一人与吏部侍郎二人掌管，称三铨。“凡吏部、兵部文武选事，各分为三铨，尚书典其一，侍郎分其二。”[2]注拟官职是以“三实”为标准，以官资为依据。如《旧唐书·职官志二》所说：“凡择人以四才，校功以三实。较之优劣，而定其留放，所以正权衡，明与夺，抑贪冒，进贤能。然后据其官资，量其注拟。其有历职清要，考第颇深者，得隔品授之，不然即否。”[3]这里所谓的“四才”即身、言、书、判，“三实”即德行、才干、劳效。所谓官资，就是品阶。也就是说，官员原考满罢秩时的官阶（即前资），加上依据“四才”、“三实”的铨选标准判定出的选人所应进退之阶，就是注拟时的官资。按照官资，注拟与之相当的官职，就是量资注官。[4]三铨注拟后，要当着选人的面唱名注示，并征求选人的意见，选人有不接受所授官职的，可以退官。

在上述工作结束后，还要经过几道审查手续，才可以正式授官。首先，三铨将注拟名册分类，编为甲历，上报尚书都省审查，称为“送省”。其中，两位吏部侍郎负责的铨注结果需要先呈交吏部尚书过目，经批准并签名盖章后，才能上报都省。都省如果认为

---

〔1〕《唐代铨选与文学》，第179页。
〔2〕《通典》卷十五，第359页。
〔3〕《旧唐书》卷四十三，第1818页。
〔4〕《唐代铨选与文学》，第180页。

三铨的注拟有不合理之处，可以驳回，由三铨重新注拟改正。如《唐会要·选部上》记载："大和二年三月，都省奏：'落下吏部三铨注今春二月旨，甲内超资官洪师敏等六十七人。'……其三铨已授官，都省落下者，并依旧注，重与团奏，仍限五日内毕。其如官超一资半资，以今授稍优者，至后选日，量事降折。尚书、侍郎注拟不一，致令省都以此兴词，郑絪、丁公著宜罚一季俸。东铨所落人数较少，杨嗣复罚两月俸。其今年选格，仍分明标出近例，冀绝徼求。"〔1〕引文中的事件发生在文宗大（太）和二年（828年），由于三铨超资注拟而被尚书省驳回，原来误授的官职按照正确的标准重新注拟，而负责注拟的官员都受到了惩罚。这种覆审和惩罚措施，对于企图在注官过程中利用权势图谋不当利益的官员和选人，都将有所警戒。

尚书都省审查完毕之后，审查工作仍未结束，还要将注拟名单送门下省再次覆审。覆审时，由门下省给事中读，门下侍郎审查，侍中审定，这一过程叫做"过官"。正如《唐六典·门下省》所载："给事中掌侍奉左右，分判省事。凡百司奏抄，侍中审定，则先读而署之，以驳正违失。凡制敕宣行，大事则称扬德泽，褒美功业，覆奏而请施行；小事则署而颁之。……凡文武六品已下授职，所司奏拟，则校其仕历深浅，功状殿最，访其德行，量其才艺；若官非其人，理失其事，则白侍中而退量焉。"〔2〕门下省审议的结果，如果认为有所不当，与尚书都省一样，即可驳回三铨，令其重新审议更改。三铨改注完毕后，再上报门下省审批，门下省若认为仍有不当，可以继续驳回。如此往复，三次为限。三次

〔1〕《唐会要》卷七十四，第1596页。
〔2〕《唐六典》卷八，第244—245页。

不能通过的，则不再交给三铨重拟。在驳回重拟的过程中，倘若三铨认为所注合理，也可以不予更改，而是照原样上报并说明理由。这些程序进行完毕后，就可以上奏皇帝批准了。

由此可见，吏部注拟要经过三铨注拟以及尚书省、门下省等层层审查手续，其严肃性可见一斑。而在如此严密的监督之下，图谋不轨者也必将有所畏惧。

第四节 任官环节中的反腐措施

唐代政府在官员任职期间，对涉及的俸禄制度、任官回避制度以及致仕制度等多个方面进行监督，进而保证国家职能的正常发挥和官场风气的廉洁。从俸禄制度来看，主要是将官员所得俸禄与考课成绩相结合，以加禄或夺禄的形式鼓励或惩戒官吏的为政善恶。从任官回避制度来看，在继承并发展了前代亲属回避制度的基础上，唐政府又大力推行地区回避制度，为防范请托包庇等官场痼疾提出了更为周密的措施。从致仕制度来看，唐代政府给予致仕官的优厚待遇，在一定程度上保证了高龄官员的及时致仕，加速了官员队伍的优化更新。

一、俸禄制度

唐太宗在建国之初就曾指出：“国家大事，惟赏与罚。赏当其劳，无功者自退，罚当其罪，为恶者咸惧，则知赏罚不可轻行也。”〔1〕可见，统治者已经认识到官吏的为政功绩受到赏罚制度的影响。而从唐代俸禄制度的发展来看，官吏考课的成绩往往对应加俸或夺俸的赏罚结果，这成为统治者强化吏治的一项有效措施。

唐代早在贞观初年，就曾规定考课中得上考者，可以加禄一季。后来，根据考课等第制定了一套相应的赏罚标准，即考课成绩得中上者，可加禄一季；得上下者，加禄二季，上中者，加禄三季；上上者，加禄一年。得中中者，维持原俸禄不变；中下者，夺禄一季，下上者，夺禄二季；下中者，夺禄三季；下下者，夺禄一年。随着这项制度的进一步细化和完善，唐政府颁布了更为具体的赏罚规定，《唐六典·考功郎中员外郎》有云：“诸食禄之官，考在中上已上，每进一等，加禄一季；中下已下，每退一等，夺禄一季。若私罪下中已下，公罪下下，并解见任，夺当年禄，追告身；周年，听依本品叙。”〔2〕这是说，考课中，获得中上以上等第，每增加一等，俸禄增加一季；获得中下以下等第的，每退一等，俸禄降低一季。同时，不仅考课的等级分别配以相应的加禄、夺禄标准，而且对于任官期间犯科的官员，还要区分私罪和公罪，恶劣者更要受到解任的处罚。一系列细致明确的赏罚制度，必然促使廉洁奉公者再接再厉，也使贪图私利者有所顾忌。

唐代俸禄制度在具有一定进步性的同时，也存在着种种弊端。唐初，由于国库空虚，无力支付京官的俸禄，政府便沿袭了隋代设置公廨本钱的弊政。所谓的公廨本钱，就是给各衙署一部分钱，衙署将其作为本金放贷经营，收取的利息用以发放官吏俸钱。这

〔1〕《贞观政要译注》卷三，第 87 页。
〔2〕《唐六典》卷二，第 44 页。

种托本取利的做法，导致衙署对百姓恶意盘剥，也给予官员贪污腐败以可乘之机，受到内外朝臣的非议。但为了解决数额庞大的京官俸禄问题，这一做法屡禁不止。贞观十五年（641 年），政府让各司令史经办贸易，并规定，令史如果每年能交回五万盈余，就可以授予官职。这样一来，一些未经过任何考核，没有从政能力，而只会放贷经营的人，被妄加任用，简直成了公开的卖官鬻爵。而这些人在买卖过程中往往唯利是图，难保廉洁，官场风气遭到很大破坏。不仅京官如此，外府官员的做法更加猖獗，有些州府设置的公廨本钱，利息之高闻所未闻，高利贷对百姓的剥削令其不堪重负，这种做法遭到了朝臣内外的强烈反对。而这一状况在唐玄宗开元十年（722 年）终于得到了一定程度上的解决。这年正月，政府下令取消诸州的公廨本钱："令有司收天下公廨钱，其官人料以万户税钱充，每月准旧分利数给。"[1]这是说，诸州官员的俸料改用百姓的户税钱发放。废除公廨本钱，使问题得到了一定程度的缓解。总起来看，在唐代相当长的一段时期内，公廨本钱的制度一直未被彻底废除，但是它逐渐被依靠税赋收入发放官吏俸禄的形式所取代，相对于隋代公廨本钱制度对官场造成的危害，这一制度在唐代被逐步取代的趋势，还是体现了一定的历史进步意义。

另外，发放俸禄标准不一、厚薄不均也是唐代俸禄制度中的一大问题。例如，唐代前期就存在着京官禄厚、外官禄薄的现象。贞观初年，外官甚至没有俸禄，虽然后来逐渐开始对外官发放俸禄，但其禄额却远远少于京官。联系唐代前期重京官而轻外任的现象，俸禄的厚薄与此不无关系。而这种京官与外官待遇上的不

〔1〕《唐会要》卷九十一，第 1962 页。

公所造成的后果便是，一部分待选举子和前资官想方设法，甚至请托贿赂以谋求京官职位，为官场带来腐败习气。同时，不仅京官与外官的俸禄有上述差异，各州府官员之间的收入也存在不均。特别是在安史之乱后，虽然唐代地方官的月俸有了定额，但实际上由于两税法采取地方财政包干的办法，有些方镇和州县官员俸钱收入大大超过额定数目，而一些边远地区则无俸钱可充。[1]地方官员贫富差距的增大亦引发了种种腐败行为。

二、回避制度

封建时代的中国是一个宗族观念极为浓重的国家，各种人际关系错综复杂，而官场上，亲朋故旧之间包庇纵容、请托徇私等现象亦十分普遍，往往影响到国家职能的正常发挥，造成腐败。而自汉代以来便已施行的任官回避制度，对于防止国家行政工作受各种特殊人际关系的影响起到一定作用。到了唐代，任官回避制度更发展到了比较完备的水平，亲属回避、地区回避以及权要子弟回避等制度的施行，都为政府行政职能的公平发挥作出制度性保障。

亲属回避制度是指在同一机构内存在统属关系的上下职司之间，不能有亲属关系。这是历代王朝政治生活中的一项重要措施，在唐代也不例外。《职官分纪》谈到唐代官员选授的原则时说："同司联事及勾检之官皆不得注大功以上亲。"这就是规定，与亲族在同一属府机构任职，且职司相互关联的官员，以及虽然没有统属关系，但是负责审核文案等监察职责的官员，都要施行亲属

〔1〕《唐代官制》，第174页。

回避。亲族之间担任的职责相互关联，则容易包庇纵容，甚至相互勾结，违反制度。而以亲族的关系，更难以确保履行严格的监督职责，所以这样的情况都应该回避。

在唐代，亲属之间没有统属关系者，一般是可以在同一机构任官的，但也有例外。例如，宰相之子就被规定不得担任谏官。《唐会要·省号下》记载："元和元年九月，以拾遗杜从郁为秘书丞。郁，司徒佑之子，初，自太子司议郎为左补阙，右拾遗崔群、韦贯之、左拾遗独孤郁等上疏，以为宰相之子，不合为谏诤之官。于是降左拾遗。群等又奏云：'拾遗与补阙，虽资品不同，而皆是谏官。父为宰相，而子为谏官，若政有得失，不可使子论父。'于是改授。"[1]引文中，宰相杜佑的儿子杜从郁先是被任命为左补阙，后又被任命为左拾遗，都遭到了朝臣的反对。原因是，补阙与拾遗都属于谏官，谏官的职责是弹劾百官的为政得失，如果宰相之子担任谏官，则一方面不利于其对父亲的监督，另一方面，以子论父也有失封建孝道。所以，只得改授他官。

除了亲属回避制度外，唐朝廷对官员任职的地域也有明确的限制，规定官员不能在本籍以及本籍所在的邻近州县任官。这一制度首先被落实在吏部注拟官员的环节上，对于铨选及第者，主司往往注意避免将其注拟在籍贯所在地。"（贞观）八年十一月，唐皎除吏部侍郎，尝引人铨问，何方便稳？或云其家在蜀，乃注与吴；复有云亲老先任江南，即唱之陇右。论者莫能测其意。"[2]这样的事例在唐代屡见不鲜。再如，武后时的名相狄仁傑籍贯在并州，授官时被迁洛州司马。李昌籍贯在扬州而除北海太守，宋

---

〔1〕《唐会要》卷五十六，第1140页。
〔2〕《唐会要》卷七十四，第1592页。

璨的籍贯在邢州而担任楚州刺史。代宗永泰元年（765 年）七月再次下诏规定："不许百姓任本贯州县官及本贯邻县官。"[1]不仅不能在本贯任官，连担任邻县官员都要受到限制，可见地区回避制度的规定是十分严密的。

此外，唐代还规定权要官子弟不得在京畿州县担任官职。代宗广德二年（764 年）三月诏，"中书门下两省官五品以上，尚书省四品以上，御史五品以上，诸司正员三品以下，诸王、驸马中要周期上亲，及女婿、外甥，不得任京兆府判司，畿令，赤县丞、簿、尉。"[2]穆宗时，更加严格限制权要子弟担任京畿州县官。长庆二年（822 年）九月诏："要官密戚，并不许任京兆判司、畿令，两赤县丞、簿、尉等。缘人不遵行，更资提举，自今已后，切宜禁断。"[3]同年十月，中书门下又奏："自今已后，应宰臣及左右仆射、御史大夫、中丞、给事、舍人、左右丞、诸司尚书侍郎、度支盐铁使在京城者并诸王、驸马，周期以上亲并女婿、亲外甥，请准广德二年三月十一日及贞元二年二月十三日敕，不得任京兆府判司、畿令、两赤县、长安、万年丞簿尉……诏付所司永为常式。"[4]上述引文中所提到的京兆府判司等职，虽然属于地方官，但在当时是迁转为中央清要官的重要跳板，如果完全由权要子弟担任，无疑会促使部分权要子弟凭借关系升任京官以免除外任，这就破坏了内外官升迁机会的公平，进而破坏了官场风气。由此看来，上述回避制度在有唐一代的一再重申有其必然的原因。

---

〔1〕〔2〕《册府元龟》卷六三〇，第 7555 页。
〔3〕〔4〕《册府元龟》卷六三一，第 7565 页。

三、致仕制度

唐代以前，有关官员致仕的相关规定虽然早已有之，但几千年来未成定制。迨至唐代，有关致仕的规定才开始作为一套固定的制度，逐渐具体、完备起来。唐代政府按照官员的年龄、体貌和职务品级决定其是否致仕，据《通典·职官十五》记载："大唐令，诸职事官，七十听致仕。五品以上上表，六品以下申省奏闻。诸文武选人，六品以下，有老病不堪公务、有劳考及勋绩情愿给阶授散官者，依。其五品以上，籍年虽少，形容衰老者，亦听致仕。"〔1〕又据《唐六典》："年七十以上应致仕，若齿力未衰，亦听厘务。"〔2〕由此看来，唐代规定官员致仕的年龄是七十岁，但这一要求并非严格的限定，还可以上下浮动。根据官员实际的体貌情况，如果未到七十而体弱早衰，不能正常处理政务，则要提前致仕。反之，特别是对于担任重要职务的高官来说，已过七十仍然精神矍铄者，则可以继续任职。其中五品以上的官员致仕要由皇帝批准，六品以下官员交由尚书省审批。

比之前代，唐代致仕官的经济待遇得到了大幅度提高。唐高宗永徽元年（650 年）八月规定："文武五品以上解官充侍者，宜准致仕人例，给半禄。"〔3〕这是说，五品以上高官致仕之后可以享受任官时一半的俸禄，从而使其老有所养。从唐德宗起，又给致仕官在半禄之外加了半料。"夏四月乙未，以太子少师萧昕为工部

〔1〕《通典》卷三十三，第 925 页。
〔2〕《唐六典》卷二，第 34 页。
〔3〕《唐会要》卷九十，第 1956 页。

尚书，致仕，给半禄、料，永为常式。初，致仕官只给半禄，无料，上加之以待老臣，半料自昕始也。”[1]而对一些德高望重的大臣，政府还常常赐以全禄。如玄宗时期宰相宋璟“请致仕，许之，仍赐全禄”[2]。所有这些俸禄都要求致仕官所在籍贯或寄居之处的地方政府支给。唐德宗建中三年（782 年）九月十二日敕：“致仕官所请半禄料及赐物等，并宜从敕出日，于本贯及寄住处州府支给。”[3]对于六品以下的致仕官员，唐初曾规定可以享受四年半俸的待遇，四年之后，停止各项待遇。到唐玄宗时，致仕后的俸禄改成了终身制。天宝九载（750 年）三月二十三日敕：“如闻六品以下致仕官，四载之后，准各并停。念其衰老，必藉安存，岂限其高卑，而恩有差降。应五品下致仕官，并终其余年，仍永为常式。”[4]这便使得低级的致仕官在经济上也具有了一定的保障，有利于保证低品级的官员及时致仕，从而优化官僚队伍的年龄结构。但遗憾的是，这一规定在唐文宗时期又予取消，而且，连玄宗之前规定的可以享受四年半禄的待遇也被剥夺。太和元年（827年）九月的一道敕文规定：“请致仕官，近日不限品秩高卑，一例致仕。酌法循旧，颇越典章。自今以后，常参官五品、外官四品者，然后许致仕，馀停。”[5]这项制度颁布后，除了五品以上常参官、四品以上外官之外，大批的致仕官只能算作停官而不算致仕，相应的，其政治经济上的各项待遇也都停止。不难想见，这就容易导致很多官员贪恋禄位，即使老病衰弱也不愿致仕。

---

〔1〕《旧唐书》卷十三，第 368 页。
〔2〕《新唐书》卷一百二十四，第 4393 页。
〔3〕〔4〕《唐会要》卷六十七，第 1388 页。
〔5〕同上书，第 1389—1390 页。

唐代官员致仕后，交回任官时分给的职分田，却可以保有永业田，并可将其传给子孙作为家业田。由于永业田在官员俸禄中所占比例较大，因此，官员致仕后并不会因为交回了职分田而致使收入明显减少。因此，即使是五品以下的致仕官，虽然没有了其他俸禄，但仍有田地保障其晚年的基本生活。这一制度旨在为官员致仕消除后顾之忧。

此外，为表示对致仕官的关怀，唐政府逐渐改变了初期致仕官自理还乡车马费的做法，而由皇帝专门派出车马，礼送致仕官回乡归养。这一规定是在文宗太和三年（829 年）四月成为定制的。这一年，右庶子致仕滕珦奏："伏蒙天恩致仕，今欲归家，乡在浙东，道途遥远。官参四品，伏乞特给婺州已来券，庶使衰羸获安，光荣乡里。"〔1〕敕旨："滕珦致仕还乡，家贫路远，宜假公乘，允其所请。自今以后，更有此类，便为定例。"〔2〕

除了如上所举经济上的种种优待之外，唐政府还会给予致仕官一定的政治荣耀。例如，唐代准许德高望重的致仕官参与朝政。唐玄宗开元五年（717 年）十月敕，"致仕官三品以上，并听朝朔望"〔3〕。这就明确规定了，致仕官可以在每月初一和十五上朝听政议政。不仅如此，致仕官上朝时的朝谒班序也位列在任官之前。开元六年（718 年）八月，规定："嗣王宜与开府仪同三司等致仕官，各居本司之上，用永为常式。"〔4〕将致仕官与皇族亲王并列为各司之首，足见对其尊重，这对致仕者而言，是一种莫大的荣誉鼓励。

---

〔1〕〔2〕《唐会要》卷六十七，第 1390 页。
〔3〕《通典》卷三十三，第 925 页。
〔4〕《唐会要》卷二十五，第 559 页。

同时，致仕官还享有参与朝廷重大典礼活动的荣耀，而且，在遇到皇帝即位、郊祀、改元等重要庆典活动的时候，致仕官还可以享受与在任官同等的加官晋爵的待遇。如唐中宗即位时，就曾对“五品以上致仕曾伏事先朝者，赐爵一级”〔1〕。另外，唐代还有一项不成文的规定，那就是在致仕前后，朝廷往往对官员加一级官品，以示优待。致仕官可以先加阶再致仕，或先致仕再加阶。如《新唐书·刘仁轨传》记载：“（刘仁轨）以疾辞位，进金紫光禄大夫，听致仕。”〔2〕《旧唐书·唐俭传》记载：“永徽初，（唐俭）致仕于家，加特进。”〔3〕这无疑也成为促使官吏按时致仕的有效措施。

此外，唐政府还考虑到对致仕官的赡养问题。“致仕官子弟无京官者，其在外者，听一人停官侍养。”〔4〕同时，政府还指定了专门负责管理致仕官赋闲家居后相关事宜的部门。例如，唐宣宗规定，在京致仕的官员，每季度都由中书省四方馆的通事舍人进行巡访慰问，并向朝廷奏报情况：“诸文武职事五品已上致仕身在京者，每季令通事舍人一人巡问奏闻。”〔5〕而在京之外的致仕官，则由当地政府主要官员进行慰问：“其在外州者，亦令长吏季别巡问，每年附朝集使闻奏，使知安否。”〔6〕

就唐代致仕制度的实际执行情况来看，体现出前期较好而后期混乱的现象。唐代前期，制度的施行较为严格，然而安史之乱

---

〔1〕宋敏求：《唐大诏令集》卷二，商务印书馆1959年版，第7页。

〔2〕《新唐书》卷一百八，第4084页。

〔3〕《旧唐书》卷五十八，第2307页。

〔4〕《唐会要》卷六十七，第1387页。

〔5〕〔6〕《宋元笔记小说大观》，钱易撰，尚成校点：《南部新书》壬卷，上海古籍出版社2007年版（下同），第377页。

以后，官吏入仕者多，致仕者少，冗官充斥，机构膨胀，致仕制度亦遭到破坏，出现了中唐诗人白居易在《秦中吟·不致仕》诗中所描述的“可怜八九十，齿堕双眸昏。朝露贪名利，夕阳忧子孙”的局面。而到了唐代后期，宦官专权、朋党相争、藩镇割据等问题相继出现，统治者更无暇顾及致仕制度的实施，导致相当一部分官员贪恋禄位，致使官僚体制老化，并直接加重了百姓的负担，激化了阶级矛盾，从而加速了封建国家的瓦解。

此外，就唐代致仕制度本身来看，也存在一定的弊端。由于官员致仕要自行申请，而非政府部门强制执行，对于不致仕的官员往往缺乏相应的制裁措施。按时致仕更像是官员自身的一种道德约束而非硬性的制度规定，这是造成许多应该致仕的官员嗜权固位的原因。

第五节 监察制度的日益完善

唐代的最高中央监察机关是御史台，由台院、殿院、察院组成。随着御史台作为专职监察部门的独立性日益突出，其监察范围亦空前扩大，职权分工更为明确。正如有学者所指出的，唐代御史台组织与机能的完备堪称自汉代以来封建监察制度发展史上的典型代表。[1]

---

〔1〕 参见胡宝华《唐代监察制度研究》，商务印书馆2005年版，第19页。

一、御史制度

（一）御史台的机构设置

唐代御史台的机构设置在建国之初一百余年的政治生活中几经变换，至玄宗时期基本固定。唐玄宗在御史台下设置三院，“（御史台）属有三院：一曰台院，侍御史隶焉；二曰殿院，殿中侍御史隶焉；三曰察院，监察御史隶焉。”〔1〕至此，台院、殿院、察院的三院分工已较为明确：台院主要负责监督和弹奏中央百官；殿院负责维护宫廷礼仪，以保证皇帝的尊严；察院以出使巡按为主要职责，监察中央到地方的各级官吏，是御史台中最直接的监督部门。

御史台的最高长官是御史大夫，副长官称御史中丞，他们的职责，根据《唐六典·御史台》记载：“御史大夫一人，从三品；中丞二人，正五品上；御史大夫之职，掌邦国刑宪、典章之政令，以肃正朝列；中丞为之贰。凡天下之人有称冤而无告者，与三司诘之。凡中外百僚之事应弹劾者，御史言于大夫，大事则方幅奏弹，小事则署名而已。若有制使覆囚徒，则与刑部尚书参择之。”〔2〕由此可见，御史大夫的职责是根据国家颁布的刑宪典章，监督各级官员的为政善恶，是掌管封建法制、礼仪、政纪等一切事务的高级官员，位尊而权重。台内其他官员有要推鞫的案件，都要上报御史大夫作出抉择。当遇到重大冤情的案件时，御史大夫要与中书省、门下省的长官组成三司，共同审理。此外，御史

〔1〕《新唐书》卷四十八，第1235页。
〔2〕《唐六典》卷十三，第377—379页。

大夫还有监督刑部审理重要案件的职责。御史中丞辅助御史大夫共同实施其职责。

台院侍御史、殿院殿中侍御史和察院监察御史是具体承担御史台三院监督职责的监督官员。据《唐六典·御史台》记载："侍御史四人，从六品下。侍御史掌纠举百僚，推鞫狱讼。其职有六：一曰奏弹，二曰三司，三曰西推，四曰东推，五曰赃赎，六曰理匦。"〔1〕这是说，台院侍御史的职责是纠举百官违失，并对之进行起诉和审讯。具体职责大致包括以下几个方面，其一，处理御史提出的弹劾案件。其二，由御史台、大理寺、刑部组成联合刑讯机构，审理狱案。其三，御史台根据京城百司及诸州的审讯事务，划分成东、西两个部门，各以侍御史一人负责，分别称为东推、西推。东推纠察京城百官，西推纠察诸州地方官吏。其四，负责对官吏贪污受贿钱物的赃赎进行评估，以作为判罪量刑的根据。其五，受理投书于铜匦的有关案件。

再据《唐六典·御史台》记载："殿中侍御史六人，从七品上。……殿中侍御史掌殿廷供奉之仪式。凡冬至、元正大朝会，则具服升殿。若皇帝郊祀、巡省，则具服从，于旌门往来检察，视其文物之有亏阙则纠之。凡两京城内则分知左、右巡，各察其所巡之内有不法之事（谓左降、流移停匿不去，及妖讹、宿宵、蒲博、盗窃、狱讼冤滥、诸州纲典贸易隐盗、赋敛不如法式，诸此之类，咸举按而奏之。若不能纠察及故纵、蔽匿者，则量其轻重而坐所由御史）。"〔2〕另据《新唐书·百官志三》记载："殿中侍御史九人……一人同知东推，监太仓出纳；一人同知西推，监

〔1〕《唐六典》卷十三，第379—380页。

〔2〕同上书，第381页。

左藏出纳；二人为廊下食使；二人分知左右巡；三人内供奉。”[1]由上述两段引文可知，殿院殿中侍御史的主要职责是纠察并维护诸如百官班列之类的宫廷礼仪。其中，有二人分知左右巡，分别负责纠察两京城内、京畿诸州的不法之事，所察包括妖言惑众、盗窃、狱讼冤滥、贸易隐盗、不能依法收缴赋税等等方面。同时，殿院御史还要与台院御史一起执行推鞫任务，知左御史同台院东推御史一起负责东推事务，即巡察西京长安及雍州境内事宜，并审察司农寺所管辖的国家仓储，掌握太仓粟米的出纳；知右御史同台院西推御史一起负责西推事务，即巡察东都洛阳、洛州及其他各州境内事宜，并审察太府寺左藏署所管辖的国家金库，控制左藏锦帛的出纳。对于国家仓储和金库的管理，目的在于防止监管官吏趁职务之便盗窃所管辖的财物，以及不按照制度规定出纳财物。此外，还有一项附加规定，那就是，如果御史官员不能明察不法，甚至包庇纵容作奸犯科的官员，则要问罪于御史本人。

察院的监督官员称监察御史。监察御史的品位很低（正八品上），但职掌范围却十分广泛，是御史台中最直接的监督部门。据《唐六典·御史台》记载：“监察御史掌分察百僚，巡按郡县，纠视刑狱，肃整朝仪（朝廷有不肃敬，御史则纠而劾之。每二人五日分知东、西朝堂。旧例监察正门无籍，非因奏事，不得入至殿庭。开元七年三月，敕并令随仗而入，不得供奉，位在尚书员外郎后。十道巡按，则选判官二人以为之佐；如本道务繁，得量差官人历官清干者，号为支使）。凡将帅战伐，大克杀获，数其俘馘，审其功赏，辨其真伪。若诸道屯田及铸钱，其审功纠过亦如

〔1〕《新唐书》卷四十八，第1239页。

之。凡岭南及黔府选补，亦令一人监其得失。凡决囚徒，则与中书舍人、金吾将军监之。若在京都，则分察尚书六司，纠其过失，及知太府、司农出纳。……凡尚书省有会议，亦监其过谬（尚书省诸司七品已上官会议，皆先牒报台，亦一人往监，若据状有违及不委议意而署名者，纠弹之。凡有敕令一御史往监，即监察受命而行……）。凡百官燕会、习射亦如之。"[1]从上述引文可知，监察御史的主要职责之一是纠察中央百官违失、审议百官功过、肃整朝仪。值得注意的是，监察御史有权列席尚书省会议，以强化对尚书省六部的督察，这使得御史台对中央行政部门的监察力度随之增强，成为明代六科给事中系统独立分察的先声。而与此同时，中央为了防止监察御史的弹劾出现差失，又规定尚书左右仆射对于御史纠劾不当之处，也有权提出弹奏，"御史纠劾不当，(左右仆射）兼得弹之。"[2]这就又使得御史在尚书省的监察纠举也受到一定的牵制与监督。御史台与尚书省的相互监督无疑有利于国家政体的良性运作。

如引文所述，监察御史的另外一项职能是出使巡察。出使就是由监察御史出任使者，对军政事务、岭南选举、屯田、铸钱、馆驿等进行监察，并处理地方的重大刑事案件和官吏贪赃枉法等事宜。察院为了推行这一职责，常常设置各类使官出使监察，例如黜陟使就是掌有罢黜迁陟州县官吏特权的使臣。再如，武后时每年于春秋两季发使，春曰"风俗"，秋曰"廉察"，由这两类使臣负责对地方官吏的监督。另外，监察御史还担负着监决京兆府囚徒、视察刑狱等职责。

---

〔1〕《唐六典》卷十三，第381—382页。
〔2〕《旧唐书》卷十三，第1816页。

（二）御史台的职权

1. 人事监督权

如前所述，在唐代，以监察御史六人分察尚书省六部。其中，由年资较深的监察御史负责吏部的监察。由于吏部掌管着全国的人事管理机构，因而监察的重点也就集中在对官员的选授、考课和黜陟等方面。

唐代铨选由吏部负责，通过考察科举及第者的“身、言、书、判”以确定授予官品。而在此过程中，“选司抑塞者，不须请不理状，任经御史台论告”〔1〕，这是说，如果吏部选司故意压制合格的考生不予录取，则御史有权纠察上诉。同样，如果吏部选司徇私录用了不合格的考生，御史也有权进行纠举。例如，贞元二年（786年），吏部考功员外郎陈归任岭南选补使时，因大肆索贿，选拔录用者多亲友故旧，被监察御史韩参纠劾。〔2〕

同时，监察御史有权参与百官考课，以查核官员的政绩，为奖惩黜陟提供可靠依据。如前唐代考课制度一节所述，唐朝官员每年一小考，四年一大考，考课由吏部考劾司负责。大考时，由皇帝或德高望重的大臣担任主考官，而御史则于考堂监视。如果发现考课过程中有欺弊的行为，御史要及时奏报。例如《旧唐书·王徽传》中就曾记载，侍御史王徽察知“时考簿上中下字朱书，吏缘为奸，多有揩改”，即告仆射，“请以墨书，遂绝奸吏之弊”。〔3〕这是说，侍御史王徽在监考时发现考簿用朱笔书写，容易

〔1〕《唐会要》卷七十五，第1610页。
〔2〕《册府元龟》卷五二〇下，第6216页。
〔3〕《旧唐书》卷一百七十八，第4640页。

被奸吏故意窜改，因此奏请用墨笔书写，防止舞弊。御史在官员考课过程中实行必要的人事监察，就在制度上维护了选官过程的公平、公正，有利于实现任人唯才的选官原则。

在考课成绩确定后，由吏部决定官吏的黜陟，而御史则对之进行严格的审查。当遇到“内外文武官，有老弱疾患，贪暴侵渔，不举职事，材职不相当”，应该黜免，而吏部又不作处理的情况，御史须在三日内录状进奏。如有被举荐的官员，亦“令御史台及吏部检校勘资次，勿令逾越，然后临试处分”[1]。

2. 司法监督权

在唐代，监察与司法审判相互结合，御史台有权对大理寺、刑部官员判决不当的案件提出异议，即使是皇帝处断的案件，御史台认为不合法律规定的，也可以进行劝谏。从御史台各院官员的设置及职权来看，其下属三院中都设有负责推鞫狱讼的官员，而御史台正是通过推鞫狱讼、覆审案件等工作获得部分司法监督权的。

御史台推鞫狱讼的形式有东推、西推和三司推三种。东推官员负责推鞫京城百官的违法失职案件，西推官员负责推鞫地方州郡官吏的违法行为。正如唐德宗建中元年（780 年）有敕文所规定的：“京城诸军诸使及府县，季终命御史分曹巡按系囚，省其冤滥以闻。”[2]三司推则是指御史台与刑部、大理寺一起鞫审重大案件。这种三家机构分掌审判之权的司法体制，使三者相互配合又相互制衡。这种方法也成为清代三法司会审制度的滥觞。

---

〔1〕《册府元龟》卷六九，第 780 页。

〔2〕《唐会要》卷六十，第 1243 页。

除了推鞫职责之外，御史台还有权对其他司法和行政机构已经作出的判决进行覆审。而在覆审过程中，如果有囚犯称冤，则收系闻奏，由监察御史对其覆勘。如唐文宗时规定："有囚称冤者，监察御史闻奏，敕下后，便配四推。所冀狱无冤滞，事得伦理。"〔1〕御史覆审的目的是减少冤滥。

与此同时，御史台还负责对刑部覆审进行监督。唐代重大案件先由大理寺审判，然后交由刑部覆审，而整个过程都要在御史的监督下进行。刑部覆审后决断之前，先要申报御史台，如果御史台认为量刑不当，则及时纠正。如果刑部断案不合情理，或者久审未决，御史便会联合尚书省左右丞对之进行纠察。此外，刑部覆审在动用刑讯时需要依靠法律规定进行，也就是在罪据确凿而犯人仍不肯伏法的前提下，才可以动用刑讯，否则，滥用刑具拷鞫囚徒，甚至致死的，御史也会追究其刑事责任。

为了有效监管刑部覆审，在唐德宗时期，政府还采纳了御史台的建议，于台内增设"法直"一员，负责监察断狱程序。据《唐会要·御史台上》记载："（贞元）八年正月，御史台奏：'伏以台司推事，多是制狱，其中或有准敕，便须处分，要知法理。又缘大理寺、刑部断狱，亦皆申报台司，傥或差错，事须详定。比来却令刑部、大理寺法直较勘，必恐自相扶会，纵有差失，无由辩明。伏请置法直一员，冀断结之际，事无阙遗。'……敕旨依奏。"〔2〕法直就是熟悉法理的官员。由这段引文可知，御史台在此之前尚无法直，御史台在复查刑部、大理寺案件的过程中，遇到难以决断的问题，需要法直协助解决，只得请大理寺、刑部的法

〔1〕《唐会要》卷六十，第1230页。
〔2〕同上书，第1227页。

直前来校勘，而这容易造成自相包庇的弊端。因此，在御史台设置自己的法直，增加了决断案件过程中的公正公平。

3. 财政经济监督权

(1) 赋税监察

终唐一代，先后实行了均田制、租庸调制和两税法等赋税制度。为了保证这些制度的正常实施和国家财政来源的稳定，唐政府派出御史分别充任租庸调使、税青苗地钱使、盐铁转运使等，监督征税。

例如，唐代中后期开始实行的两税法[1]在一定程度上改变了封建社会课税不均、农民负担过重的状况，缓解了国家的财政危机。但是，随之而来的官吏法外加税、析户以张虚数、谎报两税法政绩等问题，造成人心动摇，逃户增多。因此，纠弹违法征税，保护两税法，便成为唐代后期中央监察的重点。面对地方官吏擅自加征赋税这一突出问题，政府出台了一系列相关规定，《元稹集》中《弹奏山南两道两税外草状》一文有记载云："元和元年已后，三度赦文，每年旨条：'两税留州留使钱外，加率一钱一物，州府长吏并以枉法赃论。'又准今年二月三日制节文：'诸道两税外榷率，比来制敕处分，非不丁宁。如闻或未遵行，尚有欺弊，永言奉法，事理当然，申敕长吏明加禁断，如刺史承使牒于界内榷率者，明加惩责，仍委御史台及出使郎中官御史访察闻奏者。'"[2]可见，唐代后期，刺史私吞留州税钱的现象严重，而敕文正是针对这种现象，责令御史对擅自截留国家税收的官员进行

[1] 唐建中元年（780年），由宰相杨炎建议推行，按照家资和梯度作为标准征收课税，是以户税和地税来代替租庸调的新税制。

[2] 《元稹集》，中华书局1982年版，第428—429页。

纠察和弹劾，并按照枉法赃罪论处，痛加惩责。

（2）仓廪监察

在唐代，户部司农寺下属的太库是国家的粮库，户部太府寺下属的左藏是国家的金库。对于国家财政的这两个重要基地，政府分别指派殿中侍御史和监察御史实行定期、定员的仓廪监察，防止主管官吏盗窃以及不按制度规定出纳财物等违法行为，而执行这项任务的御史又被称为“监库御史”。关于监库御史对仓库的具体监察情况，《唐会要·御史台上》条记载，唐文宗大（太）和元年（827 年）六月，御史大夫李固言上奏：“监太仓，殿中侍御史一人；监左藏库，殿中侍御史一人。台中旧例，取殿中侍御史从上第一人充监大仓使，第二人充监左藏库使，又各领制狱。伏缘推事，皆有程限，所监遂不专精，往往空行文牒，不到仓库，动累经月，莫审盈虚。遂使钱谷之司，狡吏得计，至于出入，多有隐欺。臣今商量，监仓御史，若当出纳之时，所推制狱稍大者，许五日一入仓；如非大狱，许三日入仓；如不是出纳之时，则许一月两入仓检校。其左藏库公事，寻常繁闹，监库御史所推制狱，大者亦许五日一入库，如无大狱，常许一旬内计会，取三日入库句当。庶使当司公事，稍振纲条，钱谷所由，亦知警俱。”〔1〕从这段奏文中可以了解到，大（太）和元年以前，由于监仓库御史懒于亲自到仓库监督，以致盈虚莫审，使得狡吏得计，多有隐欺。因此李固言建议规定御史监察仓库的时限，御史必须定期入仓库检校、勾当，检察出纳情况。这条上奏得到皇帝的敕准。这样一来，仓库的管理便规范了许多，而对于防止有关官吏的出纳违制

〔1〕《唐会要》卷六十，第 1241 页。

以及贪渎等现象必然有所裨益。

除此之外，稳定粮价、监察储粮的收购也是御史监察经济生活的一个重要方面。针对官府在出钱购买民粮时或以低于市价的贱价买入，或先收粮后给钱，甚至强行聚敛等等腐败现象，唐德宗贞元四年（788 年）八月下诏，“京兆府于时价外，加估和籴。差清强官，先给价直，然后贮纳。续令所司自般运，载至太仓。并差御史分路访察，有违敕文，令长以下，当重科贬”〔1〕。这是说，购买民粮时必须先给钱再收粮，并且派专人运送到太仓，而整个过程都要有御史监察，如果有违法行为，重加惩罚。这在一定程度上遏制了官吏私吞官粮、搜刮百姓的行为。

（三）御史台的监察方式

1. 仗弹和状弹

御史台官员以察举官吏的违法失职为主要职掌，而履行这一职责的方式便是弹劾。《唐六典·御史台》中有云：“凡中外百僚之事应弹劾者，御史言于大夫，大事则方幅奏弹，小事则署名而已。”〔2〕这是说，御史台官吏有权对朝廷百官的违法乱纪行为进行纠举、揭发，事情大的由御史大夫专折上奏皇帝，小的则由御史台按照规定自行处理，御史大夫署名同意即可。在唐代，御史不仅可以弹劾官衔低于自己的官员，还可以弹劾官衔高于自己的官员。因此，大部分御史的官品虽低，职权却很大，在政治生活中有一定的威慑作用。另外，为保证对御史台官员本身的监督，政府还规定各监察官员之间也可以相互弹劾，甚至下级监察官员亦

---

〔1〕《唐会要》卷六十，第 1943 页。
〔2〕《唐六典》卷十三，第 379 页。

可弹劾自己的长官。

御史台的弹劾方式按照不同的对象和内容，可以分为仗弹和状弹两种。仗弹主要针对在京五品以上的官员。这种弹劾的方式，是在朝堂之上，御史服獬豸冠，对着皇帝宣读弹文，而被弹劾的大臣必须恭敬地立于朝堂待罪。皇帝的在场，体现了最高统治者对弹劾事件的重视，而这种威严的形式不仅对不法官吏形成震慑，也对在场的其他官员给予警戒。状弹是针对五品以下官员不法之事的弹劾。这种弹劾，有时是在殿廷直接向皇帝面奏，有时也可以写成弹状表章向皇帝上奏。

2. 台内推鞫、台外推鞫和外台推鞫

御史对违纪犯法官吏进行纠举弹奏后，如果案情模糊不清，则由皇帝派人覆按推鞫〔1〕，然后作出处理。覆按推鞫仍然是御史台的职责，方式根据审讯官员任职官署的不同、品级的高低等，又可分为台内推鞫、台外推鞫和外台推鞫三种形式。

台内推鞫分别由御史台内的台院和殿院各派出两名御史担任，合称四推御史。推鞫完毕之后，如果是寻常案狱，则交由大理寺量刑判罪，如果是重大案件，则按照实状奏闻皇帝。台外推鞫指御史台联同刑部、大理寺组成“三司”，进行推审。这是当案情重大或审讯对象为五品以上官员之时所采用的审讯方法。审讯由三司长官即御史台的御史大夫、大理寺的大理卿和刑部的刑部尚书或刑部侍郎等共同组成。如果属于一般案件，则由侍御史联同门下省给事中、中书省中书舍人共同受理，称为“三司受事”。上述制度的建立，使受理诉讼制度化，有利于防止御史因惧怕权贵而

〔1〕推鞫：亦作“推鞫”，即审问。

不敢通状弹奏、递相推倚的弊病。外台推鞫主要是指在地方上相继设置的观察使、黜陟使、巡察使、经略使、节度使等使职，他们都具有推鞫诉讼的权力。

3. 关白制度

唐初，按照规定，御史弹劾的案件要先上报御史台的最高长官御史大夫，然后根据案情轻重再决定是否上报皇帝。这种先上报御史大夫的规定被称为“关白”。但实际上，在唐代很长一段时期内，御史是可以不经过御史大夫，直接将奏状上奏皇帝的。武则天长安四年（704年），朝堂上就曾为这个问题发生了一场争论。事情起因于监察御史萧至忠在朝堂弹劾宰相苏味道赃污一事之前，没有事先上报御史大夫。因此，御史大夫李嘉承责问萧道：“近日弹事，不谘大夫，礼乎?”〔1〕萧至忠对曰：“故事，台中无长官，御史人君耳目，比肩事主，得各弹事，不相关白。若先白大夫，而许弹则可，如不许弹，则如之何？大夫不知曰谁也。”〔2〕萧至忠认为御史在弹劾之前先要争得御史大夫许可的规定，会削弱弹劾的客观性，这一说法得到了皇帝的嘉许。之后的一段时间，御史就具有了直接向皇帝奏事弹劾的权力。取消关白无疑减少了御史上奏的阻力，加强了御史监察的主动性和独立性，也造就了一批敢于犯颜直谏的监察官员。然而，从唐中宗朝开始，受到宰相专权等种种腐朽势力的阻挠，御史弹劾过程中的关白问题几经周折，最后仍然被规定在弹劾程序之中，御史弹劾的自主权因此受到限制。这不可否认地为正在走向成熟和完善的唐代御史制度留下了一丝遗憾。

唐代监察制度的实际执行受到多方面的制约，其中，主要是

---

〔1〕《唐会要》卷六十一，第1259页。

〔2〕同上书，第1259—1260页。

皇帝意志的制约。可以说，监察弹劾的效果在很大程度上依附于皇权。唐代前期，尤其是太宗朝，皇帝十分注意监察的作用，不仅御史台的机构设置较为健全，而且鼓励监察官吏严格履行职责，使得监察工作在振肃纲纪、安定社会、维护国家统一等方面，都发挥了良好的作用。这种现象在之后的高宗、武后、中宗、睿宗乃至玄宗前期都有所延续。然而，从玄宗后期开始，由于宰相专权，皇帝不理朝政，御史直言弹劾的事例就明显减少了。安史之乱后，特别是宪宗以后，御史弹劾的事件越来越少，懿宗以后，更几乎不见弹劾的事例。

除了受到皇帝意志的制约，从唐代后期开始，伴随宰相专权现象的日益严重，宰相往往通过控制御史选任等方式，限制监察机关行使职权。加之“关白”制度的施行等，都为御史自主履行监察使命平添了一道道障碍。

二、其他监察制度

（一）谏官制度

谏官制度是中国古代社会所特有的一项政治制度。它是在中国封建君主专制体制中，通过谏官的参政议政，来实现对上自君主下至百官的监督。其中，对君权的监督与制衡已如本章第一节所述，而其对百官违失的驳正谏诤，也往往能够防微杜渐，补益朝政。在唐代，随着统治者求谏、纳谏意识的加强，谏官系统有了明显的发展，不仅编制比之前代有所扩大，而且职权范围也更加广泛。

如前所述，唐代谏官隶属于门下、中书两省，门下谏官曰左，中书谏官曰右，有左右散骑常侍，左右谏议大夫，左右补阙、拾遗等，这些官员具有对百官的谏诤权。特别是门下省另设给事中一职，“给事中掌陪侍左右，分判省事。凡百司奏抄，侍中审定，则先读而署之，以驳正违失。……凡国之大狱，三司详决，若刑名不当，轻重或失，则援法例退而裁之。凡发驿遣使，则审其事宜，与黄门侍郎给之；其缓者给传，即不应给，罢之。凡文武六品已下授职官，所司奏拟，则校其仕历浅深，功状殿最，访其德行，量其才艺；若官非其人，理失其事，则白侍中而退量焉。……凡天下冤滞未申及官吏刻害者，必听其讼，与御史、中书舍人同计其事宜，而申理之”〔1〕。给事中负责审议百司奏状，协助三司覆审案狱、发驿遣使、覆审六品以下官的注拟、覆审冤狱等权力。在处理这些事物时，给事中都要审议、签署意见，如有不妥，则加以驳正。

除此之外，唐代还曾施行“置匦受书”的制度。匦，相当于今天的检举箱，设匦的目的是广泛了解民情，而负责接纳投诉的职务则主要是由谏议大夫及补阙、拾遗等谏官来充任的。“置匦受书”始于武则天统治时期：“武后垂拱二年，有鱼保宗者，上书请置匦以受四方之书，乃铸铜匦四，涂以方色，列于朝堂：青匦曰‘延恩’，在东，告养人劝农之事者投之；丹匦曰‘招谏’，在南，论时政得失者投之；白匦曰‘申冤’，在西，陈抑屈者投之；黑匦曰‘通玄’，在北，告天文、秘谋者投之。以谏议大夫、补阙、拾遗一人充使，知匦事；御史中丞、侍御史一人，为理匦使。其后，同为一匦。天宝九载，玄宗以‘匦’声近‘鬼’，改理匦使为献纳使，至德元年复旧。宝应元年，命中书门下择正直清白官一人

〔1〕《旧唐书》卷四十三，第1843—1844页。

知匦，以给事中、中书舍人为理匦使。建中二年，以御史中丞为理匦使，谏议大夫一人为知匦使。”〔1〕此外，武则天还采用了上古时代的登闻鼓和肺石制度。“（垂拱元年）二月制：‘朝堂所置登闻鼓及肺石，不须防守。其有挝鼓石者，令御史受状为奏。’”〔2〕与置匦受书的制度一样，登闻鼓和肺石制度都是唐朝廷广开言路的措施。

从谏官制度的实际执行情况来看，不失为唐代官僚政治中的一个重要组成部分，谏诤的内容涉及政治生活的方方面面，在监督朝政方面所发挥的积极作用已经证之史册。但从其发展状况来看，也呈现出前期良好而后期衰败的趋势。唐代前期，由于统治者鼓励谏诤，给予谏官参与朝政的种种特权，因而进谏职能得到了较好的发挥。到了唐代后期，由于皇帝不再积极纳谏，加之宰相专权，谏官参与议政的机会和权力都受到了极大的限制，出现了萎缩。

（二）勾检制度

唐代设有专门对文案进行审核的制度，称作勾检制。勾、检都是审核、稽查的意思。负责勾检的官员审核文案后，在文件上用朱笔画一个勾，发现有错误时，用朱笔在旁作注，并且签署自己的名字。除了中书和门下省这两个制定、审核文件的机关没有勾检官之外，其他各个中央机关和地方行政部门都设有勾检官。勾检制是在尚书都省下设置的制度，所谓都省，是唐代尚书省的一个官署，又称作都司、都台、都堂，一切勾检官都直接听从尚书都

〔1〕《新唐书》卷四十七，第1206—1207页。
〔2〕《唐会要》卷六二，第1280页。

省的领导。根据唐制，由皇帝下达或由诸司及州县上奏的文件，都要经过尚书都省的勾检：“若诸州计奏达于京师，量事之大小与多少，以为之节。凡京师诸司，有符、移、关、牒下诸州者，必由于都省以遣之。”〔1〕同时，据《旧唐书·职官志二》记载：“凡文案既成，勾司行朱讫，皆书其上端，记年月日，纳诸库。……凡天下制敕计奏之数，省符宣告之节，率以岁终为断。京师诸司，皆以四月一日纳于都省。其天下诸州，则本司推校，以授勾官。勾官审之，连署封印，附计帐，使纳于都省。常以六月一日，都事集诸司令史对覆。若有隐漏不同，皆附于考课焉。”〔2〕这是说，中央及各州县颁行的公文，由各机构负责人推校之后，必须再由勾检官覆审，书写年月日，并且署名盖印，然后在规定的时间上报尚书都省。尚书都省再召集官员覆审，如果发现纰缪，则追究相关官员的责任，并降低其考课成绩。由于勾检官由尚书省直接领导，不受勾检对象的管辖，因此，在一定程度上可以避免审核过程中的包庇、隐瞒等行为。

特别值得提出的是，唐代已经制定了专门的经济稽核制度，尚书都省下设的比部郎中和员外郎专门负责此事。“（比部）郎中、员外郎之职，掌勾诸司百僚俸料、公廨、赃赎、调敛、徒役、课程、逋悬数物，周知内外之经费，而总勾之。……凡仓库、出内、营造、佣市、丁匠、功程、赃赎、赋敛、勋赏、赐与、军资、器仗、和籴、屯牧，亦勾覆之。”〔3〕可见，比部郎中和员外郎所监察的经济范围涉及官员的俸禄、赋敛、赃赎、课役等各个方面，是一项针对性很强的经济审查制度。同时，各州县

〔1〕〔2〕《旧唐书》卷四十三，第1817页。
〔3〕同上书，第1839页。

级机构的勾检官，大都由地位仅次于最高长官的主簿、录事参军等官员担任，这些官员也要负责本州县的经济稽核工作，而他们也直接受到尚书都省比部郎中和员外郎的领导。自此看来，唐代从中央到地方形成了一个较为完整的，几乎遍及一切官僚群体的经济稽核系统。这在中国封建社会经济发展史上具有历史性进步意义。

此外，为了避免公事拖延现象，使各类文件能按时签发，尚书都省还规定了详细的签发程限："凡内外百司所受之事（尚书省）皆印其发日，为之程限：一日受，二日报。小事五日，中事十日，大事二十日，狱案三十日，其急务者不与焉。小事判勾经三人已下者给一日，四人已上给二日；中事，每经一人给二日；大事各加一日。内外诸司咸率此。"〔1〕唐代勾检制度中的若干细节亦体现出其制度上的完备。例如，有规定云："凡同司联事勾检之官，皆不得注大功已上亲。"〔2〕这是说，勾检官与被勾检对象以及同一部门的勾检官之间，如果有亲属关系的，需要避嫌。这种亲属回避制度在监察范围内的实施，是对于勾检工作的进一步保障。

第六节　以廉治吏的法制举措

有唐一代，立法的方式体现为两种：一是以修纂具有相对稳

〔1〕《唐六典》卷一，第11页。
〔2〕《旧唐书》卷四十三。

定性的国家大法，包括“律、令、格、式”[1]等作为基本内容的集中立法；二是以发布具有较强针对性的单项法令，包括制书、发日敕及敕旨等作为基本内容的临时性立法。[2]两种立法方式所颁布的律文具有同等法律效力。其中，集中立法的目的在于满足统治阶级长远的、根本性的法制需要，因此，这类法文较为集中地体现着统治阶级的法律思想。终唐之世，较大的集中立法有近三十次[3]，修纂了诸如《武德律》、《贞观律》、《开元律》等多部法典。而完成于唐高宗永徽四年（653 年）的《唐律疏议》[4]，作为传世的第一部中国成文法，集封建法律之大成，具体详备地体现了唐代的立法思想，厘然清晰地规定了各项犯罪处罚原则，

---

〔1〕“律、令、格、式”参见《唐六典·刑部郎中员外郎》条：“凡律以正刑定罪，令以设范立制，格以禁违正邪，式以轨物程事。”律、令、格、式都是我国封建社会的行政法规。律，是规定罪名和刑名的刑法典，用以定罪处刑；令，是指设立规范制度的法典，相当于行政法典；格，用以禁止违法乱纪，纠正失误邪恶；式，是我国封建社会的公文程式、账籍表式及官员办公细则等行政性法规，用以给定公务礼制和规程。换言之，令是国家制度，式是行政规章，违反令、式或犯有其他刑事罪行要依照刑法典——律来处罚；而格作为追加法，则根据需要不断地对律、令、式的规定作出修改或补充。四者相辅相成，而以律为主，令补律的不足，格、式辅律、令的施行，构成完整的法典体系。见《唐六典》卷六，第 185 页。

〔2〕参见《唐六典·中书令》条，“凡王言之制有七：一曰册书（立后建嫡，封树藩屏，宠命尊贤，临轩备礼则用之），二曰制书（行大赏罚，授大官爵，厘年旧政，赦宥降虑则用之），三曰慰劳制书（褒赞贤能，劝勉勤劳则用之），四曰发日敕（谓御画发日敕也。增减官员，废置州县，征发兵马，除免官爵，授六品以下官，处流已上罪，用库物五百段、钱二百千、仓粮五百石、奴婢二十人、马五十匹、牛五十头、羊五百口已上则用之），五曰敕旨（谓百司承旨而为程式，奏事请施行者），六曰论事敕书（慰谕公卿，诫约臣下则用之），七曰敕牒（随事承旨，不易旧典则用之）。皆宣署申覆而施行焉。”见《唐六典》卷九，第 273—274 页。

〔3〕唐代的立法大致可以分为前后两期：前期自唐初至安史之乱，立法较为频繁，共有十八次集中立法活动，其特点是直接承袭隋开皇之制，以律、令、格、式并行；后期自安史之乱至唐亡，立法活动大为减少，仅有十次集中立法活动，其特点是在维持律、令、格、式并行的格局下，又编辑皇帝的临时性命令，创制“格后敕”和“刑律统类”两种法典，并以之作为主要的法律形式。“格后敕”和“刑律统类”后来逐渐演变成编敕和刑统，构成五代及宋代法律体系的骨干。参见刘俊文《唐代法制研究》，文津出版社 1999 年版，第 23—60 页。

〔4〕唐高宗于永徽二年（651 年）颁行《永徽律》，之后又于永徽四年，对之进行逐句解释，附于律文之下，称为“律疏”，是为《永徽律疏》，后世称为《唐律疏议》。疏与律具有同等法律效力。

在法律史上的开创性价值为今日学界所公认。

从具体律文来看，《唐律疏议》继承并进一步发挥了我国古代法律中“官刑入律”的传统，对官吏犯罪的惩罚规定更为广泛、具体、细致。它仿照隋代《开皇律》的体例，分为三十卷、五百零二条律文，包括《名例律》、《卫禁律》、《职制律》、《户婚律》、《厩库律》、《擅兴律》、《贼盗律》、《斗讼律》、《诈伪律》、《杂律》、《捕亡律》、《断狱律》十二个方面的法制规定。而几乎每一个方面都涉及对官吏犯罪的惩罚，具体律文接近二百条。其中的《职制律》更是专门为治吏所设，内容涉及官吏的选任、出勤、职责各个方面，对于各类犯罪形式以及犯罪后所应承担的法律责任给予明确警示。其中，以廉治吏的思想体现得尤为明显，针对官吏贪污盗窃、行贿受贿、玩忽职守、经商牟利等腐败行为的惩罚规定详细而具体。特别是，唐律中还把拥有实际行政权力的监临主守[1]，作为从严监督的对象，专门设置了一系列针对这类官吏的刑名，而对于同样的罪行，监临主守要比一般官员所受刑罚重。考虑到监临主守往往具有以权谋私的便利，加强对这类人的监督，是从滋生腐败的关节点着手，体现出一定的进步意义。

如前所述，唐代立法思想集中体现在《唐律疏议》这部法典中，故下文便以此为重点，结合令、格、式等其他律文中的相关规定，分析唐代法律中体现廉政思想的相关制度。

---

〔1〕 根据《唐律疏议·名例律》“监临主守之概念”一条中的解释，唐代所谓的监临主守包括“监临”和“主守”两类官职。其中，监临官即“统摄案验”之官，是指朝廷内外各官署统辖署部的长官和处断公事的人。“主守”指公务运作过程中具体管理的官吏，以及专门主掌事务及当值守护管理仓库、狱囚及其他各类物品的人。另外，有些官吏的本职不是统领与管辖事务，只是临时被派遣行使监临主守的职权，也属于监临主守。参见长孙无忌《唐律疏议》卷六，中华书局1985年版，第121页。

一、针对官吏贪污盗窃的处罚规定

在唐律中，负有监临职责的官员利用职务之便，侵吞、窃取、挪用国家财产的行为被视为严重渎职，律文中有明确的惩处规定，罪名包括监临主守自盗、率敛监临财物、挟势乞索以及监临家人乞借等。《唐律疏议·监临主守自盗》一条说："诸监临主守自盗及盗所监临财物者，加凡盗二等，三十匹绞。"[1]这是说，监临主守盗窃自己管辖内的财物要比普通的盗窃罪加重二等处罚，赃额满三十匹的，则要处以绞刑。

同时，监临官指使他人聚敛所辖地区财物的行为，也要按照监临主守自盗的罪刑论处。《唐律疏议·率敛监临财物》条说："诸率敛所监临财物馈遗人者，虽不入己，以受所监临财物论。"疏义曰：率敛者，谓率人敛物，或以身率人以取财物馈遗人者，虽不入己，并倍以受所监临财物论。若自入者，同"乞取"法。[2]这是说，不论监临官派人还是亲自率人聚敛所管辖地区百姓的财物，即使自己没有将财物侵吞，而是馈送他人，也要按照聚敛所辖地区百姓财物的罪名论处。如果监临官将财物据为己有，则按照乞取被管辖人财物这一更严重的罪名论处。同时，《唐律疏议·恐吓取人财物》条进一步规定："凡人恐吓取财，准盗论加一等。监临之官，不同凡人之法……理从'强乞'之律，合'准枉法'而科……"[3]这是说，一般人利用恐吓手段收取他人财物的罪行，要计算赃额，按照

[1] 长孙无忌：《唐律疏议》卷十九，中华书局1985年版（下同），第427页。
[2] 《唐律疏议》卷十一，第242页。
[3] 《唐律疏议》卷十九，第429—430页。

盗窃罪加一等论处；如果是监临官这样做，就被视为强行乞取他人财物，则要按照“枉法而受财”这一更为严重的罪名处刑。

此外，作为对上述条例的补充，针对监临官员之外的一切官员以及乡间豪强之人侵占所在地区财物的行为，唐律均制定了监督惩处条律，意在禁止他们恃强凌弱、搜刮百姓。如《唐律疏议·挟势乞索》条规定：“诸因官挟势，及豪强之人乞索者，坐赃论减一等。将送者，为从坐。疏义曰：‘或有因官人之威，挟恃形势，及乡间首望豪右之人，乞索财物者，累倍所乞之财，坐赃论减一等。将送者为从坐，谓领豪右人等乞索者，虽不将领，而敛财送者，并为从坐。若强乞索者，加二等。’”〔1〕这是说，官吏向百姓索要财物，按照比“坐赃罪”〔2〕减一等论处；如果是利用官势地位强行索取，则按照比“坐赃罪”加重二等论处。同时，除了索要财物的主犯之外，犯罪过程中牵涉到的收受财物者也要同时治罪。这一规定将打击犯罪的主体扩大到取索者和收受者双方，在更大的程度上保护了百姓的财产安全，进而保证了社会的稳定。

唐律不仅对监临官本人威逼搜刮百姓的行为严加惩处，还将监督惩处的范围进一步扩大到监临官的家人。《唐律疏议·监临家人乞借》条规定：“诸监临之官家人于所部有受乞、借贷、役使、卖买有剩利之属，各减官人罪二等，官人知情与同罪，不知情者，各减家人罪五等……其在官非监临，及家人有犯者，各减监临及

〔1〕《唐律疏议》卷十一，第243—244页。

〔2〕坐赃罪，据《唐律疏议·杂律》“坐赃致罪”条规定，“诸坐赃致罪者，一尺笞二十，一匹加一等；十匹徒一年，十匹加一等，罪止徒三年。（谓非监临主司而因事受财者）与者，减五等。”也就是说，坐赃罪是指非监临主守之官，因公事收受财物，满一尺笞打二十，之后每增加一匹，加重一等；十匹处以徒刑一年，每十匹加重一等，最高处以徒刑三年。

监临家人一等。”[1]这是说，监临官的家人在监临官所辖地区犯有收受、索要财物，借贷财物，私自役使百姓，做买卖赢利之类的罪行，都要受到相应的处罚。对于这些行为，监临官知情的，要与家人同罚。即使不知情，也要受到一定程度的处罚。同时，如果是一般官员的家人犯有上述罪行的，要相应地按照比监临官低一等的标准受到处罚。

除了上述直接侵占官有或民有财物的行为之外，变相的盗窃，如将国家或私人土地、矿冶、房屋公廨、库藏财产等财物，以假借不还、强行买卖、侵占掠夺等形式据为己有的行为，也属于渎职，在唐律中也有相应的惩罚规定。罪名涉及监主贷官物、诈欺官私取物、浪费官物、官物私用等。例如，《唐律疏议·监主贷官物》条对于监临主守贷出官物的行为作出种种处罚规定，“诸监临主守，以官物私自贷，若贷人及贷之者，无文记，以盗论；有文记，准盗论。立判案，减二等……即充公廨及用公廨物，若出付市易而私用者，各减一等坐之……疏议曰：‘所贷之人不能备偿者，征判署之官。’”[2]实际上，唐代的官物经过有关当局批准是可以贷出的，但是考虑到监临官往往利用监管官物与公廨物之便，通过借贷的方式最终侵吞这些财物，也就是变相地盗取官物，所以禁止监临主守享有此项权利。从律文规定的量刑标准来看，首先，禁止监临主守私自贷出官物，如果违逆此条规定，不论何种原因，一律按照盗窃罪论处；即使留下了经当局批准的文案也照样视为违法行为。其次，如果官吏私自使用公廨物，或者把官物充当公廨物使用，又或者在官物交付市场买卖的过程中纳作私用，

---

〔1〕《唐律疏议》卷十一，第242页。
〔2〕《唐律疏议》卷十五，第339—340页。

也要接受惩罚。再次，对于以上各类私自借贷的行为都要追缴所贷之物。如果接受贷给的人无力偿还，则向批准贷出的上级官员征还。

再如惩治欺诈财物的犯罪行为，《唐律疏议·诈欺官私取物》条规定：“诸诈欺官私以取财物者，准盗论（诈欺百端皆是。若监主诈取者，自从盗法；未得者，减二等）……疏义曰：‘若监主诈取，谓监临主守诈取所监临主守之物，自从盗法，加凡盗二等，有官者除名。未得者减二等，谓已设诈端，诬罔规财物，犹未得者，皆准赃减罪二等……’知情而取者，坐赃论；知而买者，减一等；知而为藏者，减二等。”[1]这条律文中有三点值得注意，一是规定了惩罚欺诈行为的量刑标准，即不论骗取的是官家财物还是私人财物，都按照盗窃罪的刑罚论处。同时特别规定，如果是监临主守犯有此项罪行，则要比一般人加重二等处罚，并且罢免官职。二是监临官即使只是实施了设定的骗局而未能获得财物，也要受到一定的惩罚，惩罚力度仍然比一般人严重。三是不仅诈取的人要受到惩罚，而且与诈取者分赃的人，以及明知财物为欺诈所得仍然购买、匿藏的人也要受惩罚，打击范围涉及犯罪的方方面面。

此外，唐律中对于浪费官物的现象也有明确的处罚规定，这在封建官僚社会中极具进步意义。《唐律疏议·放散官物》条规定：“诸放散官物者，坐赃论（谓出用官物，有所市作，及供祠祀、宴会，剩多之类）。物在还官；已散用者勿征（谓营造剩多为物在。祀毕食讫为散用）。疏义曰：‘放散官物，谓出用官物，有

〔1〕《唐律疏议》卷二十五，第582页。

所市作，并谓官物还充官用者。假有营造屋宅及供祠祀、宴会，料度剩多，各计所剩坐赃论。若物在未用，各准所剩还官。若祠祀礼毕，宴会食尽，及营造事讫，皆勿征。'"〔1〕根据律文，使用官物进行买卖、营造以及用于祭祀、宴会等行为，如果计划过多，超剩严重造成浪费的话，则被视为渎职行为，要计算超出预算的部分，按照"坐赃"罪论处。超剩的物品还官。这条律文的意义在于，注意到了官员由于虚增预算而造成的浪费现象，从而一方面促使官吏养成勤俭节约的习惯，另一方面也有效地控制了官吏支配官有物资的职权，防止其通过增加预算的方式从中牟利。

唐律中还规定了惩治监临主守或者代守官物的官员由于不慎重保管账簿而造成物资数额有差错的犯罪行为。之所以要对这类情况进行惩处，是考虑到某些官员借口丢失账簿而盗取官物。《唐律疏议·官物亡失簿书》条有云："诸主守官物而亡失簿书，致数有乖错者，计所错数，以主守不觉盗论……其主典替代者，文案皆立正案，分付后人，违者杖一百（并去官不免）。"〔2〕唐代凡属于官有的物资，都要设立账簿。根据这条律文，如果主守官丢失了账簿，致使物资数量有差错，则计算差错数额，按照主守官吏因未察觉致使官物被盗的罪名处罚。如果是由主典（官署中负责请示、检查、执行的官吏）替代监临主守管理物资，则所有文书档案都要建立正式的案卷，交付给后来接管的人，否则也要受到处罚。违反上述规定的官吏，即使已经解职，也要追究法律责任。这条律文的意义在于，它是在尚未获得官吏触犯非法侵占或贪污盗窃

〔1〕《唐律疏议》卷第十五，第341—342页。
〔2〕《唐律疏议》卷二十七，第634—635页。

罪的证据时，即认定为犯罪行为而从严惩处。[1]这对贪污腐败的行为具有较强的预防作用。

二、针对官吏行贿受贿的处罚规定

唐律中，针对官吏行贿受贿的行为设置了一系列专门的处罚条例。例如《唐律疏议・有所请求》条规定："诸有所请求者，笞五十（谓从主司求曲法之事。即为人请者，与自请同）；主司许者，与同罪（主司不许及请求者皆不坐）。已施行者，各杖一百……所枉罪重者，主司以出入人罪论；他人及亲属为请求者，减主司罪三等；自请求者，加本罪一等……即监临势要（势要者，虽官卑亦同），为人嘱请者，杖一百；所枉重者，罪与主司同，至死者，减一等……"[2]这条律文惩治官场中的行贿受贿行为。从行贿者一方来看，凡是由于私事请求主管官员做枉法之事的，不论是替自己请求还是别人，都要受到法律制裁。再从受贿者一方来看，主管官吏如果接受贿赂并答应请求，则与行贿者同罪。如果不仅受财应允嘱托，而且已经实施了所请求之事，则构成更加严重的犯罪，要受到杖刑一百的重处。律文还特别规定，如果官吏接受嘱请所做的事情，情节特别恶劣，则要按照"出入人罪"这一更重的惩罚论处。行贿的官吏本人或者代替官吏行贿的亲属以及他人都要受到相应的严厉惩罚。同时，贯彻唐律从严惩处监临官员的思想，律文针对监临官及其他主管官吏（包括居重要地位而官品低下者）规定了更为严格的制裁标准，即这些官员只要有嘱托

---

〔1〕 参见钱大群《唐律疏议新注》，南京师范大学出版社2007年版（下同），第904页。

〔2〕《唐律疏议》卷十一，第234—235页。

请求的行为，不管主管官员应允与否，都要受到重处。如果主管官员应允，则后者要接受同样的处罚。如果说这条律文还主要是针对行贿者的处罚原则，那么下一条律文，即《唐律疏议·受人财请求》，则进一步强调了对受贿者的惩罚原则："诸受人财而为请求者，坐赃论加二等；监临势要，准枉法论。与财者坐赃论减三等。疏义曰：'受人财而为请求者，谓非监临之官。坐赃论加二等，即一尺以上笞四十，一匹加一等，罪止流二千五百里。监临势要准枉法论，即一尺以上杖一百，一匹加一等，罪止流三千里，无禄者减一等。与财者，坐赃论减三等，罪止徒一年半。若受他人之财，许为嘱请，未嘱事发者，止从坐赃之罪。若无心嘱请，诡妄受财，自依诈欺科断。取者虽是诈欺，与人终是求请，其赃亦合追没……'若官人以所受之财，分求馀官，原受者并赃论，馀各依已分法。疏义曰：谓有官之人，初受有事家财物，后减所受之物，转求馀官，初受者并赃论，馀官各依已分法。"[1]这条律文将犯罪形式作了细致的划分，随之确定不同的惩罚标准。首先，律文将犯罪主体区分为普通官吏和监临官。普通官员受财而为人请求的，按照"坐赃罪"加二等处罚，也就是受财一尺以上笞打四十，每增加一匹，惩罚加重一等，最高的刑罚是流放二千五百里；监临官则按照处罚更重的"监临受财枉法罪"论处，也就是，受财一尺杖刑一百，每增加一匹，罪行加重一等，最高流放三千里。其次，即使只是接受了财物而尚未实施或者故意不实施嘱请，案情就已经败露的，则分别按照"坐赃罪"和"诈欺取财"罪论处，赃物需要追回。再次，如果是官员把所收受的贿赂分给其他

〔1〕《唐律疏议》卷十一，第236页。

人，去请求嘱托其他官员，则区分首从，加重处罚最初的受贿者，其他人各依赃额论处。同时，对于行贿的一方，也要区分首从，并根据曲法的轻重给予相应惩罚。由于此条律文针对的犯罪主体是官吏，因此刑罚标准比之上一条更为加重，而层层细密的规定足以体现唐律在打击行贿受贿方面的周全、完备。

除了事前行贿的犯罪行为之外，官场中还有一种较为隐蔽的受贿行为，即行贿一方在事前暂时不将贿赂物品赠送给主管官员，而是在事情处理完毕后进行。对于这种犯罪现象，唐律也制定了专门的处罚规定。《唐律疏议·有事先不许财》条规定："诸有事先不许财，事过之后而受财者，事若枉，准枉法论。"〔1〕可见，凡是主管官员接受财物并实施了枉法行为的，即使是在事后受财，也要按照"受财枉法"罪论处，与事前已经接受贿赂的处罚方式一样。

如前所述，监临主守的违法犯罪行为是唐律打击的重点，而监临主守的受贿罪更是重中之重。因此，作为上述律文的强调和补充，唐律中针对监临主守受贿的行为又规定了专门的惩罚条例。《唐律疏议·监主受财枉法》条规定："诸监临主司受财而枉法者，一尺杖一百，一匹加一等，十五匹绞……不枉法者，一尺杖九十，二匹加一等，三十匹加役流……无禄者，各减一等；枉法者，二十匹绞，不枉法者，四十匹加役流。"〔2〕根据律文，监临主守受赃曲法，要按照赃额接受处罚，其量刑标准与一般官吏相比要严厉得多。按照唐律，一般官吏受贿行为以"坐赃罪"论处，收受财物十匹的处以徒刑一年，每增加十匹，罪行加重一等，最

---

〔1〕《唐律疏议》卷十一，第237页。
〔2〕同上书，第236—237页。

高刑罚不过徒刑三年。而根据这条律文，监临主守受贿，凡是达到十五匹并实施曲法枉断的，就要处以绞刑。即使只是接受财物而没有曲法行为的，也要重处，最高刑罚为加役流，这也比“坐赃罪”的处罚加重了许多。而刑罚的严厉正说明了法律对于这类官吏的监督力度。同时，从引文可见，除了享有官俸的监临主守之外，针对不享受国家俸禄的主管官员，唐律也规定了相应的处罚标准，只是处罚的标准比前者低一等。这就将各级官员的受贿行为都纳入法律的制裁之中。

唐律中针对监临官员的类似惩罚条例还有很多，例如《唐律疏议·受所监临财物》条规定：“诸监临之官受所监临财物者，一尺笞四十，一匹加一等；八匹徒一年，八匹加一等；五十匹流二千里，与者减五等，罪止杖一百……乞取者加一等；强乞取者准枉法论。”〔1〕这条律文是专门针对监临官收受被监临人财物的犯罪行为而制定。再如《唐律疏议·监临受供馈》条规定：“诸监临之官受猪羊供馈（谓非生者），坐赃论。强者，依强取监临财物法。疏义曰：‘监临之官，于所部内受猪羊供馈者即是杀讫始送，故注云谓非生者，举猪羊为例，自余禽兽之类皆是。各计其所直坐赃论。强取者，依强取监临财物法，计赃准枉法论。其有酒食瓜果之类而受者，亦同供馈之例。见在物征还主，若以畜产及米面之属馈饷者，自从受所监临财物法，其赃没官。’”〔2〕这又是从遏制口腹之欲入手，禁止下级官吏向上级进献财物的腐败行为。

此外，唐律中对于受命出使或者已经离任的原监临官员，也有相应的犯罪惩罚规定。例如《唐律疏议·因使受送馈》条：

〔1〕《唐律疏议》卷十一，第237—238页。
〔2〕同上书，第241—242页。

"诸官人因使，于使所受送馈及乞取者，与监临同；经过处取者，减一等（纠弹之官不减）。即强乞取者，各与监临罪同。"[1]官员受命出使，相当于具有了在出使之地的监管权，所以，如果犯有收受或强行索要财物的罪行，则接受相当于监临官犯罪同样严厉的处罚。同时，律文还特别强调，对于纠弹之官，即使不是在出使地而是在途中接受了财物，也要处以相当于在出使地接受财物这一更重的惩罚。这是为了防止纠弹官凭借纠举职权的威势而收受、索要财物。同时，纠弹之官的职责本是纠举不法，而知罪故犯，更是罪上加罪，应加重处罚。再如《唐律疏议·去官受旧官属》条规定："诸去官而受旧官属士庶馈与，若乞取借贷之属，各减在官时三等（谓家口未离本任所者）。"[2]这是规定离任后的官员不得接受、索要或者借贷、买卖以前管治下百姓的财物，意在防止官员离任后继续凭借官势余威剥夺百姓的犯罪。

三、针对官吏玩忽职守的惩罚规定

除了上述盗窃官物、挪用公款、行贿受贿等腐败行为之外，唐律针对利用职权之便牟取私利的种种玩忽职守行为也制定了相关防范和惩罚规定，内容涉及贡举非其人、署置过限及不应置而置、诈假官、假与人官、差科赋役违法、郊内旱涝霜雹、非法兴造等。

配合选官制度中打击舞弊的措施，唐律在荐举人才、选拔考试、考核授官等环节层层把关，制定了相关惩处标准。《唐律疏

[1]《唐律疏议》卷十一，第238页。
[2] 同上书，第243页。

议·贡举非其人》条规定:“诸贡举非其人,及应贡举而不贡举者,一人徒一年,二人加一等,罪止徒三年(非其人,谓德行乖僻,不如举状者。若试不及第,减二等)。疏义曰:‘……若德行无闻,妄相推荐,或才堪利用,蔽而不举者,一人徒一年,二人加一等,罪止徒三年。注云:非其人,谓德行乖僻,不如举状者。若使名实乖违,即是不如举状,纵使试得及第,亦退而获罪。如其德行无亏,唯只策不及第,减乖僻者罪二等。’若考校、课试而不以实,及选官乖于举状,以故不称职者,减一等(负殿应附而不附,及不应附而附,致考有升降者,罪亦同)。失者各减三等。承言不觉,又减一等;知而听行,与同罪。”[1]根据这条律文,荐举官员必须符合德、才兼备两个方面的标准,即人品和考试或考课成绩都要符合要求。不符合上述两种情况中的任何一种,即所谓“贡举非其人”。根据律文要求,官员如果推举了品行不端者,或者是看到有才华的人却压制不予推举,都属于失职行为,要受到严厉处罚,最高处以三年徒刑。同时规定,如果被推举的人品行不佳,名实不符,即使考试及第,也不能录取,并且要追究法律责任;如果推举的人品行端正,但才华不及,考试成绩不能达到标准,也要获罪,只是罪罚较轻。这又说明,唐律中对于德行的要求更重于才能。再从考课制度来看,唐代内外官和文武官吏年终都要进行考核,而律文规定,如果有主考官员从中弄虚作假,谎报考核成绩致使官员阶品升降有所出入,或者所授予之官职与选人才能专长不符,都要受到惩处。如果上述行为是主考官员的过失行为,而非故意为之,则减轻处罚;反之,知情故纵的要加

[1]《唐律疏议》卷十一,第204—205页。

重处罚。唐律将官员犯罪分为公罪与私罪。公罪是指官员的过失犯罪，私罪则是指官员主观上的以权谋私，针对私罪的处罚要远远大于公罪。而这条律文就清楚地说明了，官员主观上的包庇纵容、玩忽职守是法律打击的重点。

唐代从中央到地方官僚机构的每一个职位都有着严格的编制，违令超编任用官吏即构成非法置官罪。而唐律对于官吏任免方面的滥用职权行为也制定了相应惩罚原则。如《唐律疏议·官有员数》条规定："诸官有员数，而署置过限，及不应置而置（谓非奏授者），一人杖一百，三人加一等，十人徒二年……疏义曰：'官有员数，谓内外百司杂任以上，在令各有员数。而署置过限，及不应置而置，谓格令无员，妄相署置……'后人知而听者，减前人署置一等；规求者为从坐……"〔1〕这条律文是说，超出规定编制妄加录用官员的，要受到相应处罚，非法录用十人以上就要被处以两年徒刑。同时，后任官员默认并接受前任官员超编的情况，以及嘱托请求通过超编而得官的情况，都要受到相应惩罚。这条律文对于防范治理封建官场卖官鬻爵的恶习当有所裨益。

除此之外，唐律对于诈假得官和诈增减功过年限得官的犯罪行为也有相应处罚条例。《唐律疏议·诈假官假与人官》条："诸诈假官，假与人官，及受假者，流二千里（谓伪奏拟，及诈为省司判补，或得他人告身施用之类）……其于法不应为官（其有罪谴未合仕之类），而诈求得官者，徒二年……若诈增减功过年限而预选举，因之以得官者，徒一年。"〔2〕唐律中，从申请和选任官职的环节来看，凡是用虚假诈骗的手段得官的行为，如伪写奏授的

〔1〕《唐律疏议》卷九，第203页。
〔2〕《唐律疏议》卷二十五，第578—579页。

呈文，冒充吏部授予人官职，或得到别人的官凭冒用之类，授予官职者与接受者都处以重罚。从叙官的环节来看，凡是曾有前科，依法在一定期限内不能做官的情况下，通过欺诈隐瞒年限而取得官职的，要受到重罚。从考核的环节来看，凡是通过增减功过年限而获得升迁的，都处以重罚。这便从报请、选任到重叙、考核的各个环节加强了监督，以维护选官制度的公平。

官吏非法征收赋税、增加徭役的玩忽职守行为也是唐律惩治的重点。《唐律疏议·差科赋役违法》条规定："诸差科赋役违法，及不均平，杖六十。疏义曰：'依令：凡差科，先富强，后贫弱；先多丁，后少丁。差科赋役违法及不均平，谓贫富强弱先后闲要等差科不均平者，各杖六十。'若非法而擅赋敛，及以法赋敛而擅加益，赃重入官者，计所擅坐赃论；入私者，以枉法论，至死者，加役流。"〔1〕首先，正如律文中所指出的，根据唐代《赋役令》开元二十五年（737 年）的规定："诸差科，先富强，后贫弱；先多丁，后少丁。"〔2〕征收赋役时，要遵循先征收富足多丁者，后征收贫困少丁者的原则，这有利于缓解农民的压力，保障赋役的顺利征收。而不按照富贫、强弱的先后次序征收赋役的行为，就要受到法律的制裁。其次，唐代官吏必须凭法令征收赋役徭役，而如果官吏擅自征收，或者在法定征收额度之外擅自增加征收数量，都要受到法律制裁。其中将多征财物入为官库的，按照"坐赃罪"论处，侵吞为私有的，按照"受财枉法"的重刑处

〔1〕《唐律疏议》卷十三，第 289 页。

〔2〕仁井田陞根据《唐律疏议》及《宋刑统》，认为此为开元二十五年令，并将其收入所著《唐令拾遗》之《赋役令》。［日］仁井田陞著，栗劲、霍存福、王占通、郭延德编译：《唐令拾遗》，长春出版社 1989 年版，第 618 页。

罚。这有利于防止官吏擅自增加赋税徭役从而加重百姓负担。

此外，对于官吏耗费公款、擅兴土木及非法科征杂役的犯罪行为，唐律也有相应处罚规定。《唐律疏议·非法兴造》条有云："诸非法兴造及杂徭役，十庸以上坐赃论。"[1]可见，凡是非法兴造各类建筑及科征各种杂徭役，都要按照"坐赃罪"论处。同时，唐律为防范官吏擅兴土木，作了如下规定："诸有所兴造，应言上而不言上，应待报而不待报，各计庸坐赃论减一等……即料请财物及人功，多少违实者，笞五十。若事已损费，各并计所违赃庸，重者，坐赃论减一等。"[2]这条律文是对工程兴建过程中的各个环节，诸如主管申报待批、预算以及请领建筑材料、人力等问题中出现的违法行为所作的惩处规定。非法兴造，扰民伤财，是封建社会的一大痼疾。唐律的上述规定有利于国家对工程兴造及预算的控制监督，客观上也有利于缓解百姓压力，缓和阶级对立。

四、针对官吏经商牟利的惩罚规定

唐律还专门针对监临官在辖区内借贷、买卖官物从而谋取经济利益的犯罪行为给出处罚规定。如《唐律疏议·贷所监临财物》条："诸贷所监临财物者，坐赃论；若百日不还，以受所监临财物论。强者各加二等……若卖买有剩利者，计利以乞取监临财物论。强市者，笞五十；有剩利者，计利准枉法论……问曰：'官员遣人或市司而为市易，所遣之人及市司，为官人卖买有剩利，官人不知情及知情，各有何罪？'答曰：'依律，犯时不知，依凡论。官

[1] 《唐律疏议》卷十六，第373页。
[2] 同上书，第372—373页。

人不知剩利之情，据律不合得罪。所为市者，虽不入己，既有剩利，或强卖买，不得无罪，从不应为准官人应坐之罪。百杖以下，所市之人，从不应为轻，笞四十；徒罪以上，从不应为重，杖八十。仍不得重于官人应得之罪。若市易已讫，官人知情，准家人所犯知情之法。'"〔1〕根据律文，监临官贷出所监临财物，要按照“坐赃罪”论处。借出的官物百日之后尚不偿还的，则按照“监临官接受所监临者财物罪”论处。如果是凭借官威强取的，则加重二等处罚。同时，监临官利用官物买卖赢利的，计算利润，按照“乞取监临财物罪”论处，凭借官威强迫他人与之进行买卖的，处以笞打五十的惩罚。如果从中渔利，则按照“受财而枉法”这一较重的刑罚论处。此外，如果上述罪行是官员的家人或者代理人所为，而这些人又从中赢利的，则不但处罚代办者，而且监临官本人不论是否知情都要受罚。

唐律中类似的规定还有《唐律疏议·监临官僦运租税》条：“诸监临主守之官，皆不得于所部僦运租税课物，违者计所利坐赃论。其在官非监临，减一等。主司知情，各减一等。”〔2〕官吏利用职权在辖区内承租招徕客商运送赋税物资，从中牟取私利，也是变相的贪污行为，要计算所获利润，按照坐赃罪论处。同时，监临官犯有这样的罪行要比一般官吏处罚严重，主司知情故纵的，也要受到惩罚。这些规定体现出唐律对官吏变相侵吞官物等犯罪行为的警觉性。

除了律文中的相关规定，唐代很多诏令也明文禁止官吏经商牟利。如《旧唐书·食货志上》载：“士农工商，四人各业。食

---

〔1〕《唐律疏议》卷十一，第239—240页。
〔2〕同上书，第342页。

禄之家，不得与下人争利。工商杂类，不得预于士伍。”〔1〕《唐令拾遗·选举令第十一》有云：“诸官人身及同居大功已上亲，自执工商，家专其业，不得仕。其旧经职任，自解黜，必有事用者，三年之后听用。”〔2〕《唐六典》记载：“（开元七年）凡官人不得于部内请射田地及造碾硙，与人争利。”〔3〕由此可见，唐代严格区分官吏与商人，凡是经营工商业或者在辖区经营制造业与百姓争利的官员，都不得继续为官。有官位的人经商，要被罢免官职，三年之内不得起用。如此严格限制官吏的经商行为，是为了消除官吏利用职权之便非法谋取经济利益的隐患，也是为了避免官人与百姓争夺利益，从而激化社会矛盾。

五、司法执行中的廉政规定

唐代司法机构沿袭隋制，由大理寺、刑部、御史台主组成，三大机构各有分工，相互制约。大理寺是全国最高的审判机关，负责审理朝廷百官犯罪和京师徒刑以上的案件，但对徒、流刑罪犯的判决，要送尚书省刑部复核；对于死刑的判决，须经皇帝批准。刑部是全国最高的司法行政机关，除了负责司法政令之外，并复核大理寺徒、流刑和全国各地徒刑以上的犯罪案件。御史台为中央监察机关，掌管纠察弹劾事宜，有权力监督大理寺和刑部的司法审判活动。遇到事关重大或冤情严重的案件，为了集思广益，往往由刑部侍郎、御史中丞、大理寺卿组成特别法庭，实行

---

〔1〕《旧唐书》卷四十八。
〔2〕《唐令拾遗》，第206页。
〔3〕《唐六典》卷三十，第749页。

三司会审，称为“三司推事”。若三司长官不能出席，则由侍御史同刑部郎中或员外郎、大理司直或评事共同审理。三司集议后将结果上报，由皇帝作最终裁决。对于地方上的重大案件，则派监察御史、刑部员外郎、大理评事充当“三司使”前往审判。有时也由门下省给事中、中书省中书舍人和御史台御史，共同组成特别法庭，审理申诉案件。这样，唐代司法机关就形成了三权鼎立、相互制衡的局面，大大加强了司法效能，减少了冤滥。

在具体的司法执行过程中，唐律将司法官员的渎职行为与其他官员的犯罪行为一起写入律文，从而将司法行为制度化、规范化。而在唐律中，涉及司法执行方面的罪名和制度，主要有官司出入人罪、应言上不言、覆奏制度、审讯回避制度，等等。

唐代司法官吏立假证据、捏造情节、罗织罪名以及通过暗示，引导囚犯推翻或变更供词等行为，被统称为“出入人罪”。唐律针对这些现象，利用刑罚的手段加强监督。《唐律疏议・官司出入人罪》条规定：“诸官司入人罪者，若入全罪，以全罪论。疏义曰：‘官司入人罪者，谓或虚立证据，或妄构异端，舍法用情，锻炼成罪……若入全罪，谓前人本无负犯，虚构成罪，还以虚构枉入全罪科之。’”[1]这条律文是说，司法官员通过虚立证据、捏造罪名从而枉断人罪名的，要按照捏造别人全额罪名的罪罚论处。这是为了限制官吏非法加重或减轻犯人的罪行，造成曲法妄断的现象。唐代的地方行政体制往往兼具司法职能，地方行政长官也就是司法长官，而司法工作又是考核地方行政长官政绩的重要标准之一，因此，地方长官通过滥立罪名增加案件审理成果，就成为其提高

〔1〕《唐律疏议》卷三十，第711页。

考课成绩从而获得升迁的一条非法途径，而这一律文则有利于防止上述弊端，对于规范地方司法工作意义重大。

唐代从中央到地方，有一套较为完备的案件审理与执行程序，各审判机关都要根据笞、杖、徒、流、死的量刑标准确定断案的权限。一般来说，笞、杖之刑县级政府就可决断；徒刑以上的判决，县判定后，报州覆审决断；流刑以上要报尚书省刑部复核。同时，如前所述，大理寺主要负责审理朝廷百官犯罪，其中对徒流刑以上案件的判决，也要送尚书省刑部复核，死刑则要报皇帝审批。同时，尚书省刑部和御史台还要负责对大理寺和各州县重大案件的审核和监督工作，大理寺、刑部和御史台之间亦相互监督制衡。这样一来，在中央三大机关之间，地方和中央之间，地方的上下级之间，都构成了层层审批与复核的关系，形成一套严密的司法监督系统。而一旦有司法官员违反了这套程序，则被视为违法行为，要受到法律制裁。《唐律疏议·应言上不言》条规定："诸断罪，应言上而不言上，应待报而不待报，辄自决断者，各减故失三等。"〔1〕这是说，官员应该将案情上报而不上报，应该等待上级批复而擅自决断的，都在法律制裁之列。这是以刑罚手段监督司法审判按照规定权限进行，以防止法官任情断案，徇私舞弊。

同时，唐代还继承并发展了隋朝的死刑"覆奏"制度。这一制度是将死刑判决上报皇帝覆审，最终决定执行或是减改。唐代的覆奏制度主要有三种形式：一种是一覆奏，即死刑执行文书下达时，只最后请示皇帝一次，如果皇帝没有改减的命令，即执行。

〔1〕《唐律疏议》卷三十，第710页。

这种覆奏的对象是谋反、谋大逆、谋叛、恶判及部曲或奴婢杀主人的重大犯罪。另一种是三覆奏，适用于京都以外全国各地方死刑的执行。即刑部在发出执行文书之前，于一日内请示皇帝三次，如果不加否决，即于第二天发出行刑文书。还有一种是五覆奏，适用于京都地区死刑的执行。即行刑文书发出的前一日覆奏二次，行刑文书发出的当日覆奏三次。由于京都地区距离皇帝较近，所以便于实行五次请示的制度。唐律规定，违反覆奏制度的官员要受到法律制裁，“诸死罪囚，不待覆奏报下而决者，流二千里。即奏报应决者，听三日乃行刑，若限未满而行刑者，徒一年；即过限违一日杖一百，杖一百，二日加一等”〔1〕。死刑覆奏制度体现出统治者“慎刑”的思想，也有利于避免冤滥。

此外，唐代司法审讯中还涉及亲仇回避制度，即凡是负责审判案件的官员与被审人之间有亲属、师友关系或者有仇怨关系的，都要回避。《唐六典·刑部郎中员外郎》条有云：“凡鞫狱官与被鞫人有亲属、仇嫌者，皆听更之。（亲谓五服内亲及大功已上婚姻之家，并授业经师为本部都督、刺史、县令，及府佐与府主，皆同换推。）”〔2〕对审判官身份的限制，旨在防止官员因为亲故或者仇嫌关系而曲法徇私，从而保证司法审判的公正。

最后，唐代法律制度的完备以及从中央到地方各级司法机构的相互监督和牵制，在制度和机构两个层面约束了官吏贪暴腐败等种种犯罪行为。但其中的问题又在所难免：从律文本身来看，尽管惩治官吏犯罪的条款细致严密，但其实施的对象却大多是五品以下的中小官吏，对于那些位尊权高的亲贵权要则给予减、赎

〔1〕《唐律疏议》卷三十，第719页。
〔2〕《唐六典》卷六，第191页。

等特权，两者的处罚标准不统一，这使法律的公平公正打了折扣。从实际执行情况来看，在唐代前期，由于政局稳定，最高统治者注重依法治国，因而法律对于官吏的约束较为严格。但安史之乱后，藩镇割据、宦官专权造成的法出多门现象，严重地破坏了法律的权威和效力。官吏以权谋私、官府公开卖官鬻爵、宦官权力膨胀导致骄奢腐败等现象屡禁不止。再从司法执行的过程来看，官官相护、以权试法以及草菅人命的现象时有发生；特别是，皇权置于法律之上，皇帝任情喜怒、法外行刑的事例多不胜举。这些都削弱了法律约束社会的效能和威力。

参考文献：

《隋书》，中华书局1973年版。

杜佑：《通典》，中华书局1988年版。

王钦若、杨亿等：《册府元龟》，中华书局1996年版。

《旧唐书》，中华书局1975年版。

李林甫等撰，陈仲夫点校：《唐六典》，中华书局1992年版。

《新唐书》，中华书局1975年版。

《资治通鉴》，中华书局1956年版。

王溥：《唐会要》，上海古籍出版社2006年版。

马端临：《文献通考》，浙江古籍出版社2000年版。

董诰等：《全唐文》，中华书局1983年影印本。

王夫之：《读通鉴论》，中华书局1975年版。

刘知幾撰，浦起龙释：《史通通释》，上海古籍出版社1978年版。

吴兢撰，裴汝成、王义耀等译注：《贞观政要译注》，上海古籍出版社2007年版。

王定保撰，阳羡生校点：《唐摭言》，上海古籍出版社2000年版。

宋敏求：《唐大诏令集》，商务印书馆1959年版。

钱易撰，尚成校点：《南部新书》，上海古籍出版社2007年版。

元稹：《元氏长庆集》，上海古籍出版社1994年版。

长孙无忌：《唐律疏议》，中华书局1985年版。

李昉等：《文苑英华》卷九百五十八，中华书局1966年版。

仁井田陞著，栗劲、霍存福、王占通、郭延德编译：《唐令拾遗》，长春出版社1989年版。

吴宗国：《唐代科举制度研究》，辽宁大学出版社1997年版。

张国刚：《唐代官制》，三秦出版社1987年版。

王勋成：《唐代铨选与文学》，中华书局2001年版。

邱永明：《中国古代监察制度史》，上海人民出版社2006年版。

胡宝华：《唐代监察制度研究》，商务印书馆 2005 年版。
钱大群：《唐律疏议新注》，南京师范大学出版社 2007 年版。

本章执笔：霍明宇

第八章　宋代廉政制度

赵宋封建王朝建立于唐末五代割据混战的历史时期之后，自立国至灭亡的三百二十年间，一直是个"事有无穷之变"的朝代，同时在中国封建发展史上，处于承前启后、新旧交替的历史转折时期。宋代商品经济的高度发展，引起各种关系的急剧变化，阶级矛盾和民族矛盾错综复杂。为革除五代以来藩镇割据之弊，从调整各种矛盾需要出发，宋代统治者在总结历史经验的基础上，以巩固专制主义中央集权为核心，建立起了强化中央集权的国家管理体制。叶适曾说："本朝之所以立国定制、维持人心，期于永存而不可动者，皆以惩创五季而矫唐末之失策为言，细者愈细，密者愈密，摇手举足，辄有法禁。"[1]宋代在廉政制度建设方面不乏可供后世借鉴之处：在科举考试中，殿试制度、糊名法、誊录法、覆试权贵子弟等改革措施，是为了改变以往科举考试录取不

〔1〕 叶适：《叶适集·水心别集》卷十二，中华书局1961年12月第1版（下同），第789页。

公的弊端。在选官制度中，铨试、保举等措施是为了防范恩荫太滥之失而设；严密的亲属回避法，限制宗室、外戚、宦官的晋用，则是为了防止官僚士大夫之间结成朋党以危害君主专制统治。在管理官员的具体措施上，宋代统治者采取一系列限制、分割各级官吏权力的措施，使其互相牵制，并通过官员考核制度以及严密的行政监察制度，达到了有效管制官吏、防范腐败的目的。通过健全完善“台谏”（御史台与谏院）监察制度，保证了行政系统运作的严密性、稳定性和连续性，形成对官员选拔录用—任免考核—监督检察“三位一体”的行政制度体系。在宋代三百余年的历史进程中，于庆历、元丰、淳熙年间又进行了三次改制，对官员管理制度不断进行改革，发展和完善了政治制度。然而，由于宋代皇权本身“家天下”的封建专制性质，很难从根本上革除“任人唯亲”的弊端，不可能真正建立并实施一套公正高效的廉政制度。

第一节　皇权的强化与制约

宋代是中国历史上中央集权和君主专制高度发展的时代，这和宋代所处的历史环境有关。在唐末五代的政局中，君弱臣强的局面一直没有得到改变。中央皇权沦丧、地方藩镇割据使得五代十国的统治者和王朝犹如走马灯一般地频繁更替，而且各地方割据势力混战连年，几无宁日。宋太祖建立统一的封建王朝后，深刻认识到：要使赵宋王朝长治久安，就必须从根本上改变君弱臣强的局面。为此，他采取了一系列政治改革措施，重新对统治权力进行分配，力图做到“一兵之籍，一财之源，一地之守，皆人主自为之"[1]。从法律上肯定了对藩镇"稍夺其权，制其钱谷，收其精兵"的政策，在行政上以文臣知州事，保证中央对地方的控制；将臣僚的权力分散化，使其互相掣肘牵制，以便君主集中统一来进行控制。

法律是实行社会控制最直接的工具，宋太祖、宋太宗及其子孙尤其注意加强君主的法律权力。宋代皇帝将自己的敕令通过立法程序确立下来，赋予其高于国家根本法典《宋刑统》的效力，以保证皇帝的意志在法律上得到贯彻，而且通过各种途径加强其对司法权的控制，直接干预司法活动，以维持皇权至高无上的地位。宋朝皇帝亲自掌握最高司法权，不但亲自审决重大案件和发动诏狱，并且对全国的司法活动进行控制和监督。皇帝的司法监督作用不同于中央和地方监察机关的法制监察。御史台、诸路提点刑狱司等参加重大案件的审判和审核各路刑狱案件，主要是对审判的合法性和司法官活动实施监察，而皇帝则直接控制和掌握全国的司法审判。其主要方式如下：第一，覆核死刑。生杀予夺在彼一人，这是皇帝的独裁权力，古来如此，但是宋朝司法权的集中是空前的。汉朝"刺史守令杀人不待奏"，隋唐地方官仍有处置和执行死刑的权力，但到了宋朝，"州郡不得专杀之例始严"[2]。自太祖起，一切死罪须经皇帝核准。第二，裁决疑狱。宋代扩大了奏请敕裁案件的范围，全国的疑难案件交两制与宰执及台谏杂议，最后由皇帝参考各方意见裁定。第三，增设司法机构。宋朝司法机构与唐及五代相比，增设了一些便于皇帝监督司法的专门机构。例如，为加强对地方的司法监督，分别于诸路设提点刑狱官，后

---

〔1〕《叶适集·水心别集》卷十，第759页。
〔2〕赵翼：《陔馀丛考》卷十六，商务印书馆1957年12月第1版，第305页。

又专置提点刑狱司。“凡管内州府十日一报囚帐，有疑狱未决，即驰传往视之。州县稽留不决，按谳不实，长吏则劾奏，佐史、小吏许便宜按劾从事。”[1]乾德初年，又于各州郡设通判一职，加强司法监督。“凡兵民、钱谷、户口、赋役、狱讼听断之事，可否裁决，与守臣通签书施行。”[2]这些机构从组织上对各级司法审判进行牵制，并直接向皇帝和中央负责。第四，严格选任司法官员。宋朝统一全国之后，吸收五代以来武人专杀的教训，改地方的马步院为司寇院，设司寇参军，选用法官以律书试制。太宗时，改司寇院为司理院，设司理参军，以历任清白、明习律令、善于审断的官员出任，并选用儒人为判官。真宗时，对审刑院详议官、大理寺详断官、刑部详覆官以及三司的法直官，都试以断案几十道，并须引用法律正条且判断详明才按合格予以任用。从宋初开始，朝廷便设“明法”、“试刑法”、“试书判拔粹”等法律考试科目选择录用司法官。神宗时，又设立“新科明法”选拔官员，并置律学以培养人才。宋朝地方州县及监司和中央司法机关的官员都由皇帝亲自委派，直接受制于皇帝，对皇帝负责。凡司法官员一旦出入人罪，或不复叙用，或终生不予提升。

通过上述途径，皇帝将司法活动的最终裁决权牢牢抓在手中，这就避免了唐末五代以来司法权政出多门、混乱不一的状况，克服了过去藩镇武将断案草率专横、草菅人命的弊端，恢复了中央在司法中的权威。宋代皇帝通过“奏请敕裁”案件，对于可杀可不杀的犯人都赦宥其死，大大减少了死刑的适用；皇帝亲自决狱

---

〔1〕《宋史》卷一百九十九《刑法志一》，第4971—4972页。

〔2〕《宋史》卷一百六十七《职官志七》，第3974页。

“务底明慎，而以忠厚为本”，“狱有小疑，覆奏辄得减宥”[1]，对于避免冤假错案的发生和刑法的轻缓起了一定作用；严格对司法官员的选任，设立法律考试科目选择录用司法官员，对两宋法律学的发展起到极大的促进作用。

第二节 宋代的科举制度

科举制度“肇端于隋，奠基于唐，完善于宋”[2]。赵宋开国的君主鉴于历史教训，认为要巩固皇权必须避免武将专权，也不能将军政大权授予宗室、外戚和宦官，为了避免汉唐灾祸重演，应当通过科举获得治国平天下的人才。于是宋代历朝统治者从政治地位和经济上照顾士人，以儒学为主，培养儒臣儒将。在宋代，科举选拔人才的优势得到真正彰显，并出现了中国科举史上的人才高峰：整个宋代，每年由科举入仕的平均为三百六十一人，约为唐代的五倍、元代的三十倍、明代的四倍、清代的三点四倍。可以说，宋代科举取士之多，在中国封建社会的历史上“是空前绝后的”[3]。取士增多、待遇提高、皇帝力倡、范围扩大、特殊恩典等都是宋代科举制度完备的重要表现。为了扩大统治阶级基础，宋代科举考试通过增加录取名额、放宽录取标准、提高被录取人的待遇等方式，广泛吸收地主阶级的知识分子参加政权。正如陈傅良在《答林宗简》中所说，“家不尚谱牒，身不

---

〔1〕《宋史》卷一百九十九《刑法志一》，第4961—4962页。

〔2〕姚瀛艇：《宋代文化史》，河南大学出版社1992年2月第1版，第99页。

〔3〕邓广铭：《谈谈有关宋史研究的几个问题》，《社会科学战线》1986年第2期。

重乡贯”[1]，只要文章、诗赋合格，就可录取。科举制度的高度完备与发达，也造就了宋代一大批名垂青史的治国能臣、名卿巨公。据统计，在宋一百三十三名宰相中，由科举出身的达一百二十三名之多，占宰相总数的百分之九十二点四，而唐代这一比例是百分之三十九。[2]在考试科目的种类上，主要有进士、诸科、武举、童子举等，与唐代相比大为减少，但是，考试的内容和方法则有多次变化，有关考试的规定也日益严密。正是通过日益完备的科举考试制度，宋代科举为统治机构输送了大量官员。

一、科举的内容与程序

宋代贡举士人，必须由州县乡里审查推荐。中国古代察举法和九品官人法认为道德行为无法通过笔试衡量，而他所居住地的邻里和三老却非常了解。宋代推行贡举，接受了这方面的经验。《宋史·选举志》记载：“凡诸州长吏举送，必先稽其版籍，察其行为；乡里所推，每十人相保，内有缺行，则连坐不得举。”[3]在考试资格审查中，侧重于政治道德，对于年龄没有老少的限制，六十岁左右的老人如果学有所成，众望所归，也可参加贡举。这种宽松的政策有利于士人的竞争，有利于朝廷发掘人才。

《宋史·选举志》记载：宋朝立国之初，“礼部贡举，设进士、《九经》、《五经》、《开元礼》、《三史》、《三礼》、《三传》、

〔1〕 陈傅良著，周梦江点校：《陈傅良先生文集》，浙江大学出版社1999年12月第1版，第453页。

〔2〕 郭齐家：《中国古代考试制度》，商务印书馆1997年9月第1版，第114页。

〔3〕《宋史》卷一百五十五《选举志一》。

学究、明经、明法等科，皆秋取解，冬集礼部，春考试。合格及第者，列名放榜于尚书省”[1]。这些科目，除进士科外，其他科目总称诸科。每年秋天，各州举行考试，将合格的学生解送礼部，称为“取解试”。第二年春天，礼部进行考试，称为“礼部试”，又称“省试”。取解试由各州的判官及录事参军主持，省试则由皇帝选派的官员主持。开宝六年（973 年），翰林学士李昉知贡举，录取进士、诸科及第者三十八人。召对时，进士武济川、《三传》科刘睿“材质最陋，对问失次”[2]，因为武济川是李昉的同乡，引起了太祖的怀疑，于是决定在省试之上再设置一级由皇帝亲自主持的殿试，对由礼部推出的通过省试的考生进行复试。宋太祖举行殿试的目的，是为了纠正各处科名多为势家所取的弊病[3]。进士在殿试后可在琼林苑享受皇帝的赐宴，称为琼林宴或闻喜宴。而且进士在殿试中选后即可脱去贱者服，而赐绿袍、靴、笏，即给以官服，马上就可拜官。自确立殿试制度以后，宋代皇帝除服丧期间等特殊情况下偶尔罢殿试外，始终坚持了这一制度。

宋初，受唐代重视诗、赋风气的影响，进士成绩主要取决于诗、赋文辞是否工整，后来在省试中增加了策、论考试，但考试顺序是先诗、赋，后策、论，且须诗、赋成绩过关，才有资格考策、论。随着社会矛盾的激化，统治阶级对治理国家的人才的需求更加迫切。诗、赋于国计民生不甚相干，而策、论却能考查出考生对经学、历史及时事的认识水平，能比较清楚地测出考生是

---

〔1〕《宋史》卷一百五十五《选举志一》，第 3604 页。

〔2〕叶梦得撰，侯忠义点校：《石林燕语》，中华书局 1984 年版，第 113 页。

〔3〕李焘：《续资治通鉴长编》卷十六，中华书局 2004 年 9 月第 2 版（下同），第 336 页；另见《宋史》卷一百五十五《选举志一》。

否具备理政之才。所以到了天圣五年（1027 年），宋廷“诏贡院，将来考试进士，不得只于诗赋进退等第，今后参考策论，以定优劣”。这是宋代进士科考试内容的首次改革，科举取士由重视诗赋章句开始向重视策论转化。庆历新政时期，对进士科的考评方式再次进行了改革。庆历四年（1044 年），宋廷颁布了由欧阳修执笔的《详定贡举条例》，将进士省试分为三场：第一场考试策三道，一道问经旨，二道问时务；第二场考试论一首；第三场考诗、赋各一首。在考试过程中，凡试策不过者，即不再试第二、第三场；试论不合格，也不再考诗、赋。由宋初不试策论或不重策论成绩，到庆历时策论高、诗赋次为优，以策论平、诗赋优为次，把策论摆到了录取的首要位置，真正的实用型人才也就更容易进入朝廷。

宋代的武科，始于仁宗天圣八年（1030 年）。武举的选试对象、考试内容、主持机关、授官类别等均与进士、诸科有较大区别。据《宋史・选举志》记载，先试骑射，然后试策，“以策为去留，弓马为高下”。可是不久就停止了。后来，虽然也曾设立武学和恢复武举，以马射、步射、武艺、策略作为教学和考试的内容，但是并不为人重视。直至孝宗乾道五年（1169 年），武举才在殿试举行，和文举一样赐给黄牒。这科共选三十三人，第一名赐武举及第，其余并赐武举出身。[1]由于宋朝统治者历来只重用进士出身的文官，士人有能力应进士举者，不屑于应武举，所以，武举并没有为宋代统治者选拔出杰出的人才。

除了进士、诸科、武举之外，宋代科举承袭唐制，设有童子

---

〔1〕《宋史》卷一百五十六《选举志三》，第 3684 页。

科，凡十五岁以下儿童，学业有成、能通经作诗赋者，即可由所在州府解送京师，国子监审验后，中书复试，合格者即由皇帝殿前亲试。宁宗嘉定十四年（1221 年），始规定每年春季集中选试童子举，录取三名。度宗咸淳三年（1267 年）宣布废止。

二、防范作弊的制度

为了防范主考官营私舞弊、取舍不公、招徕门徒党羽，进而威胁专制主义中央集权的陈弊，宋代考试，从乡试到省试、廷试都有严密的规则，实施密封、誊录、复核等防范舞弊的措施。在具体的制度安排上，为防范舞弊现象的发生，宋代科举制度中实行了多项措施。

第一，为防止主考官泄题，宋代科举实行“锁院”制度。据《宋会要辑稿·选举三》记载，建隆三年（962 年）九月规定：“今后及第举人，不得辄拜知举官子孙弟侄”，“兼不得呼春官（这里指知贡举官）为恩门、师门，亦不得自称门生”[1]。李焘《续资治通鉴长编》卷四也载，乾德元年（963 年）九月，“诏礼部贡举人，自今朝臣不得更发公荐，违者重置其罪”[2]。《文献通考·选举三》载，宋太宗淳化三年，苏易简知贡举，“既受诏，径赴贡院以避请求”[3]。以后便建立了锁院制度，规定贡举官一旦受命，即须锁居贡院，不得与外人接触，甚至连家人亦不得见，

〔1〕 徐松辑：《宋会要辑稿》，选举三之二，中华书局 1957 年 11 月第 1 版（下同），第 4262 页。

〔2〕《续资治通鉴长编》卷四，乾德元年九月丙子，第 105 页。

〔3〕 马端临撰：《文献通考》卷三十《选举三》，中华书局 1986 年 9 月第 1 版（下同），考二八五。

以免亲故嘱托，用情取舍。锁院时间依考选时间的长短而定，有时长达五十天。

第二，使用试卷糊名弥封和誊录法，防止考官在评选时作弊。唐代的科举考试，因试卷前写有举人的姓名、籍贯等项，世家豪族仍可靠其特权在发榜前知其是否录取，考官也可从中要弄手段，拉拢亲信。北宋初年，仍沿袭唐代这种风气，同时考生投卷也很盛行。主考官将去贡院的时候，达官贵人可以向他推荐人才，称为“公荐”。考生录取后，要向主考官谢恩，称主考官为“师门”、“恩门”，而自称“门生”。糊名法实行以后，考官无法知道考生的籍贯、家世与姓名，从而有助于杜绝徇私之弊。但是，考官如果认识考生的笔迹，就仍然有作弊的机会。为了避免这样的局面出现，宋代统治者从真宗朝开始逐步实施、推广并确定誊录法。其方法是由专门机构负责誊录试卷。这种先糊名，再誊写，然后考核等第的判卷制度，已具备了誊录法的基本特征。大中祥符八年（1015 年）“始置誊录院”，在礼部省试中正式推广誊录法，即试卷由封印院糊名压印后，送交誊录院，召集书吏，在两名宦官的监视下把试卷重抄一遍，然后再命京官校对，最后才送给贡举官（即宋代的主考官）考校。这就正式确认了誊录制度。此后，从中央到地方的三级考试均正式实行誊录法。誊录法实施以后，主考官便再也不能凭笔迹或暗号来判断考生了。糊名法、誊录法的实施，对于避免考官知晓入试者的姓名、籍贯、家世、笔迹等，从而在改卷中进行舞弊活动起到了很大的作用，对选拔人才曾发挥过积极的作用。但是，到了北宋后期，由于宋王朝的腐朽，科场舞弊层出不穷，糊名、誊录也就流于形式了。

第三，在贡举的制度上禁止公荐。贡举官员将去贡院时，朝廷台阁近臣往往将自己所了解的优秀考生向他们推荐，称为公荐。太祖考虑有人会借公济私，不如加以禁止，因此乾德元年（963年）诏令禁止朝臣公荐贡举人。另外，废除公卷也是一项重要的措施。宋初沿袭李唐的习惯，考生在考前可以向主考官交纳诗文，称为公卷，实际常为别人所作。由于考试采取的弥封、誊录等措施，各种好坏优劣可以从试卷来衡量，因此公卷就取消了。

第四，增加殿试和建立“别头试”制度。唐代已有殿试，但没有形成制度。宋代从开宝六年（973年）开始，殿试作为一级考试制度固定下来。推广“别头试”是为了抑制权贵子弟。别头试即为主考官的应举亲属别置考场，另派考官考试的制度，以限制主考官徇私情。真宗朝在礼部及其他各部，分别建立别头试。宋真宗时，监察御史张士逊任考场巡捕官，因为有亲戚应试，向主考官提出辞职，以避嫌疑。真宗立即下诏：自今举人与试官有亲嫌者，移试别头，即另设考场，另派考官。这种做法唐代已有，但只限于省试，也不是定制。宋代别试成为一种制度，范围也扩大了，州试、省试都相继实行了这一制度。宋太宗雍熙二年（985年），令礼部省试考官亲戚移试别处，这是宋代别头试之始。真宗咸平元年（998年），国子监、开封府发解试开始实行别头试；仁宗景祐四年（1037年）以后，各州发解试、南宋时的类省试等，都推行了别试法。别头试最初只有考评官的亲属参加，后来诸州发解试时，地方长官的亲属、姻亲之家及门客皆须赴别试。

第五，为了维护科举考试正常进行，宋廷还动用了惩戒手段，以条令形式规定禁止的行为。朝廷指示馆阁、台、省官员，有人违法贡举要报告，匿名不报要论罪。考生不回自己家乡，冒名在他州应试，要严肃处理。笔试时带进书文舞弊，或者相互告诉讨论，一经发现即取消考试资格。知贡举和其他考官在主持考试时，行为不检，违背诏令，一经发现，必然罢官。贡试类试已保任，而发现有缺行，则州县领导要受牵连处分；若省试成绩太差，文理不通，要处分原来录取他的考官。

三、保证人才质量的举措

宋代朝廷上下对太学和太学生（准官员）在平时比较尊重，在具有一定弹性的科举制度中，始终为他们保留着一定的位置。这样，正式构成以进士为主、官员用多种名目推荐各种类型的人才和太学生三舍考选法为辅的科举制度；加上其他一些选官用人方式，使宋代科举考试虽然不如明代整齐规范，却保证了人才类型的多样性和数量的充足。此外，在重大政治转折关头，太学生很激烈地介入政治生活时，宋廷比较宽容他们。典型的有北宋末以陈东为代表的学生、官员和市民拥护抗战、反对投降的激烈抗争；南宋后期对丁大全、史弥远和贾似道等擅权祸国的抨击、弹劾及游行请愿。这使宋代学子们未正式入仕之前就已成为有一定影响力的政治势力，他们的影响一般都是积极的；在参与政治的过程中对国家和社会的责任感、使命感以及能力得以加强或提高。另外，宋代君主对科举考试非常关注，尤其是主动与进士们建立天子与门生的关系，亲点寒门出身的状元，亲自赐进士及第并赐亲科进士钱物（有时皇帝还亲试举人）。这不仅彰扬了文教，而且增加了君主对官员们的凝聚力和亲近感。这样的案例很多，兹举三例：文天祥“年二十举进士，对策集英殿。时理宗在位久，政理浸怠，天祥以法天不息为对，其言万余，不为稿，一挥而成。帝亲拔为第一。考官王应麟奏曰：‘是卷古谊若龟鉴，忠肝如铁石，臣敢为得人贺。’”[1]这对文天祥是极大的荣耀，与他后来矢志效忠宋朝有一定的因果关系。如《宋史·文天祥列传》后附的“论曰”：“宋三百余年，取士之科，莫盛于进士，进士莫盛于伦魁。自天祥死，世之好为高论者，谓科目不足以得伟人，岂其然乎！”李谘，袁州新喻人，自幼以孝闻名。举进士，“真宗顾左右曰：‘是能安其亲者。’擢第三人，除大理评事、通判舒州，召试中书，为太子中允、直集贤院”，可以说关怀备至。后来直做到枢密副使等职。他是一位相当廉能而恪尽职守的官员。[2]孙梦观是宝庆二年（1226 年）进士，做地方官时清正廉洁，体恤民隐，面对户部急若星火的病民苛赋，他以“吾宁委官以去，毋宁病民以留”的坚决态度予以抵制。得到丞相董槐推荐，升迁至给事中兼赞读、国子祭酒、权吏部侍郎后，依然直言指斥朝廷弊政，以至在廷之士皆危之。梦观曰：“吾以一布衣蒙上恩至此，虽捐躯无以报，利钝非所计也。”[3]天子关心亲近进士，不仅增强了进士们对君主和国家的效忠之心，还推动了宋士大夫形成同辈互相欣赏、前辈名人提携后进后生、爱护奖拔人才之风。同时，宋君主在科举考试的形式和内容问题上相当开明纳谏，不怕制度的调整和改变，使之与宋代学术文化自身的发展要求并行不悖（典型的如仁宗支持欧阳修主持科举考试时痛惩骈体文、倡导古文，不仅一改士大夫为人为文的空洞浮华之风，而且强力推动了古文运动的发展）。《宋史》卷一百五十

[1] 《宋史》卷四百一十八《列传》第一七七《文天祥》，第 12533 页。
[2] 《宋史》卷二百九十二《列传》第五十一《李谘》，第 9753 页。
[3] 《宋史》卷四百二十四《列传》第一八三《孙梦观》，第 12654—12655 页。

五《选举志一》这样总结道：“宋初承唐制，贡举虽广，而莫重于进士、制科，其次则三学选补。铨法虽多，而莫重于举削改官、磨勘转秩。考课虽密，而莫重于官给历纸，验考批书。其他教官、武举、童子等试，以及遗逸奏荐、贵戚公卿任子亲属与远州流外诸选，委曲琐细，咸有品式。其间变更不常，沿革迭见，而三百余年元臣硕辅，鸿博之儒，清强之吏，皆自此出，得人为最盛焉。”〔1〕

宋代科举登第者大多来自平民家庭。赵匡胤认为：“贵家子弟，唯知饮酒弹琵琶耳，安知民间疾苦！”〔2〕除了不允许皇室宗族成员参加科举考试（神宗以后方允许赵氏的远房宗室参加）之外，宋代科举考试中还采取多种措施抑制“势家”，如宋初即规定凡是官宦子弟考中科举后都要经过覆试才能录取。此后的限制越来越严，一定品级以上的“食禄之家”子弟不仅要单独进行考试，以便考查其学业之优劣，而且即使考中进士后也还要另行组织测试，以防舞弊行为。宋真宗时，翰林学士梁灏之子梁固参加礼部考试取得第一名，原则上应该得到状元，但在此之前他已被皇帝赏赐了进士出身，这种棘手的情况引起朝廷的高度重视。以后遂有一条不成文的规矩，所有参加科举考试的“有官人”，不管考得怎样，都无资格获取状元头衔。如名列魁首，则降低名次，然后依次递补其他普通举子为状元。而且宋朝历代皇帝几乎都以奖掖孤寒、抑制势家自诩。这种罕见的将科举考试的最高荣誉留给贫寒子弟的做法，显示了宋朝君主们扩大其统治基础、增加社会凝聚

〔1〕《宋史》卷一百五十五《选举志一》，第3603—3604页。

〔2〕司马光撰，邓广铭、张希清点校：《涑水记闻》卷一，中华书局1989年9月第1版，第19页。

力、希望更多官员士大夫体察民情的深谋远虑。

四、安抚应试不第举人的举措

宋朝统治者对于那些多次应试而不第的举人实行特奏名法，特赐名科出身。唐末王仙芝起义时，进士不得志者如敬翔、李振等人，都加入了起义军。为了防范失意士人心生异志，宋代统治者“广开科举之门，俾人人皆有觊觎之心，不忍自弃于盗贼奸宄”[1]。所以宋太祖开宝三年（970 年）三月规定，凡举人参加过十五次以上考试终场者，特赐本科出身。从此，士大夫潦倒不第者都“觊觎一官，老死不止”[2]。这是特奏名法之始。宋真宗景德二年三月，又赐特奏名五次以上应试者本科等出身，年老者授将作监主簿。由于特奏名的数量日益增多，“英雄豪杰皆汩没消靡其中而不自觉”[3]，所以，“乱不起于中国，而起于夷狄”[4]。这是宋代统治者为防范士大夫卷入农民起义而采取的措施之一。

第三节 宋代选官制度

宋代专制主义中央集权达到前所未有的程度，基本上消除了造成封建割据和威胁皇权的种种因素。为了防范文臣、武将、女后、外戚、宗室、宦官六种人的专权独裁，从赵匡胤建立宋王朝开始，宋代统治者就对中央官制作了调整，并制定出一整套集中

---

〔1〕〔2〕〔3〕〔4〕 王栐撰，诚刚点校：《燕翼诒谋录》卷一，中华书局 1981 年 9 月第 1 版（下同），第 1—2 页。

政权、兵权、财权、司法权等的制度。其特点是设官分职，用分割各级长官事权的办法削弱其权力。这样有些官只是空名，仅拿俸禄而已。这类官有两种情况：第一，在宋太祖、太宗统一五代十国的过程中，留用了各国大批旧官员，保留其官位，发给其俸禄，不给其实权（只对其中认为可靠者安排一些实际职务）；第二，对于宗室、外戚、勋旧，也仅授予高官，优加俸禄，而不给实职。至真宗时，便把这些措施加以制度化。按照这个制度，一般官员都有官和差遣两个头衔，有的官还加有职的头衔。宋代官与差遣的分离，突出体现了用人权的分配。中央官员经常调换，地方职务三年一替，强化了中央集权，并在一定程度上起到防范官员腐败的作用。宋哲宗元祐元年（1086 年），殿中侍御史吕陶曾对选任文官的权限划分作了这样的概述："朝廷差除之法，大别有三：自两府而下，至侍从官，悉禀圣旨，然后除授，此中书不敢专也；自卿监而下及已经进擢，或寄禄至中散大夫者，皆由堂除，此吏部不敢预也；自朝议大夫而下，受常调差遣者，皆归吏部，此中书不可侵也。"[1]这里清楚地概括了宋代官员除授权的划分情况，而且除授权的分配是以法律形式确定下来的。官只是说明他可以领取俸禄，而职才有实际的权力。每个机关彼此互相牵制，"任非其官"的情形很普遍。例如左右仆射、六部尚书、侍郎、大夫、郎中、员外郎、卿、少卿等，在成为官阶的名称后，就失去了原有的意义，不再担任与官名相应的职务。这些官名只是定品秩、俸禄、章服和序迁的根据，因此称为"正官"或"本官"，又称"阶官"或"寄禄官"。其中有文资、武阶的区别。

---

〔1〕《续资治通鉴长编》卷三百七十，第 8964—8965 页。

“差遣”是宋代官员获得实际职务的主要途径。只有获得差遣的官员，才是“治内外之事”的有职有权的官职，故称“职事官”。差遣名称中常带有判、知、权、直、试、管勾、提举、提点、签书、监等字，如知县、参知政事、知制诰、直秘阁、判祠部事、提点刑狱公事之类。也有一些差遣并不带这些字样，如县令、安抚使等官阶按年资升迁，即使不担任差遣，也可依阶领取俸禄，而差遣则根据朝廷的需要和官员的才能，进行调动和升降。所以真正决定其实权的不是官阶，而是差遣。“职”是加给有才学名望之士的一种荣誉，也没有实际意义，一般指三馆（昭文馆、使馆、集贤院）和秘阁中的官职，如大学士、学士、待制等，是授予较高级文臣的清高衔头，并非实有所掌。宋神宗元丰三年（1080年）官制改革后，撤销官职，另设秘书省职事官，自秘书监、丞、著作郎以下，都称馆职。其他文臣兼带馆职，武臣带阁门宣赞舍人，则称“贴职”。

官称和实职的分离，使朝廷内外大批官员无所事事，三省、六部、二十四司名义上都有正式官员，但除非皇帝特命，不管本部的职事。《宋史·职官志一》说：“故三省、六曹、二十四司，类以他官主判，虽有正官，非别敕不治本司事，事之所寄，十亡二三。……仆射、尚书、丞、郎、员外，居其官不知其职者，十常八九。”[1]这样，各级官府层次重复，叠床架屋，机构空前庞大，但是，却有利于皇帝直接控制用人大权，他可以随时提拔官阶较低而有才能者担任要职，也可随时撤换无能之辈。

《宋史·选举志一》中记载，选举虽“胪为六门：一曰科目；

〔1〕《宋史》卷一百六十一《职官志一》，第3768页。

二曰学校试；三曰铨法；四曰补荫；五曰保任；六曰考课”〔1〕，然而“考其大要，不过入仕则有贡举之科，服官则有铨选之格，任事则有考课之法”〔2〕。“举”是举士，指朝廷通过科举取士的制度；“选”则为选官，指官僚选任（亦即铨选）制度。《宋史·选举志》中所分之六门，若按照“选”和“举”来划分，则科目、学校试为“举士”，铨法、补荫、保任、考课等为“选官”。随着皇权的强化，宋代在选官中积累了大量的经验，在一定程度上达到了防治腐败的目的。

一、铨选考试

“凡选人年二十五以上，遇郊，限半年赴诠试，命两制三员锁试于尚书省，糊名誊录。习辞业者试论、试诗赋，词理可采，不违程式为中格，习经业者人专一经，兼试律，十而通五为中格，听预选。七选以上经三试至选满，京朝官保任者三人，补远地判、司、簿、尉，无举主者补司士参军，或不赴试、亦无举者，永不预选。京官年二十五以上，岁首赴试于国子监，考法如选人，中格者调官。”〔3〕宋代的铨选考试，是由铨选机构主持的一种考试，是为提高官僚队伍整体素质和统治能力而采取的一种措施。这是选人升改官资和换易差遣的一种手段。宋代铨选体制随着选任官吏制度的严密化、规范化而建立并不断发展变化。铨选的基本职能除参与制定选官基本制度、典章政令外，主要包括四项：（1）资格审

〔1〕《宋史》卷一百五十五《选举志一》，第3604页。
〔2〕同上书，第3603页。
〔3〕《宋史》卷一百五十八《选举志四》，第3703—3704页。

核；（2）考试择优；（3）考课官吏；（4）铨注叙迁。

铨选考试功能的发挥主要体现在科举与学校二者的分合关系上，铨选体系则不作为考试选官的主渠道。但分层次、分对象的选注环节的各类考试，虽不像唐代铨选如此集中划一，但也仍然发挥着作用。宋初选人试判三道，强调“文翰俱优”。此后，铨选似无章法。仁宗时，选人须赴铨试，习辞业者试论、试诗赋，习经业者试经、律，方可参加预选。熙宁改制，“遂定铨试之制”。铨试内容有断按、律令大义、议、经义等，依等第处分，由朝廷差官与吏部共同主持。[1]由于宋代选官以资历、日、月为主要依据，铨试虽有成法，但屡为例所败之，因此，铨试的规模、作用及史书所载细节都远逊于唐，宋代铨选系统的考试职能逐渐萎缩（让位于科举制），虽未完全消失，但已退居极次要的地位。考课职能已趋于衰落。而铨选的职能中，资格审查、按资序议叙的职能逐渐占据主导地位，成为铨选的重心。

宋代铨选与唐代相比，层次、类别更细化，一是为适应官僚队伍的层次结构，二是因宋代铨选重心向年月序迁转移，而官吏品阶、资等分得比唐代更细密，等级更多，文牍工作更为繁剧。吏部的铨选职能处于被分割状态，吏部只负责注拟州县官、幕职，文臣少卿、监以上由中书省主持，京朝官由审官院主持。后又设四院典选，文选归审官东院，曰流内铨，武选归审官西院，曰三班院。神宗元丰改制，将铨选权悉归选部，以审官东院为尚书左选，流内铨为侍郎左选，审官西院为尚书右选，三班院为侍郎右选，于是吏部统掌文武选。吏部四选主要负责中下层的官僚选任，

〔1〕《宋史》卷一百五十八《选举志四》，第3705页。

中上层官则由中书门下（政事堂）堂除，这一结构与唐后期相似。尚书选与侍郎选分层次、分级别铨选文武官。文官中书门下敕授者，按级别分为两个层次，文臣寄禄官自朝议大夫、职事官自大理正以下归尚书左选，自初仕至州县幕职归侍郎左选。[1]就文官系统而言，铨选是三个层次，即州县幕职为最低层次，归侍郎左选；升改京朝官后进入第二层次，归尚书左选；第三层次即清要之职，由堂除，不由吏部。宋以后，历朝制度，吏部典掌选授、勋封、考课之职不变，基本沿袭宋之格局。

铨选系统的铨叙职能，主要是两方面，一是资格审查，二是按资格注拟相应的官职。北宋正式确立了磨勘之法。宋代比唐代对入仕者更为优厚的待遇，使得官僚队伍的膨胀（包括已入仕而待缺者）速度与官缺的矛盾日益严重。这种状况的持续，使“循资格”的原则在宋代得到进一步发展。

首先是“资”的计算层次更为细密。宋代职官分为三个层次，一是朝官（常参官），二是京官，三是幕职州县官；每一层次又都细分为若干等级及若干类型。北宋循资格主要适用于吏部流内铨所负责的幕职州县官，但循资原则却普遍适用于各层次、各级、各类的职官。对“资”的计较与循资原则的普遍应用，直接导致北宋真宗咸平年间磨勘制度的正式形成，其原则是限年较历，循阶进秩。依据这一原则，通过勘验、检核官吏的考绩、资格，依法迁转、晋升官职。磨勘法规定，文资三年一迁，武职五年一迁，所迁乃官秩改转（即寄禄官），而非差遣之任。磨勘法的主要对象是中下层京朝官和改京朝官的吏部铨选人（较高品级官僚转迁另

〔1〕《宋史》卷一百五十八《选举志四》，第3693—3694页。

有规定)。幕职州县官磨勘始终由吏部负责，限制较严，甚至有淹滞数十年而仍未能改官入京朝官者。

磨勘程序首先是勘验审核文状，重点审核本人资格及举主(包括举主的身份与人数)，然后有引见，最后是根据本人原阶、出身、资考及举主磨勘改官。其中，考任数多者，可减举主数。磨勘改官条制，对不同出身、不同考数、不同原阶选人合改之官，制定了严密的序列。京朝官叙迁亦有严密的制度，依据出身有无、差遣清冗，叙迁得由，亦制定了严密的叙迁制度，叙迁阶秩序列迥然分明。据《宋史·选举志四》记载:“凡入官，则进士入望州判司、次畿簿尉，《九经》入紧州判司、望县簿尉，《五经》、《三礼》、《通礼》、《三传》、《三史》、明法入上州判司、紧县簿尉，学究有出身人入中州判司、上县簿尉，太庙斋郎入中下州判司、中县簿尉，郊社斋郎、试衔无出身人入下州判司、中下县簿尉，诸司入流人入下州判司、下县簿尉。”〔1〕再如朝官在二十四司员外郎、郎中范围内的转迁，常调磨勘者皆转右曹，即在兵、刑、工三部九司（除名曹外）的郎官范围内叙迁。其中有出身者，自太常博士阶，循屯田——都官——职方的路径上迁；无出身者，自国子博士阶，沿虞部——比部——驾部晋升；杂流出身或赃罪叙复者，自水部——司门——库部递进。如遇嘉奖或惩责，则不仅会升降阶秩，亦可能向左右序列变移。〔2〕此外磨勘虽有固定年限，但又有减（提前）和展（推迟）磨勘年的有关规定，视其功

---

〔1〕《宋史》卷一百五十八《选举志四》，第3703页。

〔2〕 邓小南:《宋代文官选任制度诸层面》，河北教育出版社1993年4月第1版（下同），第188页。

过，定为十六等，减、展自一季至四年不等[1]。

铨选体制自磨勘法形成后，确定了其中心已正式转移到勘验审核、铨叙拟注两大职能上，以循资限年为原则的常规磨勘法与相对灵活的差遣除授及不拘资格的考试取人的科举制，相辅相成，构成了适应拓宽基础、拉开层次、有序有别的选官格局。

二、荫补

恩荫任子是宋代科举之外的另一种选官制度，是传统的世官制的残存形式，即官员子弟可以凭借父兄的官位品阶直接得到一定官位。宋初以来，基本上继承了唐、五代时期的官员荫补制度，文武官员五品以上都可荫补子弟入仕。至宋太宗时期，新王朝逐渐稳定下来，因而需要更多的忠实于赵宋皇帝的官员去接管五代时期各国的领土，以巩固其统治基础。于是在扩大科举取士的同时，也大量录用官员子弟为官，以不断充实和加强官僚队伍，各种形式的荫补相继出现，荫补人数大量增加。宋代统治者为了取得大官僚阶层的支持，极大地放宽了恩荫的范围和数额，以恩泽得官的不止于直系子孙，还可以推及旁支、异姓甚至于门客。得荫补的机会有大礼荫补、致仕荫补、遗表荫补等，所以一遇郊祀之年，就有许多人拥入官序之中，增加了官僚机构的壅滞。具体的恩荫入仕的政策变迁经历了六个阶段：太祖时，初定任子法，规定台、省的六品以上官，诸司的五品以上官，当过两任的朝官就有资格申请任子；太宗朝，恩荫的范围扩大，三年一祀天地的

[1] 《宋代文官选任制度诸层面》，第195页。

大礼，一定品阶的高官都有资格申请荫补，凡遇到改年号，文官中舍人、武官大将军以上可申请荫补；遇到官品升高时，也可以荫子。北宋后期，确立荫补的制度，诸如荫补申请者的资历、被荫者条件、办理荫补的手续都有了具体规定。宋真宗即位后，在大中祥符八年（1015 年）颁布了宋代第一部荫补法，以法律形式保障了官僚享有的荫补特权，使宋代官员荫补走上了法制化轨道，逐步形成了任子铨试注差制度。宋神宗熙宁时，铨试法进一步完善。自此，任子补官虽有官名，但铨试和呈试不合格者，不准充任实际差遣；即使获得差遣，但他们在中高级官员中的人数仅是科举入仕者的四分之一，升任高官者更少。孝宗朝对荫补的具体办法作了修订，减少了任子数额，从宰相以下分为五等，每等递减。宰相荫十人，执政荫八人，侍从荫六人，中散大夫至中大夫荫四人，带职朝奉郎至朝议大夫荫三人；宁宗以后是荫补最后一个阶段，宁宗庆元中颁发“补荫新格”，将荫补范围缩小，人数减少，规定文臣中大夫、武臣防御使以下，“不能遗表推恩”，使相不能因伴随皇帝祭祀天地而奏荫门客。此外，特批个别荫补入仕也是一种录用方式，考虑现任的资历和作用而恩及后人，方式是皇帝特批下达诏令，而不是依据荫补条格照章办事。属于以上范围，有荫补后人资格的为：前代功臣，例如，仁宗继位以后通过表彰前代将相以鞭策本朝大臣，天圣六年（1028 年）录用唐代张九龄后裔，庆历三年（1043 年）录用唐代狄仁傑后裔等等；前代学者或有影响的人士，例如，将孔子、孟子的后裔录用为初品命官；五代十国归宋人士，宋朝皇帝为表示不忘有功于社稷的人，多次下诏令录用周世宗的后裔和隋唐、十国的某些国君的后代；宋代功臣要员，按照荫补条件录用的都是在职、活着，至多是死后几年官员的亲属；宋代名儒；宋代迫害致死后改复的官员；为国家朝廷做出牺牲的烈士。

官员子弟荫补制度是中国历史上用人不正之风的合法化，也是招致腐败和吏治不清的重要原因之一。宋仁宗亲政以后，冗官局面日甚一日，已经到了整个社会和财政难以承受的地步。面对严峻的现实，以范仲淹为首的官僚集团对宋代官员荫补制度进行了必要的改革，在宋仁宗的支持下，颁布了庆历荫补新制。就制度本身而言，庆历新制继承并综合了宋初以来特别是宋真宗以后的各项荫补制度，从而形成了较为完整而系统的官僚荫补法律。与此同时，宋初以来官员荫补一直呈现不断扩大的态势。庆历新制首次对官僚荫补子弟加以规范和限制，对官员荫补增设了不少附加条件，也取消了一部分官员的荫补资格，于是招致了大部分朝野官员的强烈不满。这些既得利益者纷纷行动起来，坚决反对和抵制新政的实施，因此，庆历荫补新制实际上并未真正执行便宣告流产。庆历新制失败以后，宋代冗官局面依然如故，并没有得到有效的缓解和遏制，长此以往，势必危及赵宋王朝的统治。在这种背景下，要求改革荫补制度的呼声日益高涨，很多官员向朝廷提出了各种具体的实施方案。至嘉祐元年（1056 年），迫于形势，也为了巩固宋王朝的统治基础，宋仁宗下令颁布实施了新的官僚荫补法，这就是嘉祐新制。就总的情况而言，此次改革大规模地削减了各级官僚的荫补，取消了官员的荫补特权，提高了享有荫补资格的官员的品级，等等，从而使荫补官员的范围大大缩小，荫补入仕的官员子弟相应地减少，在一定程度上缓解了日益严重的冗官局面。此后，宋神宗熙宁时期、南宋孝宗时期再次对官员荫补制度进行了一些整顿和改革，其基本指导思想都是减少官僚荫补。因此，宋代官员荫补特权经历了从扩大到逐渐缩小的漫长历程。就其具体措施而言，宋代裁减官员荫补的基本原则之一是限制官员荫补亲属的范围，即规定官僚按照级别的高低荫补不同的亲属，级别低的官员只能荫补亲生子孙。而且，官员在第一次遇到郊祀时荫补哪类亲属，都有明确的规定，宰相级别的高级官僚荫补人数较多，但也只能荫补缌麻以上亲属。另一方面，不同类型的亲属荫补时所得到的官职也存在很大的差别，亲子孙荫补官职高于其他亲属，长子、长孙往往格外受到照顾。宋代荫补制度在执行过程中，亲属关系越分越细，荫补差别也越来越大，这是宋代官员荫补制度变迁的重要趋势之一。其次，官员子弟授官级别逐渐降低。宋初以来，官僚子弟荫补官职相当高，如宋太宗时期，宰相之子一荫补便是正七品员外郎级别的官员，职位甚高，后来降为从八品的将作监丞，至宋神宗时期，再次降为正九品的大理评事，其他各级官员子弟的授官标准也相应地逐渐降低。致仕官和未退休的官员子弟荫补官职也有区别，官员亲属依据其与官员本身亲属关系的远近而确定其授官品级，例如，期亲和大功亲的荫补级别完全不一样，这是宋代官员荫补制度不断规范和完善的具体表现，也是宋代荫补制度演变的重要趋势之一。其三，逐渐减少官员荫补亲属的人数是宋朝政府限制荫补的重要策略。宋初以来，官员荫补持续扩大，范仲淹在庆历新政之前曾经说过："假有任学士以上官经二十年者，则一家兄弟子孙出京官二十人，仍接次升朝。此滥进之极也。"〔1〕由此可见，在此之前，宋代官员荫补人数之多，而且荫补品级也高。自庆历以后，每次荫补改革

〔1〕 范仲淹：《范文正奏议》卷上《答手诏条陈十事》，《四库全书》影印文渊阁本，台湾商务印书馆股份有限公司2008年12月第2版（下同），第427册，第6页。

的中心议题都是针对官员子弟的荫补人数。无论是大礼荫补，还是致仕、遗表荫补，通常情况下，前一种每三年举行一次，后两种是一次性荫补，根据官员级别，由原来的每次郊祀荫补变成两郊、三郊甚至四郊才能荫补，从而延长了官员荫补的周期，也大大减少了官员荫补的人数。与此同时，致仕、遗表荫补人数也逐渐减少。至南宋孝宗时期，对官员终生荫补的总人数作了限制。

宋朝所制定的种种法规对于荫补官员的泛滥，多少起到了一定限制作用。然而，有制度也未必就能很好地贯彻执行，尤其是在中国封建社会，政治的清明与否往往会对制度的能否实施产生直接的影响。北宋徽宗统治时代，由于政治的昏暗，官员荫补子弟泛滥成灾，远远超出整个社会的承受范围。尽管宋朝政府绞尽脑汁想削减官僚荫补，但宋代冗官问题依然未能得到有效的控制，甚至愈演愈烈。究其原因，是与专制体制本身有着密切关系。在这种体制下，一切都处于人治状态，法外滥恩禁而不止。在专制体制下，皇亲国戚、大大小小的官僚等各阶层享有特权在他们看来是天经地义的，这无疑是中国历代政治制度最重要的特色，也是专制体制本身无法解决的最大难题之一。

三、辟举

宋代的辟举制度既是前代“辟除”、“征辟”、“辟署”的历史继承，同时又有不同于前代的独有的特征。所谓辟举制度，一般而言是指具有辟举权的长官为本司聘任僚属的一项选官制度。在宋代，它是中书堂除、吏部差注之外的又一种选官形式。辟举制度在秦汉时期是选官制度中重要的一途，成为当时官员的主要来源之一。随着比辟举选官更为规范化、更具有发展潜力的察举制度的发展，以及后世“九品中正制”的出现，在东汉后期及魏晋南北朝时期，辟举制度不可避免地显出颓势。至隋文帝时“海内一命以上之官，州郡无复辟署矣”[1]。隋末唐初，辟署之法间或为之，然属权宜，不足为例。自唐中叶后，随着“使职”的逐渐普遍化、固定化、地方化，辟署制度也因之而得到极大的发展。采访使、节度使的幕僚“皆使自辟召，然后上闻”[2]。同时，中央的使职系统也紧随地方藩府之后辟署本司僚属。因此，辟署制虽与前代相应的选官制度名称相同，内容类似，但内涵却发生很大的变化。宋代主要因袭唐制，却也不乏大的变化，其最大的特色是，宋代对辟举控制极严，生怕出一点儿纰漏。自明末以后，辟举作为一种选官制度则彻底在历史舞台上消失了，然而与之相类似的地方督抚以私人名义延聘幕友、师爷之风大起，使得前代以直接方式作用于政治的制度，转而变为间接。这也反映了自唐至清，官员的选任制度逐渐僵化的一个过程。清人李塨在论及此事时，有一段颇为公允的评述：“唐时诸侯自辟幕府之士，惟其才能，不问所从来。朝廷常收其俊伟，以补王官之缺，取人之道犹广。宋虽有辟法，然白衣不可辟，有出身而未历任者不可辟，其可辟者复拘以资格，限以举主。长材屈于短驭，比比而是。迄明季则绝无此矣！非科目无以得官，非铨曹无以授职，内外官难以独理，皆延请幕宾。然非宿登仕版，则虽极知其才能，亦不能振

---

〔1〕《通典》卷第十四《选举二》，中华书局1988年12月第1版（下同），第342页。
〔2〕《通典》卷第三十二《职官十四》，第890页。

拔以收其用。法网愈密，文墨愈严，而奇才异能愈漏网而去矣。"〔1〕

在宋代选官体制中，铨选占据着重要的地位，尽管当时论者也认为"以年劳取人，可以绝超躐，而不无贤愚同滞之叹；以荐举取人，可以拔俊杰，而不无巧佞捷进之弊"〔2〕，但不可否认的是，铨选仍是当时最为重要的选官形式，宋代的大小官员获得任官和进阶的方式仍然依靠"年劳"。苏轼"今之君子，争减半年磨勘，虽杀人亦为之"〔3〕之讥亦是言此。在铨选所不及之处，又可以用到荐举之法。《宋史·选举志六》记载："铨注有格，概拘以法，法可以制平而不可以择才，故予夺升黜，品式具在，而又责官以保任之。凡改秩迁资，必视举任有无，以为应否；至其职任优殊，则又随事立目，往往特诏公卿、部刺史、牧守长官，即所部所知，扬其才识而任其能否。上自侍从、台谏、馆学，下暨钱谷、兵武之职，时亦以荐举命之，盖不胶于法矣。"〔4〕这一段叙述正是表明荐举制度是作为铨选的补充而存在的。之所以是荐举补充铨法，而不是铨法补充荐举，则是因为荐举制度也存在着较大的主观性。太宗雍熙四年（987 年）八月乙未尝下诏云："荐贤举善，合徇至公；行爵出禄，固无虚授。苟必得其才实，亦何吝于宠恩，近者诸处奏荐，多是亲党，既伤公道，徒启幸门，用塞津蹊，宜行条贯。"〔5〕同时，荐举制在文武官员转官、改官上还是

---

〔1〕 李埴：《阅史郄视》卷三，《续修四库全书》本，上海古籍出版社，第 450 册，第 684 页上。

〔2〕《宋史》卷一百五十五《选举志一》，第 3603 页。

〔3〕《宋史》卷三百三十八《列传》第九十七《苏轼》，第 10810 页。

〔4〕《宋史》卷一百六十《选举志六》，第 3739 页。

〔5〕 钱若水等撰：《太宗皇帝实录》卷四十一，雍熙四年八月乙未条，《续修四库全书》本，上海古籍出版社，第 348 册，第 66 页上。

有着其他选官制度无法替代的一面，因此，荐举是当时较为重要的选官形式。辟举不仅仅作为铨选的补充，同时也是作为荐举制的补充而存在的。《宋史》在论及辟举的重要性时尝云："盖处心公明，则得以用其所知，固为良法；苟徇私昧理，则才不为用，请属贿赂，无所不有矣。又孰若付之铨曹而概以公法者哉?"[1]这段话明白无误地说出，辟举这种选官形式因为具有太大的主观性，因此很容易出纰漏，就显得不如铨法"公"。况且荐举制在某种程度上也是可以补充铨法的僵化，使选官做到"不胶于法"。这也恰恰是宋初极力限制辟举制的原因所在——它为藩镇提供了与中央离心的可能。辟举没有因此而罢废，也正是因为它具有的灵活性能够为铨法和荐举提供补充。大体上说，辟举在宋代选官制度中的地位是比较低的。

宋代辟举制度的施行，给了相当一部分官司长官一定程度的自主用人权。然而唐末五代藩镇林立的状况，给了赵宋统治集团太深刻的教训，因此朝廷在基本保证得人、维持帝国庞大行政机构运转的前提下，对辟举制度的限制规定相当繁多。大致可以归纳为以下几种：

（一）有关举主（连带）责任的一般性规定：（1）诸举辟命官差遣状前贴黄声说违式，若增减不实者，元发奏官吏杖八十；（2）诸命官虽应举辟而因寻医、侍养离任后未满一年，官司辄辟差及受差者，各徒一年；（3）诸举充县令而用所举已充其任者，若犯入己赃，举主与同坐，至死者，减一等，私罪徒以上，减二等，若举其他职任，又减一等；（4）诸举官充职任，于所举任内

〔1〕《宋史》卷一百六十《选举志六》，第3755页。

以职事旷废至公罪徒以上，举主减二等；（5）诸举官应坐举主，若被举人犯罪后会恩虽不该原减，举主听减一等，再会恩者，听从原减法；（6）诸举官若停废及责降差遣未经叙复而奏举者，各杖一百〔1〕。被辟者犯罪，举主要负连带责任；反而言之，举主犯有过错，被辟者也要受到牵连。曾写过“我住长江头，君住长江尾”的李之仪，就因曾辟入苏轼定州幕府，后来受到牵连，“不可以任京官，诏勒停”〔2〕，一生仕宦坎坷。“（陈）诂尝用王钦若辟，签书河南府判官事，坐钦若擅离任，落职监襄州酒税。”〔3〕僚属若为了保全自身而对举主落井下石，反而会受到鄙薄，如“初，韩绛宣抚，（李）清臣从辟，会绛无成功被贬，清臣规自全，多毁绛，故上薄之”〔4〕。

（二）有关辟举属官时效性的一般规定：“诸阙员应举官者，见任人替前一年内，非次阙承报后六十日，（创添复置阙，百日。）依本色奏举，内见阙无差下人，方许举辟。即虽举而碍法，及因关报差误致所举不应法而退回者，准上法再举，（过满及见阙，止限三十日。）仍除程计之。无官可举者，申尚书吏部。虽为吏部差填，至任满，其举官仍旧。”〔5〕

（三）有关被辟者资格和出身的一般性规定：（1）初官未有考任及历任未成资者，不得辟任差遣；（2）资格未及，不得超辟阙次；（3）见任人到任未久，不得预辟下次；（4）武臣无令状三

---

〔1〕 以上六条皆引自谢深甫《庆元条法事类》卷十五《选举门·举辟》，《中国珍稀〈列传〉法律典籍续编》，黑龙江人民出版社2002年11月第1版（下同），第1册，第322—323页。

〔2〕《宋史》卷三百四十四《李之仪传》，第10941页。

〔3〕《续资治通鉴长编》卷九十九，乾兴元年八月乙卯，第2296页。

〔4〕《续资治通鉴长编》卷二百四十五，熙宁六年六月丁丑，第5965页。

〔5〕《庆元条法事类》卷十五《选举门·举辟》，《中国珍稀法律典籍续编》，第1册，第324页。

纸者，不得辟任差遣；（5）奏补未铨中人，不得妄行申辟；（6）恩科出身，不得辟狱官及冒辟县令；（7）进纳得官及不系试中材武人，不得辟巡检、知县；（8）宗室添差阙，不得辟庶姓；（9）军功人不应元指挥，不得求佗辟。[1]

（四）有关辟举阙次的一般性规定：（1）不许监司守臣辟亲属为所部属官，辟为主管机宜文字者例外；（2）监司郡守离任，不得辟官；（3）不得申辟冲堂差部注已差下人；（4）不系四川、二广、两淮、京湖沿江州郡，极边去处，不得辟部阙，元指挥止许辟一次，不得辟次任；（5）堂除之阙不得辟。[2]

（五）有关“停替人”辟举的一般性规定：（1）不问赃私，被论后未经部注差遣，不得径作无过人申辟；（2）有犯，未得放行参注，及不得与亲民差遣；（3）停废或责降差遣，若停替未满一任人，未经叙复，不得辟差。[3]在这种一般性的规定之下，还是有一些特殊情况存在的。如在宋王朝的版图之内，那种被认为是“极边去处”的地方，由于许多官员不愿到这些地方赴任，因此这些地方对于辟举的限制相对就要少一些。《岭外代答》尝记广西奏辟情况云：“广西奏辟，不限资格，唯材是求。自守阙、副尉、下班之类，一经奏辟，皆得领兵民之寄。大率初辟巡尉、知寨，次辟沿边知县、都监，次可辟左、右江提举，等而上之，沿边知州、军，皆可辟也。守、倅，旧许帅司奏辟，今多与监司联衔具奏。帅司又可专辟沿边

[1][2][3]《吏部条法·奏辟门》，《中国珍稀法律典籍续编》，第2册，第166页。

州、军主兵官。”[1]

四、其他任用方式

（一）吏部差注

“吏部选两任亲民，有举主，升通判。通判两任满，有举主，升知州、军”[2]，“知州、军有绩效，或有举荐，名实相副者，特擢升转运使副、判官或提点刑狱、府推、判官”[3]，“审官院定差知州、军，并以资历，不容超越，资历当得，不容不与”[4]。

宋代吏部注授官员的最大特点是严守资格之法。所谓资格，包括年限、实历、出身、举主、年龄等。宋代通过科举和恩荫选取了大量的寄禄官，有限的职阙，使官与阙之间的矛盾非常突出；更由于“天下之大，百官之众，皆总于吏部”，使吏部难于对众多的参选人进行考察，量才录用，只好利用年限、资历等死条件，决定官员的升迁。同时，为保证官僚队伍的整体素质，防范皇权旁落，宋代统治者吸取了汉唐宦官干政、外戚专权的历史教训，对宗室、外戚、宦官的任用亦有严格的限制。如宗室子弟，宋初只许补官资，不许参加科举考试，亦不许注授外任差遣。宋神宗时，为限制享受宗室待遇的人数，服属近者，允许参加科举、铨试和出职差遣，服属远者，不再赐名补官。但对宗室人所注差遣

〔1〕 周去非著，杨武泉校注：《岭外代答校注》卷四《法制门·奏辟》，中华书局1999年9月第1版，第163—164页。

〔2〕〔3〕 洪迈撰，孔凡礼点校：《容斋四笔》卷二《文潞公奏除改官制》，见《容斋随笔》下册，中华书局2005年版，第653页。

〔4〕《燕翼诒谋录》卷三，第28页。

亦有限制：一是不能任沿边差遣，二是不得为将官，三是不许为执政，四是不许任学官和差充考官，五是无出身者不注亲民官。这些限制，多是从加强皇权需要而制定的。

（二）中书堂除

“今上等知州、通判，在京寺监、宫教，畿内知县之类，号为优便者，尽属堂除。”〔1〕

堂除是天子委托宰执、枢密对一些清紧繁难职任，不拘资格擢用除授的制度。堂除原则上由宰执物色人选，而大量实际工作由中书吏房负责进行。堂除在宋代体现着一种政治待遇。进士高第、制科中策、劳绩卓著、立有功勋之人，常得堂除。堂除较重人才，而不甚拘泥于资格，是宋代对以循资格为铨选核心原则的一种调整和补缺。堂除之制与吏部按资格铨选用人相比，有明显的优越性。一是比较重人才而不拘泥于资格，凡进士高第、制科中等及劳绩卓著、立有功勋者，均可得堂除；二是一经堂除，便是资历，即不再归吏部除用，可以破格差遣，号为擢用；三是任期短，升迁快。所以宋神宗之后，把堂除当成一种奖赏手段，官员也视其为荣进之途。堂除是介于特旨擢用和吏部差遣之间的任官途径。由于堂除范围的不断扩大，不断占用吏部之阙，因而加剧了吏部员多阙少的矛盾，进而滋长了官员为乞求堂除而奔走请托的不正之风。

（三）特旨擢用法

“执政、侍从、台谏、给舍之选，与三衙、京尹之除，皆朝廷

〔1〕《续资治通鉴长编》卷四百十三，第10046页。

大纲所在，故其人必出人主之亲擢，则权不下移。”[1]

特旨擢用是皇帝直接控制重要官职任用权的一种方法。皇帝特旨擢用官员，不仅不拘资格，而且升迁速度快。如欲除授之人官阶未到，则先特旨升迁，然后授之。在皇权专断的情况下，大臣是难以违改君命的，这是宋代加强皇权在人事制度上的最主要体现。

（四）八路定差法

“川峡、闽、广，阻远险恶，中州之人，多不愿仕其地。初，铨格稍限以法，凡州县、幕职，每一任近，即一任远。川峡、广南及沿边，不许挈家者为远，馀悉为近。既分川峡为四路，广南东、西为二路，福建一路，后增荆湖南一路，始立八路定差之制，许中州及土著在选者随意就差，名曰‘指射’，行之不废。”[2]

八路定差法：是指边远地区县文武官员的差注，由本路转运司就地差遣的方法。这是在内地人不愿远任的情况下，朝廷委任转运司按吏部资格法在当地差注、换易官员的地区性任官方式。宋太宗时，为解决边远地区缺官问题，在两广实行转运司选任本路摄官制度，在四川、河北沿边实行官员移任法。至宋神宗熙宁时，“远官就移法”始成定制。确定川峡、广南、福建及湖南八路为行定差法之地。哲宗元祐初曾废八路定差法，因内地人仍少有愿就远阙者，故又逐步恢复了定差之制。宋代的八路定差法实际上是由转运司代行吏部铨选职权的制度，故亦规定了类似吏部条法的定差原则，其基本原则主要是：转运司只有就移调官权，没

---

〔1〕《宋史》卷四百一《列传》第一百六十《柴中行》，第12175页。
〔2〕《宋史》卷一百五十九《选举志五》，第3721页。

有选官权，所差之官必须是吏部正式差派到本地有委任状的官员，不能定差无出身、无官告的人；定差亦实行死机榜阙集注法，即经榜阙参注后，按季将注授方案上报吏部审检，合格者申朝廷颁发委任状。

（五）任官回避法

“寄居不必及七十，有田产不必及三等。凡有田产及寄居州县，并不可注授差遣。”〔1〕

亲嫌回避法：“婚姻之家及两州人人不得相临”，“叔父兄弟不许同省为郎官”，“同司曹判及公检之官，不得用大功以上亲”。〔2〕

避亲移任：“京朝官有亲戚妨碍合回避者，如到任未及一年，即与对移。本县官相妨碍，于本州别县对移；本州官相碍，于邻州对移；本路职司相妨碍，于邻路对移。及一年已上者，除祖孙及期已上亲依此对移外，其他亲戚即候成资放罢。”〔3〕

任官回避制度是中国历代封建统治者为加强中央集权、澄清吏治而逐步形成的一种任官原则。任职不但要回避亲属，还要回避本籍，甚至规定现任官吏不得在所辖州县典卖旧宅，罢任官亦不得在所辖州县寄居。这种回避本籍之制和产业限制对防范官员腐败极为重要。在宋代，有亲属关系的官员不能同时在同一部门任职事相当或互相统属的职务，以防止官员利用宗亲关系和职务之便拉帮结派、营私舞弊、贪赃枉法、互相包庇。宋代还规定官

〔1〕《宋会要辑稿》，职官八之四二，第2578页下。
〔2〕《文献通考》卷五十一。
〔3〕《宋会要辑稿》，职官六三之三，第3814页上。

员不得在籍贯和自己产业所在地任职。对不主动申请回避的官员规定了具体的处罚："诸应避亲而辄之官者，杖一百"；"诸在任避亲应移注或罢而不依限申陈……通元限满三十日，杖一百"[1]。

第四节　宋代官员管理方法

一、管理宋代官员的主要方法

宋代官员的管理方法错综复杂，包括对官员的考核、升迁、品俸、黜降、收叙、致仕等方面的内容。在诸问题中，考课、磨勘、黜降、叙复是关系到大多数官员仕宦进程的关键，也是宋代官员管理法的核心内容。

（一）考课法

韩非子认为，治国之要在于"因任而授官，循名而责实，操杀生之柄，课群臣之能者也，此人主之所执也"[2]。历代统治者无不重视对官员的考课，通过加强对官员的考课来澄清吏治，巩固专制统治。宋代也不例外。宋仁宗"庆历新政"时，范仲淹奏议："凡有善政异绩，或劝农桑获美利，鞫刑狱雪冤枉，典物务能革大弊，省钱谷数多，准事大小迁官升任。"[3]这项奏议强调把官

[1]《庆元条法事类》卷八《职制门·亲嫌》，《中国珍稀法律典籍续编》，第1册，第149页。

[2] 王先慎撰，钟哲点校：《韩非子集解》卷十七《定法》，中华书局1998年7月第1版，第397页。

[3]《续资治通鉴长编》卷一百四十四，庆历三年冬十月壬戌，第3485页。

秩升迁与治事政绩联系起来，并制定了考课保任法。宋代统治者为了推动国家机器的正常运转，充分发挥各级官府的统治效能，调动官员治事的积极性，把考课文武百官政绩功过作为决定官员进退升降、荣衰沉浮的重要手段。凡经考课列入优等者，可以减选、升资、转官，列入下等者，则要延长升转年限，甚至罢任贬黜。考课对于官员的仕途具有重要意义。宋太祖时即有州县官考课之法。《续资治通鉴长编》记载，建隆三年（962 年）规定："州县官抚育有方，户口增益者，各准见户每十分加一分，刺史、县令各进考一等。其州户不满五千，县户不满五百，各准五千、五百户法以为分。若抚养乖方，户口减耗，各准增户法亦减一分，降考一等。主司因循，例不进考，唯按视阙失，不以轻重，便书下考。"〔1〕又规定："自今请以减损户口一分，科纳系欠一分已上，并降考一等。如以公事旷遗，有制殿罚者，亦降一等。"〔2〕同时，又在《宋刑统》中将考课法规定下来："诸州、县官人抚育有方，户口增益者，各准见在户为十分论，加一分，刺史、县令各进考一等，每加一分进一等。其州户不满五千，县户不满五百，各准五千、五百法为分。若抚养乖方，户口减损者，各准增户法，亦减一分，降一等，每减一分降一等。其有劝课田农，能使丰殖者，亦准增户法见地为十分论，加二分，各进考一等，每加二分进一等。其有不加劝课，以致减损，一分降考一等，每损一分降一等。若数处有功，并应进考者，亦听累加。"〔3〕太宗即位之初即立三等考课法。开宝九年（976 年）十一月即位不久的太宗下诏："诸道

---

〔1〕〔2〕《续资治通鉴长编》卷三，建隆三年十一月，第 74—75 页。

〔3〕《宋刑统》卷九《职制律·署置官过限》，法律出版社 1999 年 9 月第 1 版（下同），第 164 页。

转运使，各察举部内知州、通判、监临物务京朝官等，以三科第其能否，政绩尤异者为上，恪居官次、职务粗治者为中，临事弛慢、所莅无状者为下，岁终以闻，将大行诛赏焉。”〔1〕太宗置审官院、考课院，“审官院掌京朝官，考课院掌幕职、州县官”〔2〕。雍熙四年（987年）三月庚辰又诏定考课的办法：“天下知州、通判，先给御前印纸，令书课绩。自今并条其事迹，凡决大狱几何，凡政有不便于时，改而更张，人获其利者几何，及公事不治曾经殿罚，皆具书其状，令同僚共署，无得隐漏。罢官日，上中书考较。”〔3〕真宗景德初年，“令诸道辨察所部官吏能否，为三等：公勤廉干惠及民者为上，干事而无廉誉、清白而无治声者为次，畏懦贪猥为下”〔4〕。仁宗皇祐元年（1049年）二月，诏定五条考课转运使副：①户口之登耗；②土田之荒辟；③盐、茶、酒税统比增亏递年祖额；④上供和籴、和买物不亏年额抛数；⑤报应朝省文字及帐案齐足。五条合格者为上上考，给予转官、升差遣；三条合格者为中上考，依旧与合入差遣；若虽有三条合格，但应报文字帐案违慢者，为中下考，差知州；五条中亏四条者为下上考，差远小处知州；五条全亏及文帐报应不及时者为下下考，展磨勘及降差遣。〔5〕神宗熙宁二年（1069年）定知县、县令考课法：“凡县令之课，以断狱平允、赋入不扰、均役屏盗、劝课农桑、振恤饥穷、导修水利、户籍增衍、整治簿书为最，而德义清谨、公平勤恪为善，参考治行，分定上、中、下等。至其能否尤殊绝者，

〔1〕《续资治通鉴长编》卷十七，开宝九年十一月，第385—386页。
〔2〕《宋史》卷一百六十《选举志六》，第3758页。
〔3〕《续资治通鉴长编》卷二十八，雍熙四年三月庚辰，第632页。
〔4〕《宋史》卷一百六十《选举志六》，第3759页。
〔5〕《续资治通鉴长编》卷一百六十六，皇祐元年二月戊辰，第3984—3985页。

别立优劣二等，岁上其状，以诏赏罚。其入优劣者，赏罚尤峻。继又令：一路长吏，无甚臧否，不须别为优劣二等，止因上、中、下三等区别以闻。是时，内外官职，各从所隶司以考核，而中书皆置之籍。每岁竟，或有除授，则稽差殿最，取其尤甚者而进退之。"[1]神宗时又以七事之法考课监司：一曰劝农桑，治荒废；二曰招荒亡，增户口；三曰兴利除害；四曰劾有罪，平狱讼；五曰失案察；六曰屏贼盗；七曰举廉能。[2]哲宗元祐元年（1086年）颁监司考绩法："以常赋登耗、郡县勤惰、刑狱当否、民俗休戚为之殿最，岁终用此以诛赏。"[3]至神宗、哲宗时，宋代考课之法基本完备，徽宗以后至南宋考课之法大同小异，略有增减。高宗绍兴二年（1132年），"诏监司、守臣举行考课之法。时郡县数罹兵燹，又命以'户口增否'别立守令课，分上、中、下三等，每等分三甲置籍。守倅考县令，监司考知州，考功会其已成，较其优劣而赏罚之。五年，立县令四课：曰纠正税籍，团结民兵，劝课农桑，劝勉孝悌。三岁，就绪者加旌赏，无善状者汰之。"[4]《庆元条法事类》所载考课知州县令"四善四最"法与北宋之法亦大同小异。"一善，德义有闻；二善，清谨明著；三善，公平可称；四善，恪勤匪懈。一生齿之最，民籍增益，进丁入老，批注收落，不失其实。二治事之最，狱讼无冤，催科不扰。三劝课之最，农桑垦殖，水利兴修。四养葬之最，屏除奸盗，人获安居，赈恤困

〔1〕《宋史》卷一百六十《选举志六》，第3761页。
〔2〕《宋会要辑稿》，职官一〇之二〇，中华书局1957年版，第2610页上。
〔3〕《宋史》卷一百六十《选举志六》，第3762页。
〔4〕同上书，第3763页。

穷，不致流移；虽有流移而能招诱复业，城野遗骸无不掩葬。”〔1〕考课结果分为三等，凡“有生齿之最及五事为上，有生齿之最及二事为中，馀为下”〔2〕。度宗咸淳三年（1267年），“命参酌旧制，凡文武官一是以公勤、廉恪为主，而又职事修举，斯为上等；公勤、廉恪各有一长为中等；既无廉声又多缪政者考下等”〔3〕。对于考课不实的情况，宋代则令御史台严加监察。仁宗庆历四年（1044年）七月丙戌，“诏诸路转运使副、提点刑狱察所部知州军、知县、县令有治状者以名闻，议旌擢之，或不如所举，令御史台劾奏，并坐上书不实之罪”〔4〕。神宗熙宁年间，对知县、县令的考课不实，其转运使副、提点刑狱及知州、通判，并科违制之罪。〔5〕哲宗元符二年（1099年）二月诏吏部：“守令课绩在优上等，即关御史台严加考察，如有不实，重行黜责。”〔6〕徽宗崇宁五年（1106年），针对诸路监司不能据法守正，“观望附会习以成风，交结请托无所忌惮”的现象，诏令御史台“觉察弹劾以闻，当重行黜责”〔7〕。大观元年（1107年）规定：“诸路监司所定守令考课等第，令御史台重行审察，如有不当，重加黜责，不以赦原。”〔8〕孝宗隆兴元年（1163年）规定，对“监司、郡守岁考县令之课……不以实者，令御史台纠劾”〔9〕。宁宗时期，针对监司、

〔1〕《庆元条法事类》卷五《选举门·考课》，《中国珍稀法律典籍续编》，第1册，第69—70页。

〔2〕同上书，第67页。

〔3〕《宋史》卷一百六十《选举志六》，第3765页。

〔4〕《续资治通鉴长编》卷一百五十一，庆历四年七月丙戌，第3670页。

〔5〕《宋会要辑稿》，职官五九之九，第3721页下。

〔6〕《宋会要辑稿》，职官五九之一二，第3723页上。

〔7〕《宋会要辑稿》，职官五九之一三，第3723页下。

〔8〕《宋会要辑稿》，职官五九之一四，第3724页上。

〔9〕《宋会要辑稿》，职官五九之二一，第3727页下。

郡守考课官员时多徇私情，“于御史台别立考课一司，岁终各以能否之实闻于上，以诏升黜。其贪墨、昏懦致台谏奏劾者，坐监司、郡守以容庇之罪”[1]。《庆元条法事类》载：诸路帅臣、监司分三等考察所部知州，如“徇情不实，御史台弹奏”。“诸考知州、县令，课绩不实者，优、劣等徒二年，上等减二等，中下者又减一等。有所请求而不实及官司各以违制论。以上若该赏罚者，官吏一等科罪。即保奏违限者，吏人杖一百，当职官减三等。”[2]考绩的结果影响官员的升降与差遣。太平兴国八年（983年）四月辛卯诏：“凡州县募职官，差定殿最之状，分任远近之地，以为升降，有司盖有成法。自今京朝官厘务于外，秩满曾经责罚及弛慢者，授以边远，其课绩高者任以近地。”[3]仁宗庆历二年（1042年）正月癸亥规定：考课提点刑狱的结果分为三等，“上等除省府判官，转运使副，中等除大藩一任，然后升陟之，下等降知州”[4]。英宗治平四年（1067年）规定：知州“如两考俱在劣等，即展二年（磨勘），与监当差遣”[5]。度宗咸淳三年（1267年），考课定为三等：“中者无所赏罚，上者或转官、或减磨勘，下者降官、展磨勘，各有等差。”[6]如：治平三年（1066年）六月，知磁州李田，再考在劣等，被降为监淄州盐酒税。[7]治平四

〔1〕《宋史》卷一百六十《选举志六》，第3765页。
〔2〕《庆元条法事类》卷五《选举门·考课》，《中国珍稀法律典籍续编》，第1册，第66页。
〔3〕《续资治通鉴长编》卷二十四，太平兴国八年四月辛卯，第542页。
〔4〕《续资治通鉴长编》卷一百三十五，庆历二年正月癸亥，第3218页。
〔5〕《宋会要辑稿》，职官五九之八，第3721页上。
〔6〕《宋史》卷一百六十《选举志六》，第3765页。
〔7〕《宋史》卷一百六十《选举志六》，第3765页；《宋会要辑稿》，职官五九之八，第3761页；《宋会要辑稿》，职官五九之八，第3721页上；《文献通考》卷三十九《选举十二》，考三七六。

年（1067 年）闰三月，左藏库副使李从实因前知阶州时第一年考绩为中等，次年为劣等，“诏展一年磨勘，与州都监差遣”〔1〕。熙宁三年（1070 年）五月辛丑，“诏少府监、新知池州郭永与宫观。以永知漳州日，课绩非优，且衰老故也”〔2〕。元丰四年（1081 年）六月辛未，“宣德郎、司农寺主簿孙览为通直郎、提举利州路常平等事。判司农寺舒亶言：‘览因循弛纵，比他官为甚，不足任事。’诏改览为将作监主簿。亶兼知谏院，嗜排击，欲引览以自助，览不从，亶怒，因劾帐司稽违事，乃命览出使。亶劾览不置，遂改命”〔3〕。高宗绍兴五年（1135 年），“岁终比较，宣州、衢州、福州无病死囚，当职官各转一官；舒州病死及一分，惠州二分六厘，当职官各降一官”〔4〕。孝宗时，章冲因“前守毗陵，略无善状，当旱伤之际，措置乖缪，纵吏为奸，民被其扰”，所以新升任金郎官，即为臣僚所论列，遂遭免，与外任差遣。〔5〕

（二）磨勘法

宋代对寄禄官迁转官阶、选人改京朝官时的考课称为“磨勘”。磨勘是宋代考课法发展的主要体现，也是宋代考课官员的主要方法。“今文资三年一迁，武职五年一迁，谓之磨勘。”〔6〕磨勘法遵循的原则是“率以法计其历任岁月、功过而序迁之”〔7〕。磨勘是官员改官、转官的重要环节，是考课法公文化、程式化发展

---

〔1〕《宋会要辑稿》，职官五九之八，第 3721 页上。
〔2〕《续资治通鉴长编》卷二百十一，熙宁三年五月辛丑，第 5123 页。
〔3〕《续资治通鉴长编》卷三百十三，元丰四年六月辛未，第 7590 页。
〔4〕《宋史》卷二百《刑法志二》，第 4993 页。
〔5〕《宋会要辑稿》，职官七二之七，第 3991 页下。
〔6〕《范文正奏议》卷上《答手诏条陈十事》，第 427 册，第 4 页。
〔7〕《宋史》卷一百六十三《职官志三》，第 3840 页。

的产物，但并非考课法的本身，而是具有自己的特色，并成为宋代铨选制度的一项重要内容。宋代“铨法虽多，而莫重于举削改官、磨勘转秩”[1]。在宋代，“凡人为官，稍可以纾意快志者，至京朝官始有其仿佛耳。自此以下者，皆劳筋苦骨，摧折精神，为人所役使，去仆隶无几也”[2]。

磨勘对于选人来说更为重要，一旦磨勘改为京官，则是仕途飞跃，政治地位及经济待遇都有显著提高。正因为如此，宋代官员非常重视磨勘，甚至视同生命。苏轼指出：“今之君子，争减半年磨勘，虽杀人亦为之。”[3]话虽有点儿夸张，但磨勘对官员仕途的影响由此可见一斑。磨勘的内容包括磨勘年限、举主、公私罪、年龄、课绩及奖惩办法等。宋人孙沔言：“凡中外官任，咸给印纸历子，或功绩可纪，清白有守，过犯度数，举主姓名，尽得书之无所遗，俾至阙下赴院磨勘，第其等而升黜之。”[4]磨勘公私罪是磨勘制度的重要内容。公罪是指官员任职期间，在履行公职时的失职渎职等违法犯罪行为，如失出入人罪、滥用权力、嗜酒废职等。私罪是指官员任职期间因私而违礼、违法犯罪行为，如贪赃枉法、侵占官物，不孝、奸淫等伤风败俗行为。官员犯公私罪由刑部、大理寺、审刑院等司法机关处理并记入档案。官员磨勘转改官时，审官院、流内铨、三班院等机构要审查官员有无犯公私罪记录。元祐元年（1086 年）八月刑部言：“大理卿王孝先奏，吏部考功，因京朝官、选人、大小使臣磨勘，并关升或注授差遣，

---

〔1〕《宋史》卷一百五十五《选举志一》，第 3603—3604 页。

〔2〕苏洵撰，曾枣庄、金成礼笺注：《嘉祐集笺注》卷十三《上韩丞相书》，上海古籍出版社 1993 年 3 月第 1 版，第 352 页。

〔3〕《宋史》卷三百三十八《列传》第九十七《苏轼》，第 10810 页。

〔4〕《续资治通鉴长编》卷一百三十二，庆历元年五月，第 3124 页。

会问本寺有无过犯公案在寺。"[1]官员任职期间犯有公私罪，其受到的惩治情况记录在案，磨勘时，一般要给予展磨勘，且在磨勘年限不得再有所犯。景祐二年（1035 年）十二月十六日，"审官院言，准敕内外勾当者，京朝官并三年磨勘，因公事移替降差遣者四年，乞今后犯赃者五周年磨勘。从之"[2]。

磨勘制度对官员惩治的影响在于，通过考核官员是否符合叙迁、转改官阶的条件，磨勘应格者则予以叙迁，磨勘不应格者则要等到下一次磨勘才有叙迁的机会；如果在磨勘过程中发现有违法违纪情况，则要受到相应的制裁。如：大中祥符三年（1010 年）二月，"吏部铨引对选人，有张祥者，尝坐赃黜为江州参军，复叙至主簿、尉，三任皆有劳绩。上曰：'此当为何官?'王旦曰：'以资当为令录，而转运使奏举堪充幕职。'上以前犯止授令录"[3]。仁宗至和元年（1054 年），"益州推官桑泽，在蜀三年，不知其父死。后代还，举者甚众，应格当迁。方投牒自陈，人皆知其尝丧父，莫肯为作文书，泽知不可，乃去，发丧制服，以不得家问为解。泽既除丧，求磨勘。(知制诰、权判吏部流内铨贾）黯谓泽三年不与其父通问，亦有人子之爱于其亲乎！使泽虽非匿丧，犹为不孝也。言之于朝，泽坐废归田里，不齿终身。晋州推官李亢，故尝入钱得官，已而有私罪，默自引去，匿所得官，以白衣应举及第，积十岁当磨勘，乃自首言其初事。(贾）黯以为此律所谓罔冒也，奏罢之，夺其劳考"[4]。

---

〔1〕《续资治通鉴长编》卷三百八十四，元祐元年八月，第 9354 页。

〔2〕《宋会要辑稿》，职官一一之一二，第 2628 页下。

〔3〕《续资治通鉴长编》卷七十三，大中祥符三年二月，第 1654 页。

〔4〕《续资治通鉴长编》卷一百七十六，至和元年八月甲午，第 4270 页；《文献通考》卷三十九《选举十二》，考三七六。

（三）黜降法

“诸除名者，出身补授以来文书皆毁”，“诸路监司失察州县官员发生大过失者，追降两官，知州、县令、巡检等失察部内传播‘妖教’者，降一官”，“京官知县，在法按罢，如曾经推勘体究罪状显著，满二年后参用；有不经取勘体究而赃证明白者，满一年半后参选；其有按章内无赃滥实迹，止因职事旷弛，放罢后半年参选。此台部见遵守之法也”[1]。

以上是《宋会要辑稿》中所规定的对于有罪官员所采取的行政处分。

宋代以“待士大夫有礼”和“不杀士大夫”为其基本国策之一。但为了加强中央集权，强化统治效能，确保政权的稳定与持久，除对犯罪官员进行刑事制裁之外，又对违法官员规定了行政处罚的黜降法，即对获罪官员进行除名、勒停、追降官资、落职、冲替、差替、放罢等不同等级的处罚立法。宋代黜降法既单独使用，亦配合刑事制裁运用。宋代由于官、职、差遣分授，因此官员被追官、受落职、降差遣都属于一种处分。宋代的“职”是指带学士等荣誉职名者，既可“别为一官”，亦可代替追降官资，所以夺职也是一种处罚。但是称落职者，“有可复之理”，即遇恩可以叙复，而称“追夺职名”者，则不许再叙复。

（四）叙复法

“诸命官除、免、官当、停降应叙者，召保官三员，于尚书刑

---

〔1〕《宋会要辑稿》，刑法一之六〇，第6491页下。

部投状；非勒停而在外者，于所在州，仍令本州依式开具保明，及取索保官印纸或付身批书，及于所申状内声说已批书因依，具录元犯及见存付身文书，差官对读，本州保明，申尚书刑部。”[1]

以上是《庆元条法事类》中所规定的宋代刑部叙复官吏的主要过程。

叙复法是指对贬降官吏重新录用的法律法令。宋代叙复的范围很广泛，所有因过犯及连坐受贬降的文官、武将、内侍、吏人、进士、军员等，都是叙复的对象；官吏所受编管、安置、居住、勒停、冲替、放罢、责授散官、降级使用、追降官资等处罚，皆在皇帝恩赦收叙之列。

宋代规定的叙复条件主要有以下几个方面：

一是详定了重新叙用的年限。宋代官员因罪而被贬降者的叙复，据不同罪情规定了不同的叙复年限。

二是责降官参叙须有举主连保。宋神宗熙宁三年（1070 年）规定：被责降的文武官员，须有所在路监司为同奏保举者，方许依赦叙复，“如系在京无监司处，只用所辖官为举主”[2]。

三是规定了“以功补过”的破格叙复条件。此项规定主要适用于武臣及捕盗官。如南宋初规定：捕盗官因失职被停废者，如所立功“重于本罪过名之人，仰所属保明，当议以功补过，特与甄复”[3]。

---

〔1〕《庆元条法事类》卷六《职制门·批书》，《中国珍稀法律典籍续编》，第 1 册，第 83 页。

〔2〕《宋会要辑稿》，职官七六之一六，第 4103 页下。

〔3〕《宋会要辑稿》，职官七六之三九，第 4115 页上。

二、变法改革

庆历三年（1043 年），宋仁宗在当时变法浪潮的影响下，为了扭转宋朝政权衰败的局面，“欲更天下弊事”。仁宗任命范仲淹为参知政事。从庆历三年九月到庆历四年，先后发布了一系列诏令，宣布对官僚选拔和升迁的办法进行改革。主要内容有：“自今两地臣僚，非有勋德善状，不得非时进秩”，“凡有善政异绩，或劝农桑获美利，鞫刑狱雪冤枉，典物务能革大弊，省钱谷数多，准事大小迁官升任”〔1〕；奖励那些有“经国济民”之才的官员，淘汰那些“非才、贪浊、老懦”的官吏；进一步限制各级官僚子弟靠恩荫做官的特权，规定“自今臣僚毋得以奏荐恩泽及所授命，为亲属乞赐科名及转官升陟入通判以上差遣。其亲属尝降官、降差遣，亦毋得乞以恩泽牵复”〔2〕。宋仁宗还接受富弼的建议“选官置局”，把太祖、太宗、真宗三朝典故、法令编纂成书，作为模范，参照执行，希图达到“颓纲稍振，蔽法渐除”的目的。这就是所谓“庆历新政”。支持改革、时任谏官的欧阳修也认为当时的局面是：“因循积弊，官滥者多，使天下州县不治者十有八九。今兵戎未息，赋役方烦，百姓嗷嗷，疮痍未复，救其疾苦，择吏为先。”〔3〕实际上改革就是主要围绕整治地方官来进行的。改革实际推出了六个方面的措施：

“择官长”。范仲淹等从京官中选择张昷之、王素分别担任河

〔1〕《续资治通鉴长编》卷一百四十四，庆历三年十月壬戌，第 3485 页。
〔2〕《续资治通鉴》卷四十六，中华书局 1957 年 8 月第 1 版，第 3 册，第 1108 页。
〔3〕《续资治通鉴长编》卷一百四十一，庆历三年五月戊寅，第 3374—3375 页。

北、京东的都转运按察使，沈邈担任淮南转运按察使，突破过去转运使只管财政的权限，其职责主要是考察本路所属州府长官是否称职；允许在本路内“自择知州，不任事者奏罢之，令权擢通判人”[1]；有政绩者不轻易更换；政绩优异者，则予以升擢重用。州府长官负责考察县官，发现不称职者由幕职官代理。代理一二年有政绩者，可正式担任州县长官。

“明黜陟”。颁布诏令，改变真宗大中祥符年间制定的“考最则有限年之制，入官则有循资之格”[2]的不管贤愚和政绩优劣，完全论资排辈的考绩法。规定文官：高级官员到期后，需提供政绩奏请听旨；一般官员在任期内犯“私罪”者，是否升迁也一律奏请定夺；而政绩出众者，则视其优异状况来确定升迁的高低。

“抑侥幸”。是对已形成既得利益集团的中高级官员均不利的一项。内容是削减中高级官员的子弟荫补为初级官员（即任子）的人数；降低长子等以外的亲属荫补官的级别。荫补的初级文官要经过考试，武官则考武艺或兵书，根据考试情况获得相应官职。

“均公田”。即对地方文武官员的职田数量作出规定。当时国家被“三冗”折腾得国库空虚、财政吃紧，无力给官员增俸加薪，便以“职田”增加他们的收入。改革的目的之一是既规范约束官员占有职田的行为，“有不均者均之，有未给者给之，使其衣食得足”，又“责其廉节，督其善政”[3]，包含了“高薪养廉”的意图。

“精贡举”。对学校、科举制度进行改革，更可靠地确保被举

[1]《续资治通鉴长编》卷一百四十四，庆历三年十月丙午，第3481页。
[2] 同上书，庆历三年十月壬戌，第3485页。
[3]《续资治通鉴长编》卷一百四十三，庆历三年九月丁卯，第3439页。

用者的素质。在州县都设立官办学校（两宋民间私学是发达的），士人须在学校学习三百天，参加科举考试者也需学习一百天等。在里、乡、县、州逐级考察学子们的德行，被鉴定为德行有亏者不准参加考试。科考内容由诗赋、帖经转为以策、论为主："先考策论定去留，然后与诗赋通定高下。"[1]重在测试考生的实际应用能力。

"减徭役"。将河南府属县中的五县降为镇，并入邻县。据范仲淹估计，每并省一县，可省役二百；县降为镇，官员也大为减少。

庆历新政有利于改善宋朝的官僚制度，但是，由于触犯了官僚权贵的既得利益，遭到了他们的强烈反对。这些人制造范仲淹等人结成朋党、阴谋废掉宋仁宗的谣言，进行恶意中伤。新政实行仅一年多，范仲淹和富弼就被迫离开朝廷，已经宣布的改革法令也被相继取消了。

治平四年（1067 年），宋神宗即位。他首先起用王安石为翰林学士，允许他"越次入队"，即可以直接向皇帝陈述政见。王安石以天下为己任，协助神宗实行变法。变法大体分为三大类：第一，财政经济方面的改革，是这次变法的最主要内容，包括均输法、青苗法、农田水利法、募役法、市易法、方田均税法六个方面；第二，军政方面的改革，包括保甲法、军器监的设置、保马法、将兵法等四方面；第三，教育方面的改革，包括科举制度的改革和整顿学校两方面。此外，神宗还对官僚制度进行改革。元丰三年（1080 年）八月，神宗正式发布诏令，要仿效"成周以事

---

〔1〕《续资治通鉴长编》卷一百六十四，庆历八年四月丙子，第 3945 页。

建官，以爵制禄”的原则，“使台、省、守、监之官实典职事，领空名者一切罢去，而易之以阶，因以制禄”。把以前用的“寓俸禄”的官，一律改为相应的阶，按阶的高低给薪俸。神宗在元丰年间对官制所进行的这些改革，在历史上被称为“元丰改制”。为了改变宋代前期“近世士大夫多不习法”〔1〕的局面，熙宁六年（1073年）神宗下诏：“自今进士、诸科同出身及授试监簿人，并令试律令、大义或断案，与注官。如累试不中或不能就试，候二年注官。”〔2〕八年，神宗又对高科进士和所有想入仕的官员提出同样要求。史称：“王安石执政以后，士大夫颇垂意律令。”〔3〕在科举考试中，明法科进士由熙宁九年只占进士总数的十六分之一变成元丰二年的四分之一。加上向民众普及法律知识，在国子监设立律学培养人才，王安石和宋神宗一直主张“罪疑惟轻”（实际上是讲要以事实和证据为依据）、从轻判案等，宋代的法律建设在这一时期达到了很高水平，营造了依法施政、依法治官的格局。由此可见，宋神宗改革官制的目的，不仅意在进一步改革祖宗弊法，还在于循名责实，以便对职官进行考核，使官僚机器能适应变化的需要，以巩固变法成果。

孝宗继位后，主要在任法治国和任法制官方面做了多方面的努力：第一，针对一直以来重视京官的地位与治理，而忽视地方官的地位与治理的情况，采取了改革措施，对州县官的任职资格、条件作出一定限制：淳熙六年（1179年）六月丙申，“诏特奏名

---

〔1〕《宋史》卷一百五十五《选举志一》，第3618页。

〔2〕《续资治通鉴长编》卷二百四十三，熙宁六年三月丁卯，第5923页。

〔3〕晁公武撰，孙猛校证：《郡斋读书志校证》卷八《断例》，上海古籍出版社1990年10月第1版，上册第337页。

毋授知县、县令”。九年五月丙子，“诏辅臣择监司、郡守，必先才行”。六月壬寅，“诏侍从、台谏各举操修端亮、风力强明、可充监司者一二人”[1]。

第二，加大惩处逃遁武将和不守法度的税务官吏的力度（包括死刑）；前者如乾道元年（1165 年）春正月丙子，“淮西守将孔福以遇敌弃城伏诛”[2]。淳熙六年（1179 年）八月壬寅，“以知楚州翟畋过淮生事，夺五官，筠州居住”[3]。再说大力整治税务官：宋代从开国初就在制定规范细致的商业税务法规《商税则例》，约束地方职吏“恣为繁苛”，革除商税方面的“苛细之敛”。“自今除商旅货币外，其贩夫贩妇细碎交易，并不得收其筭。当筭之物，令有司件析，颁行天下，揭于板榜，置官宇之屋壁以遵守焉。”[4]不过除了开国初期和孝宗时期以外，两宋时期实际上的商税比较苛刻，尤其是南宋时期，商民以杀人的“法场”来称呼一些税收机构，“池州雁汉谓之大法场，黄州（今湖北黄冈）谓之小法场，鄂州谓之新法场”[5]。

第三，在惩罚贪官方面，采取了多项措施：（1）完善法令。淳熙六年（1179 年）十一月乙卯，“帝著论数百言，深原用人之弊，因及诛赏之法，命宰执示从臣于都堂”。[6]（2）增加惩罚力度。隆兴二年（1164 年）五月丁未，“诏内外赃私不法官吏，尚

[1]《宋史》卷三十五《本纪》第三十五《孝宗三》，第 670、678 页。

[2]《宋史》卷三十三《本纪》第三十三《孝宗一》，第 630 页。

[3][6]《宋史》卷三十五《本纪》第三十五《孝宗三》，第 671 页。

[4]《宋会要辑稿》，食货一七之一三，第 5090 页上。

[5]《庆元条法事类》卷三十六《库务门·商税》，《中国珍稀法律典籍续编》，第 1 册，第 554 页。

书省置籍检勘”[1]。九月丁酉，“严赃吏法”[2]。本来自神宗熙宁二年（1069年）起，朝廷为了示恩，已对官吏不用杖、黥刑，但为了惩治贪赃枉法官员，孝宗又加以使用。例如，乾道三年（1167年），“东提刑石敦义犯赃，刺面配柳州，籍其家”[3]。(3)强调举荐者必须负连带责任。乾道六年（1170年）闰五月壬午，“诏监司、帅臣举守令臧否失实，依举清要官法定罪”[4]。淳熙六年（1179年）二月壬辰，“钱良臣以失举赃吏，夺三官”[5]。十一年冬十月甲子，“初命举改官人犯赃者，举主降二官”[6]。(4)支持监察官大胆履行职责。淳熙三年八月乙亥，“诏六察官纠察庶务，台纲益振，各进二官”[7]。四年秋七月戊申，“班御史台弹奏格”[8]。八年闰三月辛巳，“命诸路帅臣、监司分州郡臧否为三等，岁终来上”[9]。

第四，把对武官的治理重心转向既体现文武并重，也要按其德才功过予以奖惩。淳熙二年（1175年）八月丙辰，“江西总管贾和仲以捕茶寇失律除名，贺州编管”。闰九月“辛弃疾诱赖文政杀之，茶寇平”。冬十月戊寅，“赏平茶寇功，湖南、江西、广东监帅黜陟有差”。淳熙四年冬十月丁丑，“诏监司、守臣岁举武臣堪知县者各二人。己卯，诏将士智勇杰出者，躐等升差”。六年二月辛丑，“立武臣冠升荫补法”。七年十二月壬辰，“以四川制置

[1]《宋史》卷三十五《本纪》第三十三《孝宗一》，第626页。
[2] 同上书，第627页。
[3]《宋史》卷三十五《本纪》第三十四《孝宗二》，第640页。
[4] 同上书，第648页。
[5]《宋史》卷三十五《本纪》第三十五《孝宗三》，第670页。
[6] 同上书，第682页。
[7]《宋史》卷三十《本纪》第三十四《孝宗二》，第662页。
[8] 同上书，第663页。
[9]《宋史》卷三十五《本纪》第三十五《孝宗三》，第675页。

使胡元质不备蕃部，致其猖獗，夺两官罢之”。十二年秋七月甲辰，“以淮西屯田卤莽，总领、军帅、漕臣、守臣夺官有差”。十三年春正月，“大赦，文武臣僚并理三年磨勘”。为此既加强了对有功和牺牲将士的奖励与抚恤，也对他们实行更多的考绩和监督。

第五，孝宗在事关国家利益的重大军政问题上鼓励臣下畅所欲言，恢复了“不以言治罪”的传统，调动了臣下（包括太学生们）积极参政议政的积极性。绍兴三十二年（1162 年）秋七月辛酉，上台一个月，刚“追复岳飞元官，以礼改葬”的孝宗，“诏后省看详中外上书，有可采者以闻”。九月庚子，“以金人来索旧礼，诏宰执、侍从、台谏各陈应敌定论以闻”。十二月戊辰，“诏侍从、台谏集议当今弊事，仍命尽率其属，使极言无隐。”隆兴二年（1164 年）夏四月癸未，“言者论宰相、执政徇欺之弊，命书置政事堂”。秋七月癸丑“以江东、浙西大水，诏侍从、台谏、卿监、郎官、馆职陈阙失及当今急务”。十一月甲午，“以黄榜禁太学生伏阙。是日，太学生张观等七十二人上书，请斩汤思退、王之望、尹穑，窜其党洪适、晁公武而用陈康伯、胡铨等，以济大计。”该月壬寅，“诏侍从、两省官日一至都堂议事，有关台谏者亦听会议”。淳熙九年（1182 年）夏四月癸亥，“帝览陆贽《奏议》，谕讲读官曰：‘今日之政，恐有如德宗之弊者，卿等条陈来上，无有所隐。’”十五年五月乙巳，“帝既用薛叔似言，罢王淮，诏谕叔似等曰：‘卿等官以拾遗、补阙为名，不任纠劾。今有所奏乃类弹击，甚非设官命名之意，宜思自警。’”

第六，对刑狱和司法官吏队伍进行整顿。乾道二年（1166 年）三月壬子，“诏戒饬刑狱官”。三年二月戊戌，“直秘阁前广东提刑石敦义犯赃，刺面配柳州，籍其家”。淳熙十三年（1186

年）十二月戊戌，“大理寺狱空”。通过上述努力，孝宗时期成为整个南宋吏治最清明、官员队伍的整体素质最高、政绩最突出、官风最端正的时期。真德秀的评价是：“乾道、淳熙间，有位于朝者以馈及门为耻，受任于外者以包苴入都为羞。”〔1〕

三、惩治贪官的律令与措施

（一）反贪律例与诏令

宋代为防止官员腐败，颁布了诸多反贪律例和诏令，在一定程度上起到了威慑贪官的作用。《宋刑统》分三十卷，其内容像《唐律疏义》一样，包括名律例、卫禁律、职制律、户婚律、厩库律、擅兴律、贼盗律、斗讼律、诈伪律、杂律、断狱律等部分。此律在宋代历朝照行不辍，是对后世有积极影响的成文法典。宋代皇帝的诏令，主要散见于《宋史》、《宋大诏令集》、《宋会要辑稿》、《续资治通鉴长编》等古文献中。

反贪律例

《疏》：诸受人财而为请求者，坐赃论，加二等；监临、势要，准枉法论。与财者，坐赃论，减三等。《议曰》：受人财而为请求者，谓非监临之官，坐赃论，加二等，即一尺以上笞四十，一匹加一等，罪止流二千五百里。监临、势要准枉法论，即一尺以上

---

〔1〕《宋史》卷四百三十七《列传》第一九六《真德秀》，第12961页。

杖一百，一匹加一等，罪止流三千里，无禄者减一等。与财者，坐赃论，减三等，罪止徒一年半。若受他人之财许为嘱请，未嘱事发者，止从坐赃之罪。若无心嘱请，诡妄受财，自依“诈欺”科断。取者虽是诈欺，与人终是求请，其赃亦合追没。其受所监临之财，为他司嘱请，律无别文，止从坐赃加二等，罪止流二千五百里，即重于“受所监临”，若未嘱事发，止同“受所监临财物”法。〔1〕

诸有事以财行求，得枉法者，坐赃论；不枉法者，减二等。即同事共与者，首则并赃论，从者各依已分法。

《疏议曰》：有事之人，用财行求而得枉法者，坐赃论。不枉法者，谓虽以财行求，官人不为曲判，减坐赃二等。即同事共与者，谓数人同犯一事，敛财共与，元谋敛者，并赃为首，仍倍论；其从而出财者，各依已分为从。〔2〕

诸监临主司受财而枉法者，一尺杖一百，一匹加一等，十五匹绞；不枉法者，一尺杖九十，二匹加一等，三十匹加役流。无禄者，各减一等，枉法者，二十匹绞，不枉法者，四十匹加役流。

《疏》：诸监临主司受财而枉法者，一尺杖一百，一匹加一等，十五匹绞。《议曰》：监临主司，谓统摄案验及行案主典之类，受有事人财而为曲法处断者，一尺杖一百，一匹加一等，十五匹绞。〔3〕

诸有事先不许财，事过之后而受财者，事若枉，准枉法论；事不枉者，以受所监临财物论。

---

〔1〕《宋刑统》卷第十一《职制律·请求公事》，第198页。
〔2〕同上书，第198—199页。
〔3〕《宋刑统》卷第十一《职制律·枉法赃不枉法赃》，第199页。

《疏议曰》：官司推劾之时，有事者先不许物，事了之后而受财者，事若曲法，准前条“枉法”科罪。既称“准枉法”，不在除、免、加役流之例。若当时处断不违正理，事过之后而与之财者，即以受所监临财物论。[1]

诸监临之官，受所监临财物者，一尺笞四十，一匹加一等；八匹徒一年，八匹加一等，五十匹流二千里。与者减五等，罪止杖一百。乞取者，加一等，强乞取者，准枉法论。

《疏》：诸监临之官受所监临财物者，一尺笞四十，一匹加一等；八匹徒一年，八匹加一等，五十匹流二千里。与者减五等，罪止杖一百。《议曰》：监临之官不因公事而受监临内财物者，计赃一尺以上笞四十，一匹加一等；八匹徒一年，八匹加一等，五十匹流二千里。与财之人，减监临罪五等，罪止杖一百。[2]

诸官人因使，于使所受送遗及乞取者，与监临同。经过处取者，减一等（纠弹之官不减）。即强乞取者，各与监临罪同。

《疏议曰》：官人因使，于所使之处受送馈财物，或自乞取者，计赃准罪，与监临官同。经过处取者，谓非所诣之处，因使经历之所而取财者，减一等。纠弹之官不减者，谓职合纠弹之官，人所畏惧，虽经过之处，受送遗、乞取及强乞取者，各与监临罪同。[3]

诸贷所监临财物者，坐赃论。（授讫未上，亦同。余条取受及相犯，并准此。）若百日不还，以受所监临财物论，强者各加二等。（余条强者，准此。）若卖买有剩利者，计利以乞取监临财物

---

〔1〕《宋刑统》卷第十一《职制律·枉法赃不枉法赃》，第200—201页。
〔2〕《宋刑统》卷第十一《职制律·受所监临赃》，第201页。
〔3〕同上书，第202页。

论。强市者，笞五十；有剩利者，计利准枉法论。即断契有数，违负不还，过五十日者，以受所监临财物论。即借衣服，器玩之属，经三十日不还者，坐赃论，罪止徒一年。[1]

诸监临之官，私役使所监临，及借奴婢、牛马驼骡驴、车船、碾硙、邸店之类，各计庸、赁，以受所监临财物论。即役使非供己者（非供己，谓流外官及杂任应供官事者），计庸坐赃论，罪止杖一百。其应供己驱使而受庸直者，罪如之。（供己求输庸直者，不坐。）若有吉凶，借使所监临者，不得过二十人，人不得过五日。其于亲属，虽过限及受馈、乞贷，皆勿论。（亲属，谓缌麻以上及大功以上婚姻之家。余条亲属，准此。）营公廨借使者，计庸、赁，坐赃论，减二等。即因市易剩利及悬欠者，亦如之。[2]

诸监临之官受猪羊供馈（谓非生者），坐赃论。强者，依强取监临财物法。[3]

诸率敛所监临财物馈遗人者，虽不入己，以受所监临财物论。[4]

诸监临之官家人，于所部有受乞借贷、役使、卖买有剩利之属，各减官人罪二等。官人知情与同罪；不知情者，各减家人罪五等。其在官非监临及家人有犯者，各减监临及监临家人一等。[5]

诸去官而受旧官属、士庶馈与，若乞取、借贷之属，各减在官时三等。（谓家口未离本任所者。）[6]

《疏议曰》：或有因官人之威，挟恃形势，及乡闾首望、豪右

---

〔1〕《宋刑统》卷第十一《职制律·受所监临赃》，第202页。
〔2〕同上书，第204页。
〔3〕〔4〕〔5〕同上书，第206页。
〔6〕同上书，第207页。

之人，乞索财物者，累倍所乞之财，坐赃论，减一等。将送者为从坐，谓领豪右人等乞索者，虽不将领而敛财送者，并为从坐。若强乞所者，加二等。注云“亲故相与者勿论”，亲，为本服缌麻以上及大功以上婚姻之家，故谓素是通家，或钦风若旧，车马不齐，缟纻相贻之类者，皆勿论。〔1〕

建隆三年二月庚寅令

反贪诏令

令翰林学士、文班常参官曾任幕职、州县者，各举堪为宾佐、令录一人，如有近亲，亦听内举，异时贪浊畏懦、职务旷废者，举主坐之。〔2〕

开宝七年二月庚子令

令诸州知州、通判、判官、兵马都监、县令所掌盐麹及市征、地课等，并亲临之，月具籍供三司，秩满校其殿最，欺隐者当置于法，募告者赏钱三十万。〔3〕

---

〔1〕《宋刑统》卷第十一《职制律·受所监临赃》，第207—208页。
〔2〕《续资治通鉴长编》卷三，建隆三年二月庚寅，第61页。
〔3〕《续资治通鉴长编》卷十五，开宝七年二月庚子，第318页。

太平兴国二年正月诏

诏中外臣僚，自今不得因乘传出入，赍轻货，邀厚利，并不得令人于诸处回图，与民争利，有不如诏者，州县长吏以名奏闻。[1]

太平兴国三年六月癸未诏

太平兴国元年十月乙卯以来诸职官以赃致罪者，虽会赦不得叙，永为定制。[2]

太宗年间诏

凡左藏及诸库受纳诸州上供均输金银、丝帛暨他物，令监临官谨视之。欺而多取，主称、藏吏皆斩，监临官亦重置其罪。[3]

雍熙二年正月诏

诏翰林学士、两省、御史台、尚书省官，保举京官幕职、州县官可升朝者各一人。所举人若强明清白，当旌举主；如犯赃贿及疲弱不理，亦当连坐。[4]

---

〔1〕《续资治通鉴长编》卷十八，太平兴国二年正月，第392—393页。
〔2〕《宋史》卷四《本纪》第四《太宗一》，第59页。
〔3〕《宋史》卷一百七十九《食货志下一·会计》，第4348页。
〔4〕《宋会要辑稿》，选举二七之四，第4663—4664页上。

淳化元年十一月十七日诏

诏两京及诸道州府胥徒、府史等或受赇亡命，会赦罪者，所在不得收叙，违者重致其罚。[1]

淳化二年六月二十二日诏

诏京朝官犯赃至死，会赦再叙用者，不得更任京朝官；犯赃不至死者，别听进止。[2]

天禧三年九月甲戌诏

选调之官，颇多贪墨，荐逢庆宥，再被恩荣，参外郡之政经，莅远方之民庶，尚闻黩货，鲜克悛心。再示矜容，特伸戒励：自金应犯赃注广南川陕幕职州县官，委逐路转运使常切觉察，如更犯赃罪，永不得叙用。[3]

天圣元年十一月诏

国家慎择才能，分厘事任，所宜倖循邦宪，恪谨官常。比有贪污之徒，公为奸蠹之弊，稽于明训，合正重刑，尚贷微生，止

---

〔1〕〔2〕《宋会要辑稿》，职官七六之三，第4097页上。

〔3〕《宋大诏令集》卷第一百九十二《政事四十五·诫饬三》，中华书局1962年10月第1版（下同），第703页。

投远服。用申戒告，以儆群伦。[1]

天圣七年三月乙丑诏

诏吏胥受赇毋用荫。[2]

明道二年十二月二日诏

诏三班院、审官院、流内铨人吏，今后如有受赃，并行决配。[3]

宝元二年六月戊辰诏

诏诸致仕官尝犯赃者，毋推恩子孙。[4]

治平四年七月四日诏

侍御史吴申言："乞察访豪民与妃嫔之家用赂为亲得官者，许人陈告给赏，削其官籍，没纳货赂。"诏令御史台、开封府察访以闻。[5]

〔1〕《宋大诏令集》卷第一百九十二《政事四十五·诫饬三》，第705页。
〔2〕《宋史》卷九《本纪》第九《仁宗一》，第186页。
〔3〕《宋会要辑稿》，刑法二之二〇，第6505页下。
〔4〕《宋史》卷十《本纪》第十《仁宗二》，第205页。
〔5〕《宋会要辑稿》，刑法二之三三，第6512页上。

熙宁三年十一月辛亥诏

诏给纳常平钱谷官司公人受赃，虽已降依敛掠、乞取差点人夫钱物条约，虑未知惧，自今杖罪编管邻州，徒以上刺配本州牢城。许人告，杖罪赏钱五十千，徒罪百千。[1]

崇宁五年八月十九日诏

访闻诸路监司属官擅行文书付下州县及出按所部，犯分搔扰。可令今后学事司属官许出诸处点检学事外，馀并不得离，同出诣所部，及不得擅移文书付下州县官，即有公事差委勾当者，径诣所差处，沿路不许见州县官，及受馈送，违者徒二年，仍不以赦降去官原减。[2]

政和元年三月二十一日诏

诸路公使支用随逐处各有已定例册，其监司所在及巡历，或朝省遣官，所至州郡往往多不循例，过有供馈。朝廷察知其弊，遂修立崇宁五年春颁敕，诸与所部监司，若朝省所遣使命至本路，以香药馈送者，徒二年，折计价直以自盗论。虽已行下，而访闻其间，或不顾廉耻之吏，尚敢巧作名目，或将香药变为饮食之类折等价钱，贪冒无厌，不知正极！今后监司或朝廷所遣官至本路，虽非以香药馈送，并折计价直，而辄敢巧为别色名目收受者，并

---

〔1〕《续资治通鉴长编》卷二百一十七，熙宁三年十一月辛亥，第5282页。

〔2〕《宋会要辑稿》，刑法二之四六，第6518页下。

依上项崇宁五年敕条施行。[1]

宣和六年闰三月二十九日诏

中书省言："……诏令立法。今拟诸命官以金缯、珠玉、器用、什物、果实、醯醢之类送遗按察官及权贵，若受之者，并坐赃论。"从之。[2]

宣和七年五月二日诏

内外官以苞苴相赂遗，其赂遗并收受人并以坐赃论。如有违犯，必行窜责。令御史台常切觉察弹奏。[3]

建炎二年正月丙申诏

自今犯枉法自盗赃者，中书籍其姓名，罪至徒者，永不录用。[4]

建炎四年九月十五日诏

臣僚言："近年州县之吏，赃贪颇众，望应官员犯入已赃，许

---

〔1〕《宋会要辑稿》，刑法二之五四，第6522页下。
〔2〕同上书，刑法二之九〇，第6540页下。
〔3〕同上书，刑法二之九三，第6542页上。
〔4〕《宋史》卷二十五《本纪》第二十五《高宗二》，第453页。

人越诉，其监司、守倅不即究治，并行黜责。”从之。[1]

绍兴二年二月十七日诏

诏犯枉法自盗赃，罪至死者，籍没家产入官。[2]

绍兴三十二年八月诏

州县受纳秋苗，官吏多收加耗，肆为奸欺。方时艰虞，用度未足，欲减常赋而未能，岂忍使贪赃之徒重为民蠹？自今违犯官吏，并置重典，仍没其家。[3]

淳熙十六年三月十五日诏

（淳熙十六年）三月十五日，诏访闻内外诸军管兵官多有刻剥军兵，掊敛财贿，专事结托，以为进身之计。如有违戾去处，令御史台奏劾，当重行降责。[4]

绍熙五年八月十三日诏

朕惟廉吏民之表，而为国之蠹民之病者，莫污吏若也，不有

〔1〕《宋会要辑稿》，刑法二之一〇七，第6549页上。
〔2〕《宋会要辑稿》，刑法三之五，第6580页上。
〔3〕《宋史》卷一百七十四《食货志上二·赋税》，第4217页。
〔4〕《宋会要辑稿》，职官七九之六，第4212页下。

诛赏，畴示劝惩？继自今诸道监司刺举之官，于郡邑文武任职之臣，廉必闻，污必纠，毋惮大吏，毋纵私昵，赏不尔靳，法不尔私，期吏称民安，副朕意焉。〔1〕

（二）预防官员犯赃的方法

中国古代防治官吏犯赃的方法历代各异，但相比之下，宋代的措施更具有“文治”的特点，即不是仅依恃严刑酷法的威吓，而是通过加强制度建设、着重预防、综合治理的方法来防治犯罪。官吏犯赃的途径很多，但论其要者，则有三种：一、侵吞公有钱物；二、行政、经济管理活动中侵占他人财物；三、接受贿赂。宋代统治者在三百余年惩治官吏犯赃的历程中，不断总结经验，逐步建立起较为严密的预防制度。

第一，宋代把一些重要的审计制度以敕、令、格、式等法规形式加以颁布施行，主要的审计方式为报送审计和就地审计。不法官吏往往趁新旧交替之际，窜易文历，隐匿拖欠未纳之数，或侵吞公帑。鉴此，宋廷要求新旧官员交替时必须进行离任交接审计，宋代官吏在离任时要编制末账、交头账、漏底账等。官吏交接收支的主要方式是对照账籍，凭证清点官物。盘点之后，还要编制交历数份，新旧官员及其主管部门和上司各持一份，以备对照。宋代州县官在交接中特别要求一些经济项目必须开具本离任官接任之初从前官交割到若干钱物或有无预借等，以分清双方责任。

第二，为了既防止地方州县和各场、务、坊的官吏妄征无度，

〔1〕《宋会要辑稿》，职官七九之九，第4214页上。

乘机中饱私囊，又要保证国家的赋税收入，宋廷建立了严密的税赋征收制度，详定官吏执法实施细则，为各州县和各场务坊确定了一个上交的数额。朝廷先对全国的土地进行普查，对人户的六畜器械等财产作了登记，对各地区的商品交换情况和各州县及场务的支出情况作了调查，然后规定各地区、单位征收税赋和课利的比例、标准、减免条件以及支出的项目、标准等，算出各单位的收入，减去支出为平均数，就是应上交的数额。法律规定的各种比例、标准、条件不得随意超越，各州县、各场务应上交的数额也不准变动，确有必要更立新额者，须经提点刑狱司审查，申尚书省户部甚至奏请皇帝批准。朝廷规定缴纳税租的法定外耗率是十分之一，即“米一斛加一斗，草十束加一束”，官司若“辄法外增数者，一升、一束以上加本罪一等，辄他用者，又加一等，盗用，以自盗论，许人户经监司越诉”〔1〕。

第三，实行严格的经济保管责任制。各地各单位依法征得的钱物在纲运、仓库纳出收受及平时保管中易受到其经管官吏的侵吞，朝廷因而建立了严格的经济保管责任制。法律对仓、库、场坊经管官吏的职责和互相约束有明确规定。例如，“仓库监专司开闭，并押记封锁”，并要求“诸仓置板牌于敖门，书其仓数、年月、监专姓名”〔2〕。还规定了仓库的守护制度，要求监专早入晚出，晚上必须“值宿”。钱物纲运时，因处于流动中更易流失，因此法律课押纲人、监官及有关吏人的连保责任。负责任的官吏，

〔1〕《庆元条法事类》卷四十七《赋役门·受纳税租》，《中国珍稀法律典籍续编》，第1册，第617页。

〔2〕《庆元条法事类》卷三十六《库务门·仓库令》，《中国珍稀法律典籍续编》，第1册，第558页。

如果钱物陷落、失散、损坏，本人及干系人都要依法令所规定的范围和比例赔偿。

第四，实行严密的账簿审磨制度，采取广泛的督察手段。光有详细的法律规定的制度，如果没有监督措施，制度仍难以有效地推行，因此宋廷建立了相应的监督审计机制，实行严密的账簿审磨制度。宋朝的经济活动都置簿籍记载，记载须依法定项目，并附上相应的凭证（券、历及官府的指挥、批书等）以为佐证。各仓场库务坊、各行政机关必须在规定的时间（通常是一季）将“请给旁历”、“买物文凭”或“收支簿历”送所属监司、通判审磨。监司、通判必须在规定期限内依照法律规定的方式或程序审核，然后分别报审计院、磨勘司或尚书省户部。监司、通判还必须每半年轮流到所隶州县及仓场库务进行审磨，并点检实物。除正常的定期审磨外，监司和通判还可以就某一特殊经济活动进行特别审磨。审磨中若发现欺弊行为和差错，监司可直接或报告上司追究行为人或干系人的法律责任。

第五，通过奖惩手段确保审计人员的清廉。宋代对一般官吏的考核由各级审计人员进行，但这又带来了另一个问题，即如何确保审计人员的清廉。宋代监司负责考察各州县官吏，为了防止监司借巡视之名讲排场骚扰地方，朝廷对监司在出巡中的待遇有严格规定，具体包括随行人员不得超过限制等。为了防止官吏利用亲戚同乡关系干求请托，规定：“禁诸路转运使副、诸州长吏与部内官属结亲，违者重置其罪。”[1]宋廷还用奖惩的办法督促负责审计的官吏忠于职守，认真勾考。负责审计的官员如果失职，账

〔1〕《续资治通鉴长编》卷六十三，景德三年六月丙子，第1405页。

目有错误审磨不出，就要受到处罚："故为隐漏者，徒二年，有亏失审磨不出者，杖一百。"〔1〕

第六，推行增俸养廉的政策，多次提高官员俸禄。北宋前期规模较大的有大中祥符五年（1012年）的增俸，中后期又有元丰与崇宁年间的两次。南宋增俸力度不如北宋，但也有增俸举措，如绍兴三年（1133年）增选人、使臣无职田者茶汤钱。宋代的俸禄按官阶定，俸禄大体可划分为正俸、加俸和职田三类。正俸主要包括俸钱、衣赐、禄粟三种；加俸主要有职钱、傔人（即侍从）衣粮、傔人餐钱、茶酒厨料、薪蒿炭盐，以及各种添支；职田的颁田对象是外任差遣官，亩数以差遣有别。除正俸外，宋代官员还享有给券、公使钱、赏赐及减免赋役等变相俸禄。从俸禄构成来看，宋代官员的薪俸是相当可观的，足以保证其过上优裕体面的生活。后人对宋代优厚的官俸给予了肯定。如清代著名学者赵翼说：由于俸禄优厚，"故入仕者不复以身家为虑，各自勉其治行，观于真、仁、英诸朝，名臣辈出，吏治循良，及有事之秋，犹多慷慨报国……历代以来，捐躯徇国者，惟宋末独多，虽无救于败亡，要不可谓非养士之报也"〔2〕。

第五节　宋代的监察制度

宋朝的监察系统由御史台和谏院两大部分组成，总体上虽沿袭唐制，但其内部的组织机构及其相互之间的关系已经发生重大

〔1〕《庆元条法事类》卷三十二《财用门·点磨隐陷》，《中国珍稀法律典籍续编》，第1册，第502页。

〔2〕赵翼著，王树民校证：《廿二史劄记校证》（订补本），第534页。

变化。北宋前期御史台基本承袭唐代的三院制度。神宗元丰改制后，台院设侍御史一人，且升为御史台的副台长，其纠察百僚及入阁承诏治狱之职，而台院已经被殿院和察院取代，从而使唐以来的御史台三院组织机构出现了合并趋势。御史台还设置了六察司。谏官机构脱离了中书省和门下省。北宋初年，谏官仍隶属中书省和门下省，且多兼任其他差派；元丰改制后，隶属门下省和中书省之后省，到宋高宗时谏院才独立出来。由于御史台和谏院职能上重合很多，开始出现合一的趋势。在地方监察制度方面，宋代建立了路与府州二级监察体制，而且强化地方监察体制自身的监察。诸路之间，同路监司之间，监司与其他机构之间都互相监察。虽然台谏的矛头均有向以宰相为首的百官集中的趋向，但在不对官员士大夫以言治罪的背景下，从实际运作来看，宋代监察系统要监察百官和皇帝在施政用人上的随心所欲，对宋朝治官的稳定性、连续性是有利的。

一、宋代的台谏制度

（一）台谏机构的发展演变

据《宋史·职官志》记载，宋代御史台的执掌是“纠察官邪，肃正纲纪”，其建制沿袭唐制。中央设御史台，《宋史·职官志四》说：“其属有三院：一曰台院，侍御史隶焉；二曰殿院，殿中侍御史隶焉；三曰察院，监察御史隶焉。”其中，御史中丞秩从三品，侍御史秩从六品，殿中侍御史秩从七品，监察御史秩从七品。御史台设有御史大夫和御史中丞。御史大夫名义上是御史台的最高长官，但宋初不除正员，只作为加官，授予其他官员。检校官带宪衔的，有检校御史大夫，元丰改官制后，一并除去。因而御史中丞便成为御史台的真正长官，称为台长；副长官是侍御史知杂事。御史官的职责是“纠察官邪，肃正纲纪。大事则廷辨，小事则奏弹”。上至宰相，下至一般小官，都在御史监察弹劾之列。官阶低而任殿中侍御史或监察御史者，称监察御史里行。此外，还设推官二员，专管审理刑事案件。三院御史上疏言事，评论朝政或弹劾官员，按规定必须先向中丞报告。仁宗时，刘筠任中丞后，御史言事就不必请示本台长官了。〔1〕宋朝对监察百官的用语按对象的不法或不当行为的从重到轻的程度，分为劾、弹、纠、奏四类；监察御史不再出巡地方，而专察中央六部官员，这就加大了对京官的监察力度，使御史弹劾而被罢免的宰相屡见不鲜；宋真宗天禧元年（1017 年）设置谏院，使谏官脱离行政系统而独立。谏院具有谏诤和谏劾两项职权，分别以皇帝和百官为对象；在门下省增设后省，以给事中为长官，掌封驳之事；又在御史台设置六名言事御史，专司以言规谏。

北宋前期，御史中丞是御史台的台长，侍御史知杂事为副台长。御史下设三院，即台院、殿院和察院，分别由侍御史、殿中侍御史和监察御史充任其职。在宋代前期是御史无定员、无专职。到大中祥符五年（1012 年）宋真宗下诏，令“三院御史，除差出外任及在京莅它局外，定以六员为制”〔2〕，自此，御史台在制度上有了定员。御史台中有所谓的五使，是北宋前期掌祭祀、朝会的重要差遣，即左右巡使、监察使、廊下使和监香使。左右巡使

〔1〕《宋史》卷三百五《列传》第六十四《刘筠》，第 10089 页。
〔2〕《续资治通鉴长编》卷七十九，大中祥符五年十二月庚寅，第 1811 页。

"掌朝廷纪纲，分纠违失及文武常参班簿，禄料、假告，凡文官违失，右巡主之，武官违失，左巡主之"〔1〕。监察使"掌受誓戒致斋，检视纠劾"，廊下使"专掌入阁监食"，监香使"掌国忌行香"〔2〕。

宋代的谏官称为司谏、正言。谏官的职责是向皇帝提出批评和建议。御史官在宋代以前与台谏官分开，宋代实际上合二为一，主要用以监察官员，看其是否忠于皇帝而不察其是否忠于职守。虽然历代均如此，但宋代尤为突出。宋代随着专制皇权的加强，谏官对皇帝的过失更不敢有所规劝，因而谏官与御史官实际上并没有什么区别，都是以弹劾官员为责。这种变化导致后来台谏的合流。按规定，谏官每月要向皇帝报告一次，称为"月课"。他们可以把平时随便听到的一点儿情况向皇帝报告，不问是否有据，当时称为"风闻弹人"。若奏弹不是，谏官也不会受到惩罚。如果御史台的谏官上任后百日之内无所纠弹，则罢为外官或罚"辱台钱"。这种规定更助长了御史台滥用弹劾权的风气。按规定，台谏官不能由与宰相有关系的人来担当，更不能由宰相提名推荐，因此，台谏官与宰相的关系极为紧张。王夫之在《宋论》卷四有一段评论说：宰相之用舍听之天子，谏官之予夺听之宰相，天子之得失则举而听之谏官，环相为治，而言乃为功。谏官者，以绳纠天子，而非以绳纠宰相者也。

（二）台谏官的选任标准与程序

为了确保能够择取第一流的人才进入中央监察系统，宋代很

〔1〕《宋会要辑稿》，职官五五之一，第3599页上。
〔2〕《宋史》卷一百六十四《职官志四》，第3869页。

重视台谏官员的选拔，对入选为台谏的官员有出身流品、德行才学等具体的条件限制，并形成了侍从荐举、宰执进拟、君主亲擢、中书除授的系统程序，以君主为决策中心，环环相扣，相互制维。

宋代文臣以寄禄官阶的高低分为京朝官和选人两个壁垒分明的序列，原则上，宋代只有进入京朝官序列的文官才有选充台谏官的资格。宋代强调“举非州县之职，则毋以台谏选焉”〔1〕。这一亲民职事官的资历限制对入选的台谏官能在谙历民情、知察弊政的基础上切实有效地从事监察工作，是一个有利的先决条件。对于台谏官的出身流品，至道二年（996年），太宗规定：“不可令与他官循资选授，诸科举人及无出身人亦不合在除授之限；唯登进士第及器业有文学者，可膺是选。”如要选拔非进士出身的人担任台谏官，必先赐其进士出身。宋代选任御史不仅重视文化修养，而且比较重视品德和性格。真宗诏敕曾提出“文学优长，政治尤异”的德才并重的选择标准。〔2〕仁宗则进一步将其法规条文化：“谏官、御史，必用忠厚淳直、通世务、明治体者。”〔3〕并屡次载入诏举台谏官的敕文中。御史人选要为官清廉，如有贪赃之事则不能作为后备人选，否则一经查出，不仅追究本人的责任，还要追究举荐者的责任。

由于官品职位差别甚大，选任方式也不相同，一般御史中丞由皇帝任命，御史台副台长也多由皇帝任命，其他御史选任方式比较复杂。归纳起来，有两种常见方式：

---

〔1〕袁说友：《东塘集》卷八《论臣职当先民事》，《四库全书》影印文渊阁本，第1154册，第231页上。

〔2〕《宋会要辑稿》，职官一一之七，第2626页上。

〔3〕《续资治通鉴长编》卷一百七十一，皇祐三年十月乙巳，第4116页。

第一，皇帝亲擢。皇帝亲擢御史在宋代以前已很常见，但是作为一项制度确立则在宋代。仁宗初，就有人指出："台官必由中旨，乃祖宗法也。"〔1〕召对是宋代荐举制中必不可少的环节，也成为君主亲擢台谏官的首要程序。倘若君主认为有必要，还实行召试，作为召对的补充。召试一般委托中书执行。召对与召试的目的在于"召见以观其人，亲擢以定其位，详试以考其能，授受之间，庶乎唯允"〔2〕。君主亲擢台谏官的方式有二：其一是择取，即君主在侍从荐举、宰执进拟的人选中二择其一，然后由中书除授。其二是直除，亦称中旨、中批、内批、御批等，即君主不经侍从荐举与宰执进拟，直接将合适人选批付中书除授。对于御史属官的任职资格始于真宗天禧四年（1020年）。九月，真宗下诏："知制诰祖士衡、钱易，知杂御史刘烨，直龙图阁鲁宗道、冯元，各举堪御史者二人。"〔3〕此后，宋廷规定充任御史人选者须"太常博士以上"〔4〕资格。宋初没有对御史的任职经历作出要求。天圣七年（1029年）八月，根据臣僚的建议，朝廷下令："自今御史并举历知州、同判人……"〔5〕后来曾经因为任职经历太严，屡有上疏要求改变任职经历。北宋改变不大，南宋逐渐放宽。到了南宋，御史的选任多是皇帝亲擢，荐举制度没有真正起作用。

第二，臣僚荐举，皇帝从中选拔任命。荐举制是宋代选任御史的重要方式之一。荐举制主要包括四种方式：其一是选择举主。

〔1〕《续资治通鉴长编》卷一百十三，明道二年十二月丁未，第2647页。

〔2〕周麟之：《海陵集》卷十九《都民望除监察御史》，《四库全书》影印文渊阁本，第1142册，第152页上。

〔3〕《续资治通鉴长编》卷九十六，天禧四年九月己酉，第2215页。

〔4〕《宋会要辑稿》，职官一七之六，第2737页上。

〔5〕《续资治通鉴长编》卷一百八，天圣七年八月戊戌，第2521页。

早在真宗时期，就已经将举主先择举主这一宋代荐举制的一般原则应用于侍从荐举台谏的过程中。有选择地把荐举台谏官的重任给予部分侍从，其目的在于防止侍从的朋比结党，还在于简选亲信可靠的侍从，“使之引类，是以受诏者知明主眷倚之厚，慎简忠良；被举者体朝廷责任之严，敦尚名节”〔1〕，以确保入选台谏官的素质。其二，同罪保举。太祖乾德时就确定了荐举法中同罪连坐的原则，规定“除授之制，书举主姓名，或不如举者，并连坐之”。其三，独举与共举。独举的方式是指奉敕侍从各自通过面奏或密疏将所荐台谏官的姓名直接告诉君主，与其他奉命荐举的侍从之间不闻知所荐者为谁。共举的方式即应诏荐举台谏官的诸侍从集体会议，联名保举公认的合适人选。这样做既使侍从相互察制，难以徇私，也使得这样荐举出来的台谏官更孚人望。但一名人选须多位侍从都了解其品行才能，得到一致认可并非易事，所以共举往往久议不决。其四，推荐自代。宋代规定：台谏官授讫，“具表让一人自代”，所举之人“如任用后显有器能，明著绩用，其举主特与旌酬；不如举状者，即依法科罪”〔2〕。这种台谏官举人自代的方式是荐举制的特例与补充，被荐代者或当即擢升，或不久膺选，扩大了台谏官员的人选来源，也成为更新台谏官构成的候补人员。侍从荐举制的确立，剥夺了宰执选用台谏官的权力，有利于中央监察权与最高行政权的独立与分离，在一定程度上避免了结党徇私的弊端，并且由于举主层扩大到整个侍从圈，就有更多可能选拔到深孚众望的优秀人选，为君主亲擢创造了良好

〔1〕 刘安世：《尽言集》卷十二《论杨畏除监察史不当第二状》，《丛书集成初编本》，商务印书馆版（下同），第二册，第137—138页。

〔2〕《续资治通鉴长编》卷四十八，咸平四年二月壬戌，第1050页。

条件。

（三）台谏的职事回避

封建官僚制度发展到宋代日臻完善，以权力制约权力的封建统治方略也渐趋成熟，而回避宰执亲嫌是宋代台谏职事回避的重点所在。宋代台谏选任制度确立的宰执不预原则，旨在革除自唐代以来宰相严重干预台谏任用与罢免的弊政。宰执不预的原则有三项具体的规定：其一，宰执不得荐举台谏官。其二，现任宰执的亲戚子弟不得荐充台谏官。宋代台谏选任制度曾明确规定，现任宰执的亲戚子弟不能荐充为台谏官。台谏须与宰执避亲在史料中时有记载。例如，哲宗时，范祖禹被擢任右正言，由于是执政吕公著的亲戚，便辞职不就。台谏与宰执避亲原则还推广到供职都堂、中书、枢密院的宰执属吏。其三，现任宰执曾经荐举之人不得再被荐充言事官。这一规定与台谏选任制的有关条文是一致的，却分属于整个台谏制度的不同运作层面，起着相互补充的作用。因为，新任宰执与原任台谏可能存在荐主举人关系，而侍从荐举时也有可能不知两者已经存在的这层关系，故仍有必要在职事回避制中予以重申，旨在杜绝最高行政权控制中央监察权的可能性。另外，台谏的兼权职事不能是宰执属官。元丰改制前，台谏与两制兼权之例屡见不鲜。宋代确立的台谏不能差权宰执属官的避嫌原则，目的是防止宰执与台谏的交通往还、结党营私。此外，还有规定，台谏非公事不得与宰执私相往来。

正如《长编》中所记载的“台谏所以纠绳执政之不法，故事，执政初除，亲戚及所举之人见为台谏官，皆徙他官”〔1〕。宋代健全与强化台谏与宰执的回避亲嫌的原则起到了积极的作用，在一定程度上杜绝了宰执凭借亲故控制言官的可能性，并防范言官依附于宰执，确保最高监察权真正独立于相权，使台谏“弹击之际无所顾避，而得尽公议”〔2〕。

宋代不仅在台谏与宰执之间实行职事回避，而且在台谏官僚内部也严格推行职事回避原则。这一原则的具体执行，有三种情况：第一，避亲避籍。宋代在御史台与谏院内分别奉行避亲之制度。台官与谏臣因同居言路必须避亲。乡党回避也是宋代台谏官内部职事回避的内容之一。靖康中，李光擢任侍御史，因与中丞陈过庭是同乡，便上言申明“义当回避”。高宗时，御史中丞勾龙如渊与侍御史施庭臣“既同乡曲”而不自言明，且“又同腹心，惟相阿附，变乱是非”遂遭到论劾。〔3〕第二，台官与谏臣不能私相往来。禁止台官与谏臣私下交往的原则与台谏官内部避亲避籍规定的用意是一致的，都是旨在预防台谏系统成为一个独立封闭的官僚圈而结党营私，以便形成台谏官相互制约的自我监控网络。第三，嫌隙回避。这一规定的目的是维护每个台谏官对其长官及同僚的独立言事原则，使他们真正能在弹劾时无所顾忌，各尽其言，发挥监察职能。第四，谒禁。在仁宗时就有台谏官禁止接见有服亲族及亲家以外宾客的禁规。谒禁的根本目的是唯恐台谏官因出谒、受谒其他官僚而植党结派。封建君主要求臣下对其本人

〔1〕《续资治通鉴长编》卷三百六十，元丰八年十月丁丑，第8607页。

〔2〕《尽言集》卷三《论胡宗愈除右丞不当第八》，第一册，第37页。

〔3〕李心传：《建炎以来系年要录》卷一百二十四，绍兴八年十二月丁丑，中华书局1956年版，第2022页。

忠诚不渝，因而，对台谏这样地位紧要的官僚，防范尤其处心积虑。但是，台谏既为耳目之官，堵绝其信息来源的做法，显然有违于设官绩效的初衷。御史为了确保台谏官的信息来源，不得不对受谒逐渐解禁。既然可以受谒，出谒之禁自然形同虚设。总之，台谏系统内部各种职事回避原则的确立与强化，对防范台谏官之间的朋比结党，对保证台谏官各自独立言事原则的贯彻执行，都有不可忽视的积极作用；较之唐代，在相关制度上也更为完善与进步。

（四）地方监察机构

宋代的地方监察机构，分为二级。宋代的路级监察机构，包括转运司、提点刑狱司、提举常平司，统称监司。而宋代的府州、军、监级监察机构是通判厅。通判厅不仅要监察府州军监级官吏，而且还要按察本辖区的县级官吏。宋代为了加强对各级地方官的监察，建立了纵横交错的地方监察网，把大大小小的地方官皆置于被监察之列。宋代的路级长官，不仅要接受台谏和职能相关的五级机构的监察，而且还要受到监司的互察。府、州、军、监长官不仅要接受监司的监察，而且还要受到通判的刺常及同级长官之间的互察；县级长官不仅要接受监司、通判、知州的监察，而且县级长官之间也要互察。另外，作为监察官本身也受到监察。地方官的监察，由通判负责。同时，皇帝还经常派遣转运使、按察使、观察使到各地区监察，这些都属于外任御史。转运使本来是管理财政的，但也兼任监察官吏。南宋时，地方监司官职权加重，安抚使称帅臣，宰相外出巡事时，虽说是典州，亦必兼此职。后来在安抚使之上设宣抚、制置二使，成为一路之长官。

宋代监司的选任方式有以下三种：其一，皇帝亲擢。北宋初年，监司官的构成比较简单，主要是转运史副等，均由皇帝亲擢。真宗以后，随着监司组织的扩大，监司官员的选任方式也逐渐复杂，但重要地区和秩品高的监司仍由皇帝亲擢。其二，臣僚荐举，皇帝从中选任的方式。宋代监司官众多，皇帝为保证监司官人选的素质，常下诏令臣僚荐举，然后在所荐举的人选中任命。两宋时期皇帝不断下诏令臣僚荐举监司人选。北宋元祐元年（1086年）二月，哲宗“诏左右侍从各举堪任监司者二人，举非其人有罚”〔1〕。南宋绍兴五年（1135年）三月，高宗诏令监察御史至侍从等各举所知充监司、守令，限半月具奏。〔2〕后来也多次诏令荐举，宋孝宗，宋宁宗也多次诏令荐举。总之，臣僚荐举而后皇帝选任是宋代监司官的重要选任方式。其三，宰执堂除。也称“朝廷除授”。宋代监司的选任方式自真宗以后始令宰执在政事堂除授。元丰改官制后，宰执堂除成为监司选任方式中的一个重要组成部分。

宋代统治者为了使通判能够更好地发挥监督牵制州郡长官的作用，在选任制度上采用了一系列措施，形成一套比较完整的制度。主要有以下几种方式：其一，皇帝亲擢。北宋初年，赵宋统治者比较重视通判的选任。太祖时，常令大臣荐举，皇帝从所荐举的人选中任命。太宗即位后，亲擢（李）应机通判益州事”，并“召之登殿”，对他说：“有便宜事，密奏以闻。”太宗以后，一些重要府州的通判仍由朝廷除授。皇帝亲擢是宋代通判的重要

---

〔1〕《宋史》卷十七《本纪》第十七《哲宗一》，第321页。

〔2〕佚名：《皇宋中兴两朝圣政》卷十七，绍兴五年三月丁丑，《续修四库全书》本，上海古籍出版社2001年12月第1版，第348册，第410页。

选任方式。其二，中书堂除。宋代凡设两名通判的府州，其中一员要以中书堂除的方式选任。北宋政和四年（1114年）十月，徽宗“诏诸州通判有两员处，以一员堂除”[1]。七年六月三日，徽宗又对州军通判堂除的范围作了具体规定：“诏淮阳军、广济军、信阳军、高邮军、荆门军、汉阳军、怀安军、邵武军，复州、荣州、雅州、普州通判堂除，馀令吏部差人。”[2]南宋时期，继续这一选任方式的同时又作了一些规定。总之，堂除方式在通判选任制度中占主导地位。其三，吏部差注。吏部差注也是宋代通判重要的选任方式。北宋元丰改制之前，三省六部制度名存实亡，通判的选任由审官院负责。如景祐二年（1035年）五月，仁宗诏“永兴军，河南府，延、杭、广、梓州通判，并令审官院选差人”[3]。元丰改制后，审官院被罢去，部分通判由吏部差注。宋代吏部差注通判必须经门下省审察。北宋后期，皇帝不断下令强调这一制度。其四，监司或府州辟差。这是通判选任的一种补充形式，只在某些时期、某些地区实行。仁宋时期，曾允许某些府州辟差通判。如景祐二年五月，宋仁宗“诏尝任二府而为知州者，辟通判、幕职官一员，大两省以上知天雄成德军，益州、泰州，并许辟通判一员”[4]。这个制度没有延续下来，不久就被取消。宋代某些沿边地区的通判，允许转运司辟差。

宋代统治者为了保证地方监察官的表率作用，不仅在选任方式有完备的制度，而且对地方监察官的选任条件也有明确的要求。这些要求因为监司、通判级别的差异而稍有不同，但是总体上还

[1]《宋会要辑稿》，职官四七之六四，第3450页上。
[2]《宋会要辑稿》，职官四七之六五，第3450页下。
[3][4]《续资治通鉴长编》卷一百十六，景祐二年五月己亥，第2732页。

是严格的。

在监司的任职条件方面。宋代为了保证监司官有丰富的社会经验，对监司人选的任职经历有要求。作为监司官一般都要求有知州的任职经历。各个皇帝对此要求有严有宽。宽要求有县以上任职经历，严的就要求高一点儿。总体上看，有宋一代的要求是由高到低。除了有任职经历的要求，也要求有政绩。

为了保证监司官的政治素质，宋代对监司人选的政治品质作了种种规定：第一，监司官人选要有廉洁奉公的品质。仁宗时期，包拯就上疏皇帝请求“转运、提刑等，并令精选廉干中正之人以充其职”〔1〕。包拯这一建议被仁宗采纳。后来司马光等人上疏，也提出监司官要由公正、仁厚者充任，均被采纳。第二，监司官人选要品行端正。第三，监司人选要求有较高的文化修养和充沛的精力。对监司人选没有要求进士出身，但是要求学问上要有声望。在年龄上，要求七十岁就不能再任监司了。

对于通判的任职条件一般要求有任职经历。但因为通判的选任方式不同，以及地区的差别，任职经历的要求也不同。对于皇帝亲自选任的通判，任职经历没有要求。

宋代统治者为了加强中央集权，强化地方监察官的耳目作用，不仅从任职方式、任职条件上制定完备的制度，而且对地方监察官制定了完备的任用回避制度。

首先是监司与所辖区的知州、通判、知县、县令等之间避亲嫌。宋代监司与所被辖区的知州、通判、知县、县令等之间是监察与被监察的关系。为了保证监司能行之有效地监察地方官员，

〔1〕 赵汝愚编：《宋名臣奏议》卷六十七，《四库全书》影印文渊阁本，台湾商务印书馆股份有限公司 2008 年 12 月第 2 版，第 431 册，第 815 页上。

宋代制定了监司人选与所辖区官员之间避亲嫌的制度。如太宗时，樊知古出任河北路转运使，而河北路的怀州推官陈彭年因与樊知古有亲嫌，被朝廷改任为泽州推官[1]。

第二，同路监司官之间避亲嫌。宋代同路监司不仅皆有察举一路官员的职能，而且监司之间要互相监察。为了使监司之间不结党营私且行之有效地互察，宋代制定了同路监司之间避亲嫌法。其法规定：同一路的转运使副、提点刑狱、提举常平等官之间要避亲嫌。回避的具体办法一般是与其他路监司对移差遣，或者改任他职。英宗治平四年（1067 年）三月，“权提点京西路刑狱公事祠部郎中陈安石与权提点河东路刑狱公事太常少卿毋沆对易差遣，以（陈）安石避亲故也”[2]。

第三，同路监司官与帅司官之间避亲嫌。宋代的帅司官和监司同属于路级之有监察性质的机构，但监司是一种常设性机构，而帅司则是一种只在部分地区设置的机构，最初是一种临时差遣，后来在沿边地区，因用兵和战争的需要而地位提高，总一路军政、治安。到了南宋时，同路监司与帅司之间不仅皆有监察本路州县官员的职能，而且监司与帅司之间还要互相监察。为了防止监司与帅司结党营私，保证其互相监察，宋代规定监司与帅司之间避亲嫌。

第四，监司避本贯法，即本地人不能充任当地的监司官。其内容主要包括两个方面：第一，官员不能在籍贯地充任监司官；第二，官员不能在自己产业所在路充任监司官。两宋时期，皇帝不断下诏强调监司避本贯法。只是在高宗绍兴七年（1137 年）五

---

〔1〕《宋史》卷二百八十七《列传》四十六《陈彭年》，第 9662 页。
〔2〕《宋会要辑稿》，职官六三之四，第 3814 页下。

月，废除了监司避本贯法。孝宗时又恢复了这一制度，直到南宋灭亡。

第五，监司属官与所辖区各州县属官之间避亲嫌。宋代监司属官与所辖区各州县属官之间有密切的职事联系，为了防范他们结党营私，制定了监司属官之间避亲嫌法。其法规定：转运司账计官与诸州选账官，提点刑狱检法官与知州、通判、签判、幕职官、司理司法参军避亲嫌，如果“诸州、推法司与提点刑狱司吏人有系亲戚而不自陈乞回避者，杖一百”[1]。

第六，监司属官与同路诸司官之间避亲嫌。宋代监司属官与同路诸官之间也有互相监察的关系，因此也要避亲嫌。其法规定：“诸经略安抚、监司属官与本路逐（疑为“诸”）司官系亲嫌者，并回避。”[2]

宋代统治者为了使通判能更好地行使监察职能，制定了通判人选的回避制度。其内容相对于监司人选的回避制度要简单一些。如北宋前期严禁“蜀人官蜀”，尽管从彭乘开始，“蜀人得守乡郡”，但直到仁宗时仍规定“蜀人官蜀，不得通判州事”[3]。通判不仅与知州同理政事，而且负有监督知州的重任，因而这个地方上的重要职务，依旧不许当地人担任。法令明确规定：“诸川峡路知州与通判，不并差川峡人职官。”“诸福建路知州、通判、录事、司理参军、令佐，不得差本路一州人。”[4]

---

〔1〕《庆元条法事类》卷八《职制门·亲嫌》，《中国珍稀法律典籍续编》，第1册，第149页。

〔2〕同上书，第150页。

〔3〕《宋史》卷二百九十八《列传》第五十七《陈希亮》，第9918页。

〔4〕《永乐大典》卷一四六二〇《部字·吏部七》。

二、对于台谏系统的监控

宋代中枢权力结构中的监察功能主要由台谏系统承担，台谏系统运行的优劣直接影响到封建统治的稳固与否和官僚行政的效率高低。因而，有效地对台谏系统进行监控，以权力制约权力，是保证其正常运行的必不可少的条件。宋代君主官僚政体对台谏系统的监控可以分三个层面：

（一）君主对台谏系统的监控

诏令是君主监控台谏系统的主要手段。御史台和谏院都备有已颁敕令格式、诏书御笔的汇编或类编，这些敕令诏旨既是台谏监察言事的根据，亦是君主监控台谏系统的依据。除先朝诏令制度外，君主还新颁诏旨对台谏系统进行监控或协调。这些诏书大体有三种类型：其一，戒励型诏令。主要对台谏官的职业道德进行原则性的劝诫。例如，不许“弹劾小过不关政体者”〔1〕，“扇造浮语，诋毁危切”〔2〕等。这类诏令往往流于空泛，在台谏系统正常运作时能够起到一定的导向作用，但是当系统运作失常时，其监控作用实际上是相当有限的。其二，指令型诏令。主要对台谏监察活动发出具体的指示，在君主监控台谏系统的操作中发挥重要的作用。其三，宣谕型诏令。主要是君主出于权宜之需，对例应属于台谏监察范围的个别人、事作出特殊性的知照。这类诏令虽在具体问题上实现了台谏系统的应变性调节和监控，却在总

〔1〕《宋史》卷十二《本纪》第十二《仁宗四》，第246页。
〔2〕《宋大诏令集》卷一九四《诫约台谏诏》，第712页。

体上对台谏系统的正常运作带来了负面的影响。

君主对台谏官的考核也是君主监控台谏系统的主要环节之一，主要有以下几种方式：其一，月课。真宗整顿台谏的天禧诏书明令规定：台谏每月须一员奏事。元丰六察法后，命六察官“逐旬具弹过事件奏闻”，元祐时改为季奏，元符初仍“依元丰法”[1]。其二，御宝印纸。唐代就以特定用纸供台谏官书写弹章谏草，作为考课台谏官的依据之一。宋代沿袭了唐代的做法，通过御宝印纸的颁发和回收，君主就能了如指掌地了解台谏官员的作为，并使其成为考核官员的可靠依据。其三，台谏章奏簿。御宝印纸能使君主掌握台谏言事数量的多少，而台谏章奏采用与否则是衡量其言事质量的重要参数。至和二年（1055 年），仁宗翻阅台谏章奏簿，同时命中书亦置台谏言事簿，既作为考绩台谏的方式，又旨在沟通台谏与君主、宰执之间的言事反馈渠道。

（二）中央机构对台谏系统的监控

宋代中书对台谏系统的监督，主要通过台谏言事簿主持对台谏官的考绩。宋王朝对于诸路监司的考课历来较为重视。范祖禹曾说：“祖宗时有考课之法，专考察诸路监司，置簿于中书，凡有奏请及功罪皆书之，参之以众言，验之以行事，岁终则较其优劣，简其能者，亦简其不能者而废置之。”[2]

元丰改制后，尚书省承担起监控台谏系统日常事务的职能，其监督对象是六察御史。监控活动大致有三个方面：其一，处理纠弹的案件。尚书省专置有御史刑房，专主御史台“所上弹劾文

[1] 《续资治通鉴长编》卷五百四，元符元年十二月乙未，第 12019 页。
[2] 《续资治通鉴长编》卷四百六十八，元祐六年十二月乙卯，第 11177—11178 页。

字”，批转给有关部门纠正或重新审理，并“立为定限，无得稽违”〔1〕。元丰六察法规定：“台察事并由尚书省取索，事小者先约法送中书省取旨”，“事重者随事取旨”〔2〕。尚书省督责六察的做法，南宋仍在奉行。对台谏机构检察范围内的刑狱诉讼，尚书省也有权过问和处理，实行督察和监控。其二，弹奏御史的失职。《宋史·职官志》规定尚书省职掌之一为“奏御史失职”，其监督对象不只限于察案御史。其三，主持台官的考绩。此外，尚书都省作为主管上诉的机构，其级别高于御史台，对御史台也起到一定的牵制作用。不过，在制度设计上，宋代君主把对台谏的日常监控权交给尚书省的同时，又尽量不使这种权力压制台谏监察权。在宋代的上诉程序中，先后次第为所属寺监、尚书省六曹、御史台、尚书都省、登闻鼓院。尚书都省作为主管上诉的机构，其级别虽高于御史台，却低于隶属谏院的鼓院和检院，从而形成上下制约的监控和再监控的关系。而且，尚书省对御史失职仅有纠劾权，却无处分权，后者在名义上是直属君主的。和中书并称二府的枢密院，对台谏系统也有一定的监控权。徽宗时曾指定过枢密院取旨审量台谏言事的六条规定；仁宗时即确立的中书将台谏言事录报枢府的做法，南宋高宗时仍遵依旧制，奉行不改。

除中书以外的其他部门也在一定程度上执行着对台谏系统的监督职能。宋代由给事、中书舍人等组成的封驳机构虽然主要是封驳朝廷政令，但朝廷采纳台谏论事劾人的章疏付外施行时，仍须先经封驳，封驳官可以在职权范围内，赞同则书行，反对则缴奏。宋代对御史台刑狱的监督有三种方式：其一，通过刑部、纠

〔1〕《宋会要辑稿》，职官三之四十，第2417页下。
〔2〕《宋会要辑稿》，职官四之六、五九之一〇，第2439页下、3722页上。

察在京刑狱司、诉理所等司法、检察机关进行督察。其二，通过台狱虑问制进行核察。其三，委派内侍省宦官临监鞫狱。

（三）台谏官的相互监控

台谏官的互劾互监可以归结为三种方式：其一，长官与属员之间的竖向互监。宋代突破了前代唯有长官弹劾部属的那种由上对下的单向型监控方式，实现了双向监控方式的转换。真宗前期，颁布“三院御史令本台采听声誉不称职者直名以闻”的诏令，台谏官论劾其长官的现象与台谏长官纠举其属员同样司空见惯。其二，台官与谏臣之间的横向互监。宋代台官也拥有弹劾权，使得台府与谏院之间构成互劾互监的局面。其三，台府和谏院内部的互监。通过这些方式，宋代构成了台谏系统内部互相制约的自我监控网络，每一个台谏官置于其他台谏官的监督之下。他们之间相互弹劾的最终结果则由君主裁定，君权也正利用这种互监互劾的方式实现对整个台谏系统的全面控制。

（四）对台谏官的升黜奖惩

对台谏官员的升黜奖惩是推动台谏系统为君主官僚政体服务的激励机制，也是促进台谏系统优胜汰劣的调节机制，是对台谏系统的动态监控。对于台谏官的激励机制能激发官员的责任心和使命感，迁擢台谏官有破格型和常规型两种。常规型的升迁是指台谏官任满按照有关惯例或规定迁转职事官。破格型的奖擢，是指实际上任期未满即予迁擢，除了在台谏系统内破格迁擢外，台谏还往往迁调到更重要的职位上。此外，同一品位层次上台谏官员相互之间的调任也是台谏系统的一个调节机制，其目的在于达到台谏系统的协调平衡，台谏官员过台、台官入院的现象在宋代习以为常。

宋代黜罢台谏官有种种惯例和规定，台谏不能无故贬出，必须明示降黜的原因。在贬黜台谏时，处罚最轻的手段是平出外补的罢任，与此同时，还有降官、落职等方式。按照宋代铨选规定，台谏升迁罢免后的差遣例归中书直接注拟、取旨除授，被贬台谏的差遣注授权下放吏部，即意味着该台谏官将不会再受到君主的叙复重用。

（五）对台谏官亲属的控制

为了防止台谏官员的亲属凭借台谏的显要地位步入仕宦要津，从而形成台谏的个人势力圈，宋代对台谏官员亲属的科举入仕作出了相应的约束和限制。这是对台谏系统监控的辅助措施：第一，实行贡举覆试制度。早在太祖乾德时就明文规定，凡现任台谏以及两省、侍从以上权要的有服亲属，省试合格，礼部必须“取索具名，奏闻覆试”。该原则在真宗咸平、高宗绍兴、宁宗庆元时一再强调。[1]这一措施旨在预防台谏亲戚子弟以营私舞弊、交通贿赂等手段跻身仕途。第二，颁布因荐得官的禁令。由于台谏官往往可与宰执、侍从等同荐要职，这些权要往往互荐对方子弟亲属跃居要位。对此，宋代明令不允许宰执、台谏、侍从互相推荐亲戚子弟，即使其他官员奉命举官，也必须在举状中注明被荐者不是权要子弟亲戚。第三，限定出仕入宦的范围，将台谏官员的子弟隔限在实际权力圈外，制止台谏个人势力网的形成。

---

〔1〕《宋会要辑稿》，选举五之一八，第4321页下。

从以上台谏系统内部自我监控机制的健全，到对台谏官员亲属的防范，可以看出宋代对台谏系统的监控形成了一个相对完善和严密的系统。这一多层次、全方位的监控网络对防范官员腐败起到了积极而重要的作用。

参考文献：

《宋史》，中华书局1977年版。

李焘撰，上海师范大学古籍整理研究所点校：《续资治通鉴长编》，中华书局2004年版

徐松：《宋会要辑稿》，中华书局1957年版。

薛梅卿点校：《宋刑统》，法律出版社1999年版。

谢深甫：《庆元条法事类》，燕京大学图书馆1948年版。

杜佑：《通典》，中华书局1988年版。

马端临：《文献通考》，中华书局1986年版。

钱若水等：《太宗皇帝实录》，续修四库全书本，上海古籍出版社。

李心传：《建炎以来系年要录》，中华书局1956年版。

佚名：《皇宋中兴两朝圣政》，续修四库全书本，上海古籍出版社。

《宋大诏令集》，中华书局1962年版。

赵汝愚：《宋名臣奏议》，四库全书文渊阁本，台湾商务印书馆。

王先慎撰，钟哲点校：《韩非子集解》，中华书局1998年版。

赵翼：《陔馀丛考》，商务印书馆1957年版。

晁公武，孙猛校证：《郡斋读书志校证》，上海古籍出版社1990年版。

范仲淹：《范文正奏议》，四库全书文渊阁本，台湾商务印书馆。

刘安世：《尽言集》，丛书集成初编本，商务印书馆。

司马光撰，邓广铭、张希清点校：《涑水纪闻》，中华书局1989年版。

苏洵撰，曾枣庄、金成礼笺注：《嘉祐集笺注》，上海古籍出版社1993年版

叶梦得撰，侯忠义点校：《石林燕语》，中华书局1984年版。

叶适：《叶适集》，中华书局1960年版。

袁说友：《东塘集》，四库全书文渊阁本，台湾商务印书馆。

周麟之：《海陵集》，四库全书文渊阁本，台湾商务印书馆。

陈傅良著，周梦江点校：《陈傅良先生文集》，浙江大学出版社1999

年版。

王栐：《燕翼诒谋录》，中华书局 1981 年版。

周去非著、杨武泉校注：《岭外代答校注》，中华书局 1999 年版。

李埴：《阅史郄视》，续修四库全书本，上海古籍出版社。

金诤：《科举制度与中国文化》，上海人民出版社 1990 年版。

邓小南：《宋代文官选任制度诸层面》，河北教育出版社 1993 年版。

何忠礼：《宋史选举志补正》，浙江古籍出版社，1992 年版。

苗书梅：《宋代官员选任和管理制度》，河南大学出版社，1996 年版。

何冠环《宋初朋党与太平兴国三年进士》，中华书局 1994 年版。

龚延明：《宋代官制辞典》，中华书局，1997 年版。

张希清等：《宋朝典章制度》，吉林文史出版社 2001 年版。

张邦炜：《宋代皇亲与政治》，四川人民出版社 1993 年版。

蒲坚：《中国古代行政立法》，北京大学出版社 1990 年版。

杨一凡、田涛主编：《中国珍稀法律典籍续编》，黑龙江人民出版社 2002 年版。

本章执笔：肖　庆

第九章　元代廉政制度

元代是由北方游牧民族建立起来的政权，其统治的确立来自于军事上的绝对强势。仅凭“武功”，他们便建立了中国历史上疆域最为广阔的王朝。但相对而言，对于“文治”，无论是在认识上，抑或是在具体的操作中，与唐、宋等前朝比较起来，元代都大为不如。这也就导致了地域范围最为辽阔的元代成为中国历史上制度最为松弛的一个朝代，以至于著名的明清史专家孟森说道：“自有史以来，以元代为最无制度，马上得之，马上治之。当其清明之日，亦有勤政爱民，亦有容纳士大夫一二见道之语，然于长治久安之法度，了无措意之处。”〔1〕一般的制度如此，涉及廉政方面的制度自然也不例外。

元代廉政制度无论在制度架构的完整性，还是内容细节的详密程度上，都无法和之前的唐宋以及之后的明清相提并论，可以

〔1〕 孟森：《明清史讲义》，中华书局1981年版，第29页。

说，元代是中国廉政史发展中的一个低谷。即便如此，在元代的制度中还是有一些后世可以借鉴的地方，其中可以分为两种情形。

其一，是元代的一些制度提供了正面的资源，并被后世所汲取。其中最为典型的就是元代的监察制度。元代的监察机关分为中央和地方两级，即中央的御史台，地方的行御史台和肃政廉访司，由此形成了一个组织严密的监察系统。而元代地方监察机关的设立更是一件空前启后的事情，对于后世监察制度的设立和实行产生了极其深远的影响。

其二，是元代的一些制度虽然从廉政的角度来看颇为失败，但其教训却成了极好的反面教材，后世通过对元代相关制度的反思，建立起了更为完善的体制。例如在元代的官员铨选中，有一种名为“吏员出职”的制度，通过这一制度获得官员身份的人，在当时的官员队伍中占据了绝大多数。由于所受教育的限制，这些吏员在道德品行、文化水准上的缺失被带到了官场上，直接导致了元代吏治的败坏和统治的崩塌。明朝建立后，针对元代制度中这一问题，加大了对于吏员出任官员的限制，而以科举制度作为官员选择的主要途径。这不仅大大提高了士人在社会中的地位，也使得官员的整体素质获得了极大的提升，同时，整个政治格局也随之而趋向稳定和牢固。

平心而论，元代在廉政制度上的粗疏是有其内在原因的：首先是游牧民族马上治天下的传统，使得统治阶级无法真正走下马背来，学习和借鉴农业民族管理国家的经验；其次是元代扩张过度，辽阔的疆域造成了政治统治上的极大困难，不仅政令难以下达到王朝的每一个局部区域，各民族迥异的生活习性也使得某种单一的制度难以全面地贯彻下去。这些都成为元代在廉政制度的建设方面无法更进一步的根本原因。

由于在廉政制度方面的粗疏，元代的统治很快便在严重的官员腐败所引起的内忧外患中难以为继，而这种反面教材的示范效力，也同样成为以后朝代更为强调廉政的一个重要因素。

第一节 科举制度

不仅是着眼于大格局的廉政体制，即便是落实到某些具体的制度，元代也显得异常粗疏，科举制度便是其中之一。这首先体现在元代统治者对于科举制度是否有必要举行，以及能否对政治产生正面的推动作用有极大的怀疑。因此，在相当长的一段时间内，元代都没有实行科举制度。而在元代科举制度建立之后，其中仍然有许多不平等的状况存在，如民族歧视和地域歧视等，这对于科举所标榜的公平、公正的原则都是一个极大的伤害。值得注意的是，元代科举仍然有一些值得关注的地方，其中最为重要的便是对于各种舞弊行为的防范。这些防范措施大多为以后的明代所采纳，并使得明代的科举制度达到了科举史上最为鼎盛的状态。

一、元代科举制度的兴废

始创于隋代的科举考试制度于宋代得到很大发展，并在明清时期达到鼎盛。相对来说，处于宋、明之间的元代，则是科举制度发展的一个低谷。这与元代统治者的民族背景以及元代疆域辽阔、民族众多等现实情况都有很大的关联。[1]但作为一种选官制度，元代的科举仍然有其特点以及可供探讨的价值。

早在元太宗窝阔台时期，“中书令耶律楚材请用儒术选士，从之”。根据《元史·选举志》的记载，这里所说的“儒术”，便是指“以论及经义、词赋分为三科，作三日程，专治一科，能兼者听，但以不失文义为中选”[2]。相对说来，从论、经义、词赋三者中任选一门考试，难度并不算太大，程序也没有后世那般复杂，而中选的人就可以享受一定的特权，“其中选者，复其赋役，令与各处长官同署公事”[3]。这可以视为元代科举制度的初始形态。

这以后，许多朝廷大臣都曾提出举行科举考试的建议，如王鹗等就曾说道：“贡举法废，士无入仕之阶，或习刀笔以为吏胥，或执仆役以事官僚，或作巧贩鬻以为工匠商贾。以今论之，惟科举取士，最为切务，矧先朝故典，尤宜追述。”认为在不举行科举考试的状况下，士人只能去从事吏胥、仆役、商贾之类的事情，白白地浪费了很多人才。针对这样的建议，元代的统治者虽然也认为“此良法也，其行之”[4]，但在很长一段时间内，却一直未能将实行科举的建议付诸实施。

一直到了元仁宗皇庆二年（1313年）十月，仁宗才正式下诏举行科举考试，并制定了包括“每三岁一次开试”以及蒙古、色目、汉人、南人等分科目取士等详细条目在内的“考试程式”[5]。

在考试中，元代科举也实行了许多措施，尽量避免舞弊等事

---

〔1〕 参见徐黎丽《略论元代科举考试制度的特点》，《西北师大学报》1998年第3期，第44—46页。

〔2〕〔3〕〔4〕《元史》，第2017页。

〔5〕 同上书，第2018—2019页。

情的发生，以保证取士的公正与公平。元代的科举已经开始实行试卷的弥封、誊录、对读等一系列防止舞弊的手段，仅誊录一道程序就非常严格："誊录所承受试卷，并用朱书誊录正文，实计涂注乙字数，标写对读无差，将朱卷逐旋送考试所。如朱卷有涂注乙字，亦皆标写字数，誊录官书押。候考校合格，中选人数已定，抄录字号，索上元卷，请监试官、知贡举官、同试官，对号开拆。"[1]

也就是说在弥封试卷后，要用朱笔誊录试卷，并注明原来的卷上有几处涂抹的痕迹，由对读人员核对原卷、朱笔誊录之卷无误后，再将朱卷送给考官批阅。而在中选人数已经确定之后，就抄录取中的卷号，还需要拿出原卷来，请各位考官一同按照号码拆开卷子。这些步骤的每一个细致规定都是为了防止舞弊事件的产生，如规定"凡誊录试卷并行移文字，皆用朱书，仍须设法关防，毋致容私作弊"[2]便是如此。

又以试卷的批阅为例："试官考卷，知贡举居中，试官相对向坐，公同考校，分作三等，逐等又分上中下，用墨笔批点。考校既定，收掌试卷官于号簿内标写分数，知贡举官、同试官、监察御史、弥封官，公同取上元卷对号开拆，知贡举于试卷家状上亲书省试第几名。拆号既毕，应有试卷并付礼部架阁，贡举诸官出院。中书省以中选举人分为二榜，揭于省门之左右。"[3]不仅是考官对于考生体现在考卷上的个人信息完全隔离，并且由所有考官共同批改，再由所有相关官员共同拆号，科举考试制度的森严在

〔1〕《元史》，第2022页。
〔2〕同上书，第2021页。
〔3〕同上书，第2025页。

其中体现无遗。

可以看到，元代科举虽然实行的年代较晚，但在制度的完备和仔细程度上却并不逊色于前代的宋朝以及之后的明清两代。甚至明清科举中的很多细则都从元代科举中来。当然，制度的制定和执行并不等同，而就执行来看，元代科举的实际状况可能并不像制度本身那样严密，而这还是与元代统治者在迟迟不开科举中所体现出的对于科举考试的轻视态度息息相关的。

到了元顺帝（后）至元元年（1335 年），科举考试再度被废除，七年后再度恢复，并延续到元朝灭亡。事实上，不仅是科举制度时兴时废，科举考试所选拔出来的官员在元代官员中也不占主导地位，甚至有“至于科目取士，止是万分之一耳，殆不过粉饰太平之具，世犹曰无益，直可废也。岂时运使然耶？何唐宋不侔之甚也”[1]的说法，这也都成为科举制度在元代不甚发达的一个佐证。

二、元代科举对于舞弊的处罚

在上面提到的元仁宗的诏书中，对于科举可能出现的弊端以及相应的处罚措施都有明确的规定。

例如，诏书中说：“举人从本贯官司于诸色户内推举，年及二十五以上，乡党称其孝悌，朋友服其信义，经明行修之士，结罪保举，以礼敦遣，贡诸路府。其或徇私滥举，并应举而不举者，监察御史、肃政廉访司体察究治。”[2]也就是说，参加科举考试的士人需要地方官府在普通的百姓中推举，年龄要在二十五岁以上，

---

〔1〕 叶子奇：《草木子》，中华书局 1959 年版（下同），第 82 页。
〔2〕《元史》，第 2018 页。

并在道德品行上有孝悌、信义等基本要求。如果地方官府一味徇私，推举了不符合条件的人参加考试，而应当具备资格的士人没有被推举，地方官府就会受到追究和处置。此外，如果所在地方的官员耽误了开考的日期，也会受到相应的处罚。[1]

上述这些处罚措施都是针对考前的资格认定或是考试的准备工作而定的，至于科举考试本身，其规定则更为严密。对此，《元史·选举志》有详细的记载：

> 诸辄于弥封所取问举人试卷封号姓名及漏泄者，治罪。诸试题未出而漏泄者，许人告首。诸对读试卷官不躬亲而辄令人吏对读，其对读讫而差误有碍考校者，有罚。诸誊录人书写不慎及错误有碍考校者，重事责罚。诸官司故纵举人私将试卷出院，及祗应人知而为传送者，许人告首。诸监试官掌试院事，不得干预考校。诸试院官在帘内者，不许与帘外官交语。诸色人无故不得入试厅。诸举人谤毁主司，率众喧竞，不服止约者，治罪。诸举人就试，无故不冠及擅移坐次者，或偶与亲姻邻坐而不自陈者，怀挟代笔传义者，并扶出。诸拆毁试卷首家状者，推治。诸举人于试卷书他语者，驳放；涉谤讪者，推治。诸试日，为举人传送文书，及因而受财者，并许人告。诸举人于别纸上起草者，出榜退落。诸科文内不得自叙苦辛门第，委誊录所点检得，如有违犯，更不誊录，移文考试院出榜退落。诸冒名就试，别立姓名，及受财为人怀挟代笔传义者，并许人告。诸被黜而妄诉者，治罪。诸监

[1] “所在官司迟悞开试日期，监察御史、肃政廉访司纠弹治罪。”《元史》，第2019页。

门官讥察出入，其物应入者，折封点检。诸巡铺官及兵级，不得喧扰，及辄视试文，并容纵举人无故往来，非因公事，不得与举人私语。诸试卷弥封用印讫，以三不成字为号标写，仍于涂注乙处用印。[1]

一共有十七条，无论是考生夹带、代考等舞弊行为，还是弥封、对读、搜检等官员工作中的失误，乃至阅卷考官可能出现的不谨行为，都在这些处罚条款适用的范围之内。

不仅如此，元代的科举在考试结束以后还有一道“照勘”的程序，也就是对取中考生的试卷进行复查，凭借这样的方式，保证在科举考试中取中的都是合乎标准的士子。以其乡试为例：“乡试中选者，各给解据、录连取中科文，行省移咨都省，送礼部，腹里宣慰司及各路关申礼部，拘该监察御史、廉访司，依上录连科文申台，转呈都省，以凭照勘。”[2]而倘若是在试卷照勘中出现问题，考生以及批阅试卷的考官也都会受到相应的处罚。

从制度层面上说，元代科举的这些规定以及对于科场舞弊行为的处罚，都是使得科举考试在公平、公正原则下有序进行的有效保证。虽然由于元代统治者对于科举的轻视，这些规定在当时的实行状况可能并不像表面上体现的这般严格，但这些制度很多都被明代的科举考试制度所汲取，并成为明代科举制度走向顶峰的一个重要原因。

---

〔1〕《元史》，第2023—2024页。

〔2〕同上书，第2020页。

第二节 官员铨选制度

所谓官员铨选制度，就是指以何种方式选拔官员。在元代主要有“怯薛”、吏员出职、荫叙、纳粟补官等几种主要的铨选制度，其中，“怯薛”制度是元代高级官员的主要来源，通过吏员出职获得出身的官员人数则最多，而这几种制度无一例外都对元代的吏治造成或深或浅的负面影响。除了这几种制度之外，元代还有一种颇为特殊的“转官法”，从起初的用意上说，其对于官吏的廉政具有一定的益处，但由于整个元代官员铨选制度都处在一种弊大于利的状态中，初衷颇有可取的转官法自然也难以独善其身。

一、“怯薛”制度

所谓怯薛，指的是蒙古、元朝的禁卫军，有些类似于以前朝代的御林军，《南村辍耕录》有曰：“国朝有四怯薛太官。怯薛者，分宿卫供奉之士为四番，番三昼夜。凡上之起居饮食，诸服御之政令，怯薛之长皆总焉。中有云都赤，乃侍卫之至亲近者……负骨朵于肩，佩环刀于腰。或二人四人，多至八人。”[1]由此可见，怯薛一般分为四番，轮流进入宫中值班，每番值班的时间是三昼夜。不仅是保护皇宫的安全，皇帝的衣食住行等事务，包括服饰车马器用之类，也都在怯薛的职责范围之内，并有怯薛之长对其进行统领。

---

〔1〕 陶宗仪：《南村辍耕录》，中华书局1959年版（下同），第19页。

在元代，一般来说只有功臣的子孙方有资格成为怯薛，而功臣中尤其功勋卓著的，才可以担任怯薛之长。当然这也不是绝对的，有论者曾道："后来则将其他民族，如色目人、汉人的贵族子弟也入选了。这一方面表示对他们的信任，由大汗或皇帝亲自对其子弟进行培养、教育、委以重任，另一方面也不无作为人质的意思，因而怯薛有时被称为'质子兵'。"[1]当然，汉人等成为怯薛是比较少见的，蒙古贵族仍然是怯薛的主要来源。

怯薛起源于草原部落首领所率领的亲兵卫队，成吉思汗曾组建万人的怯薛队伍，这支队伍在其南征北战中发挥了重要的作用。[2]元朝建立后，除了护卫皇帝以及照顾皇帝的日常生活之外，怯薛还成为朝廷高级官员的重要来源。

怯薛出任官职的，一般说来升迁都比较快，尤其是四怯薛长，"更受到特殊优遇，出官辄为一品"[3]。怯薛再担任官员后，哪怕官职再高，也还要轮班进入宫中值班，这也便是所谓的"虽官随朝诸司，亦三日一次，轮流入直"[4]。

由上可见，怯薛与皇帝的关系比较奇特，倘若其只负责皇帝的安全、起居等事务，与皇帝的关系便类似于主奴；但薛怯又能够出任官职，就又构成了君臣的关系；更为复杂的是，当怯薛出任官职之后，还是要入宫值班，这便使得主奴、君臣两种关系混杂在一起，难以区分彼此，势必产生某种职能上的混同和干扰。

从积极的方面来看，怯薛负责皇帝的护卫、起居等事宜，这便减

[1] 马冀：《衙内和怯薛歹之类》，《内蒙古大学学报》1989年第3期，第49页。

[2] 吴柏春、谢云峰：《试述蒙古汗国时期的怯薛制》，《内蒙古民族师院学报》1991年第2期，第17—23页。

[3] 屈文军：《元代怯薛新论》，《南京大学学报》2003年第2期（下同），第145页。

[4] 《南村辍耕录》，第19页。

少了宦官与皇帝的亲密程度，大大减低了宦官专权的可能性，因此终元一代，都没有发生如同汉代、唐代那样严重的“宦祸”，这是其一。其二，怯薛多由蒙古贵族担任，其与元代的君主在根本利益上是一致的，这也保证了其出任官员后，在行政时能够实施有利于整个统治集团的行为，就客观效果而言也有利于吏治的整肃和廉洁。

但从消极的方面来看，主奴、君臣不分的状态，使得出身怯薛的高级官员很难处理与皇帝之间的关系，整个政府建制的职能和价值取向也必然发生混乱。此外，这样的情形，对于其他不是选拔自怯薛的官员也有影响，“使得蒙古当朝权贵以做皇帝奴婢为荣的风气也不断弥漫到其他各族官员身上”，这导致了主奴观念在国家官僚体制中的泛化，并影响到了以后朝代的政治格局。〔1〕

更为严重的是，虽然怯薛与宦官在身份上并不相同，但二者和皇帝之间关系的亲密程度却大相仿佛。而较之宦官，怯薛更有可以在朝廷为官的便利，这种沟通宫里宫外的自由，无疑使得怯薛具备了更大的权限。“怯薛主要通过参预御前奏议决策、以内驾、驭外挟制宰相、介入宫廷政变及皇位更迭等方式，积极干预元代朝政”〔2〕，这便给元代的政治带来了比宦祸更为严重的隐患。事实上，元代的怯薛也常常利用手中的权力勾结外官、商贾等舞弊营私，这也成为元代统治越来越腐朽的一个重要原因。

二、吏员出职制度

吏员，又称吏、胥吏等。元代的吏主要有省台掾、令史、书

〔1〕《元代怯薛新论》，第148—149页。

〔2〕刘晓：《元史研究》，福建人民出版社2006年版，第91页。

吏、司吏、知房、本把、译史、知管、攒典、吏人、人吏、公吏、公人等数种。虽然古代“官吏”并称，但吏员的地位要远在官员之下，是中央、地方各衙门负责具体办事的人员。在元代，吏的地位还是远不如官，但吏却可以通过某些方式成为官员，这便是“吏员出职制度”。不仅如此，相较于前面所说的科举制度和怯薛制度，通过吏员出职制度选拔出来的官员要多得多，是元代官员的主要来源，《草木子》中便有言：“仕途自木华黎王等四怯薛大根脚出身分任省台外，其余多是吏员。至于科目取士，止是万分之一耳。”[1]

在吏员出职制度中，最为关键的问题是吏员在任职多长时间后才有资格选拔为官员，而这一期限在元代也并不一致，主要有一百二十个月和九十个月两种。在至元六年（1269年），就有规定“旧以一百二十月出职，今案牍繁冗，合以九十月为满”[2]，可见是将原来的一百二十个月改为九十个月。而到了大德元年（1297年）则规定：“以省、台、院诸衙门令译史、通事、知印、宣使等，旧以九十月为满，升迁太骤，今以一百二十月为满，于应得职事内升用。”[3]又将出职的时间期限改了回去。到了至大二年（1309年）有诏书曰：“中外吏员人等，依世祖定制，以九十月满，参详，历一百二十月已受除者，依大德十一年内制，外任减一资。所有诏书已后在选未曾除受，并见告满之人，历一百二十月者，合同四考理算，外任一资，不须再减。”[4]这是充分权衡了两种出职时间的利弊后做出的决定：依照不同的状况，两种出职时间并行，多少缓解了其中存在的矛盾。而无论是九十月还是

〔1〕《草木子》，第82页。
〔2〕〔3〕〔4〕 柯劭忞：《新元史》，上海古籍出版社1989年版（下同），第332页。

一百二十月，吏员都需要经过七年乃至十年的时间才能具备成为官员的条件。

除了出职的时间期限，吏员出职后担任何种官员也是一个重要的问题。关于这一点，有论者曾道："元朝政府将吏职分为两类：一类是可以按规定考满后出职为入品的令史、译史、通事、知印、宣使、奏差等，元朝称为'有出身吏员'；另一类就是路、府、州、县、基层衙门的司吏等，他们考满后出职任流外职，一般就称为'吏员'。对于前一类元朝政府是不限制其出职后的升迁的，而对后一种则有很大的限制"，而总的说来，"有元一代，除了元仁、英宗两朝吏员出职受严格限制外，其余都执行最高出职为四品"〔1〕。

元代在进行吏员出职选拔的时候也有一定的标准，如规定"以性行纯谨、儒吏兼通者为上，才识明敏、吏事熟闲者次之，月日虽多、才能无取者不许呈贡"〔2〕，其目的也是保证才德兼备的吏员被优先选拔到官员的职位上去，而不是仅凭资历加以选择。

元代之所以在选官时轻科举而重吏员，主要是觉得科举考试选拔出来的士人多只会经义或是文词，而这些在实际的政务中并没有什么实用价值，而吏员则精通政治事务，具有丰富的经验，也不乏处理实际问题的才干，从实用的角度来看要强于只会浮文的读书人。正因为如此，元代才会在吏员出职的时间期限上反复纠缠，其用意自然是为了既要在实际的政务操作中给予吏员足够的锻炼时间，又不能过于磨灭他们进取的锐气，这二者之间的平衡颇为不易。

〔1〕 陈德洋：《元朝选官制度研究》，吉林大学硕士学位论文2005年（下同），第19—20页。
〔2〕《元史》，第2072页。

事实上，看重实际经验和才干自然有一定的合理性，但需要注意的是，虽然吏员在处理现实政务的时候可能更有优势，但由于文化水准和道德修养的相对匮乏，在政务上的熟练并不能总是有效地转化为正面的因素——与此相反，由于对于政府情形的了解和熟悉，当吏员出身的官员品行不端时，他可以更为便利地利用政府的制度和机构为自己谋求私利，而在现实中出现的情形也正是如此。时人有道："古者任官之法，由儒而吏，自外而内，循次而进，无有僭逾。今中外百官，悉出于吏。观其进身之初，不辨贤愚，不问齿德，夤缘势援，互相梯引。有力者趋前，无力者居后。口方脱乳，已入公门；目不识丁，即亲案牍。区区簿书期会之末尚不通习，其视内圣外王之学为何物，治国平天下之道为何事？苟图俸考，争先品级，以致临政懵无所知。"[1]出身吏员的官员在道德品行以及学识上的缺陷会在其成为官员后放大，这也成为元代中后期吏治败坏的主要原因，元代的统治也因此走向覆亡。

三、荫叙制度

所谓"荫叙"，也就是指中高级官员的子孙也可以凭借父、祖的身份，获得一定的官职。荫叙制度汉代就已有之，至宋代得到了很大的发展。元代的荫叙制度上承宋、金而来，与怯薛制度、吏员出职制度一样，是元人获得官职的主要渠道之一。

至元四年（1267年），朝廷就曾经下诏书曰："诸官品正从分

[1] 《元代奏议集录》（下册），浙江古籍出版社1998年版（下同），第56页。

等，职官用荫，各止一名。诸荫官不以居官、去任、致仕、身故，其承荫之人，年及二十五以上者听。诸用荫者，以嫡长子。若嫡长子有废疾，立嫡长子之子孙，曾玄同。如无，立嫡长子同母弟，曾玄同。如无，立继室所生。如无，立次室所生。如无，立婢子。如绝嗣者，傍荫其亲兄弟，各及子孙。如无，傍荫伯叔及其子孙。诸用荫者，孙降子、曾孙降孙、婢生子及傍荫者，皆于合叙品从降一等。诸荫子入品职，循其资考，流转升迁。廉慎干济者，依格超升。特恩擢用者，不拘此例。其有不务廉慎，违犯礼法者，依格降罚，重者除名。诸自九品依例迁至正三品，止于本等流转，二品以上选自特旨。诸职官荫子之后，若有馀子，不得于诸官府自求职事，诸官府亦不许任用。”〔1〕

这一段话详细规定了荫叙制度的许多重要方面：可以荫叙的官员每人只有一个名额，而且不论官员是否在职甚至在世，其子弟的荫叙资格都会得到制度的保护，只要年纪在二十五岁以上的官员子弟就可以荫叙。至于官员的哪一个子弟才有荫叙资格，则比较复杂，是按照嫡长子（或孙，下同）、嫡系次子、继室子、次室子、婢子、兄弟、兄弟子、伯叔及其子孙的顺序排序，在这样一个序列中挑选一个最前列的人进行荫叙。如果是荫叙之人的序列过于靠后，其所得的官职也会相应有所降低。

至于官员的子孙可以荫叙到何种官职，则可以参看大德四年（1300 年）的诏书：“诸职官子孙荫叙，正一品子，正五品叙。从一品子，从五品叙。正二品子，正六品叙。从二品子，从六品叙。正三品子，正七品叙。从三品子，从七品叙。正四品子，正八品

〔1〕《元史》，第 2059—2060 页。

叙。从四品子，从八品叙。正五品子，正九品叙。从五品子，从九品叙。正六品子，从六品子，近上钱谷官。正七品子，酌中钱谷官。从七品子，近下钱谷官。诸色目人比汉人优一等荫叙，达鲁花赤子孙与民官子孙一体荫叙，傍荫照例降叙。”[1]从中可以看到官员子弟荫叙所得到的官职基本上在五品以下，而父辈的官职越高，其子弟所得的官职也相对较高。

荫叙可以看成是朝廷对于官员的优待，也可以看成是统治阶层对于自己既得利益的某种保护。虽然元代也规定“诸职官子孙承荫，须试一经一史，能通大义者免儤使，不通者发还习学，蒙古、色目愿试者听，仍量进一阶”[2]，似乎强调荫叙的官员需要有一定的学识，但从上面所举至元四年（1267 年）的诏书就可以看到，嫡长子、嫡系次子之类的血缘关系的排序，在判断荫叙资格的有无时似乎至为重要。而从治理国家的角度来看，荫叙得到官职之人在政务的熟练程度上不如吏员出身的官员，在文化素养上比之科举得官的士人也大有欠缺，大量荫叙官员进入官场，对于整个国家机器的运转来说，显然是一件弊大于利的事情。有论者便道：“荫叙的官员数目很（难）统计，但无疑是相当可观的。世家子弟，依靠祖父、父母的地位，便可以顺利进入仕途，就其中的大多数来说缺乏从政的修养，充满了狂妄、贪恋的恶习。元代官员素质之低，与荫叙、承袭之法是有一定关系的。”[3]

---

〔1〕〔2〕《元史》，第 2060—2061 页。
〔3〕《元朝选官制度研究》，第 36 页。

四、纳粟补官制度

怯薛制度、吏员出职制度、荫叙制度，还可包括科举制度，除这几种主要的官员选拔方式之外，在元代，还有另外一种官员选拔制度。相较而言，通过这种途径进入仕途的官员数量并不多，但从廉政的角度看，其对于元代吏治的伤害却至为严重，这便是纳粟补官制度。

所谓“纳粟补官”就是指百姓可以通过交纳一定钱粮的方式获得出任官员的资格，这与古已有之的“卖官鬻爵”实际上并没有什么两样。与前代相同，元代也是每每到了发生自然灾害、民不聊生或是财政紧张、入不敷出的时候，便想到以官职作为商品，换取钱财，从而解决政府的经济危机。如至元十七年（1280年）、大德七年（1303年）、天历二年（1329年）、天历三年，元朝都曾出现过纳粟补官的事情。

而到了天历三年（1330年），一直没有形成定制的纳粟补官才有了制度上的明确规定，对此，可以参见《元史·选举志二》的相关记载：“江南、陕西、河南等处富实之家愿纳粟补官者，验粮数等第，从纳粟人运至被灾处所，随即出给勘合朱钞，实授茶盐流官，咨申省部除授。凡钱谷官隶行省者行省铨注，腹里省者吏部注拟，考满依例升转。其愿折纳价钞者，并以中统钞为则。江南三省每石四十两，陕西省每石八十两，河南并腹里每石六十两。其实授茶盐流官，如不愿仕而让封父母者听。陕西省：一千五百石之上，从七品。一千石之上，正八品。五百石之上，从八品。三百石之上，正九品。二百石之上，从九品。一百石之上，上等钱谷官。八十石之上，中等钱谷官。五十石之上，下等钱谷官。三十石之上，旌表门闾。河南并腹里：二千石之上，从七品。一千五百石之上，正八品。一千石之上，从八品。五百石之上，正九品。三百石之上，从九品。二百石之上，上等钱谷官。一百五十石之上，中等钱谷官。一百石之上，下等钱谷官。江南三省：一万石之上，正七品。五千石之上，从七品。三千石之上，正八品。二千石之上，从八品。一千石之上，正九品。五百石之上，从九品。三百石之，上等钱谷官。二百五十石之上，中等钱谷官。二百石之上，下等钱谷官。”〔1〕

从记载中可以看出，相关品秩的官位，都被明码标价，而同一品秩的官位，在江南、陕西、河南三处的价码并不一样，大致说来，在陕西纳粟补官最为便宜，河南稍贵些，而最贵的则是在江南。这显然与各地经济发展程度以及相关的粮食价格密切相连：陕西的米价最贵，河南次之，江南最为便宜，因此三处地方纳粟的价码也与之相应，有所区别。

除了授官，纳粟解决朝廷经济问题还可以获得一定的荣誉称号，这主要指的是不能出任官职的出家人：“僧道能以自己衣钵济饥民者，三百石之上，六字师号，都省出给。二百石之上，四字师号；一百石之上，二字师号，俱礼部出给。”〔2〕这种通过给予一定荣誉鼓励纳粟的方式，与上面所引若普通百姓纳粟后不肯为官，则可以给他的父母以封号的做法是一致的。

从上述这些规定可以看到，元代的纳粟补官还算是较有节制。首先，其纳粟都是为了解决政府实际的用度困难，而并非仅仅是

〔1〕〔2〕《元史》，第2053页。

为了满足统治者的骄奢淫逸；其次，所授官职都在从七品以下，品秩都不算高，这也可以将纳粟的负面影响局限在一定范围之内。

但作为一项“弊政”，纳粟补官制度还是不可避免地会对元代的政治统治产生极大的伤害：当官职可以买卖之后，官场也就和以牟利为目的的商场没有什么差别，以朝廷社稷为重、为国计民生负责也就会现实地转化成为以个人利益为重，为自家财物负责，这势必增加政治统治中腐败现象的出现几率。因此，从根本上说，纳粟补官制度只是一种割肉补疮的权宜之计，其与饮鸩止渴式的慢性自杀并无二致。

五、转官法

元朝建立之初，在地方官员的任用上，采取的是世袭的制度，子承父职，孙继子位，由此带来的负面影响是多方面的，最明显之处便在于官员皆将自己的部下以及所辖土地的百姓视为奴仆，即时人所谓的“国家自开创已来，凡纳土及始命之臣，咸令世守，至今将六十年，子孙皆奴视部下，都邑长吏，皆其皂隶僮使，前古所无，宜更张之，使考课黜陟”〔1〕。对于一个封建王朝来说，这显然不是一个长治久安之策，所以，改变这一制度势在必行，而“转官之法”也便因此而产生。

“转官法”实行于元世祖至元年间，规定“各投下路、府、州、县达鲁花赤三年一次给由，宜准御史台所拟，外据南北，拘该路府、州、县，互相迁转”〔2〕。也就是说，各级地方官三年进

〔1〕《元史》，第3090页。

〔2〕《大元圣政国朝典章》，中国广播电视出版社1998年版，第297页。

行一次评定，然后由御史台拟定，在这些官员之间互相迁转。即便不是世袭，官员在一地任职时间过长，也容易和当地的各种权势产生利益纠葛，这不仅会影响中央对于地方的实际控制，更会产生种种官民勾结的不法现象。因此，从廉政的角度来看，转官法的实行具有一定的合理性。

元代非常重视官员的迁转，除了规定在某一任上过久的官员必须迁转之外，还授权御史台的监察官员对于不按规定迁转的官员予以纠察，在宪台的职责中便有一条为“诸官员如任满不行迁转，或迁转不依格者，委监察纠察”〔1〕。

在元代实行的转官法中，有两条比较重要的原则。第一，迁转回避原籍的原则，即要“斟酌地里远近，回避元（原）籍铨注”，迁转官员时，不允许该官回到原籍或曾多年任官就职之地去任升官职，即不许到自己曾管辖过的地盘里当官，应依法到“别个田地（地盘）里迁转”。第二，各类杂职官员不准与行政官员互调互换，其迁转规则也不准许跨“行业”互相迁转。〔2〕这两条原则的实行无疑也是为了避免转官中产生新的弊端。

上面所说的是地方官的迁转，而这样的转官法很快也在朝官、京官甚至是吏员中开始实行，也就是《元史·世祖本纪》所记载的，至元十七年（1280年）春正月，“丙辰，立迁转官员法：凡无过者授见阙，物故及过犯者选人补之，满代者令还家以俟”〔3〕。

转官法显然要优于官员的世袭制，也能切实地减少因官吏久任而产生的弊端，但在其具体实行时，还是出现了不少问题。元

〔1〕《新元史》，第290页。
〔2〕李淑娥：《浅谈元朝的官吏制度》，《唐都学坛》1997年第2期，第34页。
〔3〕《元史》，第221页。

人便曾说及胥吏利用转官法舞弊之事，并就此议论道："迁转吏人之弊以至于此，执政者尚以为良法，何不思之甚也！不务选择人才，专恃迁转，庶不为恶；不思本欲止恶，反为助恶。使本人贤良，虽终身不迁，亦不害政害民；使本人贪污顽钝无耻，一日九迁，所至为恶。譬如松柏之刚直，藤萝之委曲，赋性一定，虽移之万里之外，岂能变易其性哉。旧例省掾部掾百二十月方许出职，盖为主典案牍，不可不久于其事，数变易则不能周知。亲民之吏周知一县官政民情、前后文案，转迁如此之速，实为不便，反致奸黠因之为恶，蠹政害民。以此论之，转迁莫若择人。择人主于门第清白、产业富实、不贪污、慎行止之人，日月深久，定以出身。"〔1〕

其中体现的意思是，制止吏员为非作歹的根本之法，不在于定期对其迁转，相反，频繁的迁转不仅会制造行政中的缝隙，便于吏员舞弊，还会使得品行不端的吏员流转到其他地方，危害多处的百姓。真正的良策应该是从选择吏员的源头做起，择取那些家世清白、有一定产业，因此不贪污、举止谨慎的人进入衙门，这样才是避免吏员害民的最好办法。事实上，这段话虽然说的是吏员的迁转，对于元代官员的迁转也同样适用。在官员能否廉洁奉公这一问题上，转官法只是浮表的权宜之计，最本质的解决之道还是对于进入官场的官员进行严格的选择。这也便是说，科举等官员铨选制度，比转官法更为重要，倘若进入官场的都是品行端正、学识渊博的士人，则其官职转与不转，却也没有那样紧要。

〔1〕 胡祗遹：《杂著》，《吏学指南（外三种）》本，浙江古籍出版社1988年版，第188页。

第三节 监察制度

在元代的各种制度中，监察制度是一个例外，因为虽然整个元代的制度都颇为粗疏，但其监察体系以及相应的制度却显得十分完整和严密，甚至行御史台和诸道肃政廉访司这些地方监察机构的建立还成为监察史上的一个创举。不仅是机构和制度的建立，在许多细致之处，如监察官员的选任以御史台自任为主、监察官员的品秩较高、监察官员的权限较大等方面都值得称道，这也使得整个监察制度成为元代制度中可以详细讨论的一个方面。

一、中央监察机关的机构设置

元代的监察机关主要可以分为两种，即中央监察机关与地方监察机关，两者共同组成了完整的监察系统。

中央最高的监察机关是御史台，又简称为内台、中台或是宪台，初建于元世祖至元五年（1268 年），起因是元世祖感叹“今任职者多非材，政事废弛，譬之大厦将倾，非良工不能扶，卿辈能任此乎？”其臣下张雄飞道：“古有御史台，为天子耳目，凡政事得失，民间疾苦，皆得言；百官奸邪贪秽不职者，即纠劾之。如此，则纪纲举、天下治矣。”御史台因此建立。元世祖还告诫御史台的官员道：“卿等既为台官，职在直言。朕为汝君，苟所行未善，亦当极谏，况百官乎！汝宜知朕意。人虽嫉妒汝，朕能为汝地也。”〔1〕

〔1〕《元史》，第 3820 页。

从这句话也可以看出，元代御史台的职责主要是两种，其一是向皇帝直言进谏，其二是监督百官。对此，元人有道："前代有谏官，有察官，其任皆重也。我朝唯设监察御史，而谏官之责寓焉，则御史实有两重任也。"[1]这也便是说，元代监察机构的一大特点是将前代的"谏官"与"察官"这两种功能合二为一，御史担负了双重的职责。但元代实际的情形却是御史台的工作重心往往在监察百官上，而在对于皇帝的直言进谏上有所欠缺，倘或要求更高一些，要御史提出什么对国计民生大有裨益的建设性建议则更为罕见，这也便是时人所说的："然居是官者往往致详六察，于匡谏之道则或未尽，至于为天下后世计而出于寻常识见之外者，盖益寡矣。"[2]

中央监察机构的官员设置可见《元史·百官志二》的记载："御史台，秩从一品。大夫二员，从一品；中丞二员，正二品；侍御史二员，从二品；治书侍御史二员，正三品。掌纠察百官善恶、政治得失。……其属有二：殿中司，殿中侍御史二员，正四品。至元五年始置，秩正七品，后升正四品。凡大朝会，百官班序，其失仪失列，则纠罚之；在京百官到任假告事故，出三日不报者，则纠举之；大臣入内奏事，则随以入，凡不可与闻之人，则纠避之。……察院，秩正七品。监察御史三十二员。司耳目之寄，任刺举之事。"[3]

由此可见，按照机构的详细划分，御史可以分为三种。首先是御史台的官员，包括御史大夫、御史中丞、侍御史以及治书侍御史。这些官员相对说来品秩较高，掌管纠察、监督百官的廉洁

---

〔1〕〔2〕《滋溪文稿》，中华书局1997年版（下同），第4页。
〔3〕《元史》，第2177—2178页。

奉公与否以及他们在政务上的优劣得失。其次是殿中司的殿中侍御史，一共只有两个人，主要负责大朝会时官员的次序以及其表现是否合乎礼仪等事务。其三是察院的御史，其品秩较低，只有正七品，但人数众多，有三十二员，主要掌管探听百官贤能与否，是否廉洁，并向朝廷上书弹劾不法官员、举用德才兼备的官员。

这种机构设置，基本上沿用了唐代以来的“一台三院制”，但也有所变化，主要是“台院已失去其一切独立色彩，无唐代台院那样具有堪称为台院之长的知杂侍御史那样的角色，两名侍御史和两名治书侍御史都作为御史台最高长官御史大夫和副长官御史中丞的助手，协助他们处理台务，因而三院实际上仅存二院。殿中司和察院职掌专一，独立性较强，一般不受侍御史一级的台官节制”〔1〕。

对于元代的中央监察机关来说，还有一点也不能不提到，与唐宋、明清等前朝、后代相比，相同的官职，元代御史的品秩是最高的，“这在中国古代监察制度史上既是空前的，也是绝后的”〔2〕，从中可以看出，对于监察机关，元代统治者还是充分地重视，并期待着能通过监察官员的纠察、监督，达到澄清吏治、巩固王朝统治的目的。

二、地方监察机关的机构设置

元代地方监察机关分为两级，即行御史台与诸道肃政廉访司。从关系上说，行御史台隶属于中央的御史台，同时，行御史台按

〔1〕 王晓天：《元代的监察制度述论》，《民族论坛》1990年第1期（下同），第80页。
〔2〕《元代的监察制度述论》，第81页。

照地域又分别统领各地的诸道肃政廉访司，这也就是所谓的“统制各道宪司，而总诸内台”[1]。

元代疆域辽阔，在地方设立行御史台以及诸道肃政廉访司这样的监察机构，就是为了解决中央御史台的行政效力难以达到王朝每个区域的现实矛盾，这在中国的监察制度史上也是一个创举。元代行御史台建立于至元十四年（1277年），先后建立了四个行御史台：江南行御史台、河西行御史台、云南诸路行御史台和陕西行御史台，最后只剩下江南行台（简称南台或南行台）和陕西行台（简称西台或西行台）两个行御史台。

据《南村辍耕录》记载：“至元十四年，既取宋，置南行台。二十七年，专莅江南之地，号江南诸道行御史台，秩如内台，而监察御史今二十四人。西行台，初由云南廉访司升行台，大德元年，移治陕西。号陕西诸道行御史台，莅陕西、甘肃、四川、云南之地。延祐间暂废，随复其官，秩如南台，而监察御史今二十人。”[2]从中可以看到南台、西台这两个最重要的行御史台的简单沿革。

江南行台和陕西行台“设官品秩同内台”，江南行台“以监江浙、江西、湖广三省，统江东、江西、浙东、浙西、湖南、湖北、广东、广西、福建、海南十道”，陕西行台则“统汉中、陇北、四川、云南四道”[3]。值得注意的是除了没有殿中司以外，行御史台其他的机构都与中央的御史台相仿。在行御史台管辖范围之外的行省的监察事务则由中央御史台直接管辖。

---

〔1〕《元史》，第2179页。

〔2〕《南村辍耕录》，第24页。

〔3〕《元史》，第2179—2180页。

在行御史台之下的地方监察机构是肃政廉访司，据《元史·百官志二》："国初，立提刑按察司四道：曰山东东西道，曰河东陕西道，曰山北东西道，曰河北河南道。至元六年，以提刑按察司兼劝农事。"[1]可见肃政廉访司原来叫做提刑按察司，刚开始的时候只在四道建立，而在至元六年（1269 年）的时候，除了监察上的职责之外，还有督促农业建设方面的功能。建立以后，数量渐增，至元二十八年（1291 年）改称为肃政廉访司，至元三十年（1293 年）则正式将全国分为二十二道，"每道廉访使二员，正三品；副使二员，正四品；佥事四员，两广、海南止二员，正五品；经历一员，从七品；知事一员，正八品；照磨兼管勾一员，正九品；书吏十六人，译史、通事各一人，奏差五人，典吏二人"[2]。这二十二道，中南台管辖十道，西台统领四道，其余八道由中央御史台直接统辖。

在元世祖至元十二年（1275 年），还实行了"按察司巡行郡县法"，即"除使二员留司，副使以下每岁二月分莅按治，十月还司"[3]。这实际上是通过巡行所辖郡县的方法，将肃政廉访司监察的功能细化到更为基层的区域。

总之，元代地方监察机关的设立是一件空前启后的事情，对于后世的影响颇为深远，而就其在元代的实际效力而言，也得到了后世学者较高的评价，认为其与中央的监察机构一起，形成了"以御史台为中心，行御史台为重点，各道肃政廉访司为经纬的全

〔1〕《元史》，第 2180 页。
〔2〕同上书，第 2180—2181 页。
〔3〕同上书，第 286 页。

国监察网”[1]。

三、监察官员的选任

历朝对于监察官员的选任，主要有三种形式，其一为皇帝亲自任命，其二为监察系统之外的行政长官选任，其三为监察机构自己选任。总的说来，第三种方式，是元代监察官员选任的主要渠道。

《元史》有载，元世祖至元五年（1268 年），刚刚建立御史台，任命高鸣为侍御史，“风纪条章，多其裁定。寻立四道按察司，选任名士，鸣所荐居多，时论咸称其知人。天下初定，中书、枢密事多壅滞，言者请置督事官各二人，鸣曰：‘官得人，自无滞政，臣职在奉宪，愿举察之，毋为员外置人也。’”[2]由此可见，在宪台成立之初，监察机构就已拥有了自己选任官员的权力。

至元十九年（1282 年）御史中丞崔彧更曾说道：“台臣于国家政事得失、生民休戚、百官邪正，虽王公将相亦宜纠察。近唯御史得有所言，臣以为台官皆当建言，庶于国家有补。选用台察官，若由中书，必有偏徇之弊。御史宜从本台选择，初用汉人十六员，今用蒙古人十六员，相参巡历为宜。”[3]其中体现的意思正是倘或御史台的官员由中书省这样的行政机构选出，必定会产生弊端，只有由御史台自己选择，才能不受行政部门的限制和羁绊，减少徇私舞弊的可能，真正实现对于朝廷官员的纠察监督和对于

[1]《元代的监察制度述论》，第 82—83 页。
[2]《元史》，第 3758 页。
[3] 同上书，第 4039 页。

朝政的直言进谏。实际上，对于监察部门来说，如何保持自身的独立性，消减其他部门的干扰，是一个异常重要的问题，而其官员可以自己选任正是保持其独立性的关键。

除了选择的方式之外，在监察官员的选择条件上，元代也有特殊之处。“如果说唐宋选任监察官员的首要条件是重学识、才干和从政实践经验，而元代却是重种族出身及门第、功勋。究其原因，实与有元一代全面推行以蒙古人、色目人、汉人、南人为等级次序的所谓‘四等级制’分不开”〔1〕。由此可见，尽管元代宪台可以自任官员的制度有利于其监察功能的执行，但其具体操作的过程还是不免受到元代一些固有政治格局的影响，而这一情形到了元代后期的时候则更为严重。

如《草木子》所载：“元初法度犹明，尚有所惮，未至于泛滥。自秦王伯颜专政，台宪官皆谐价而得，往往至数千缗。及其分巡，竞以事势相渔猎，而偿其直，如唐债帅之比。于是有司承风，上下贿赂，公行如市，荡然无复纪纲矣。肃政廉访司官，所至州县，各带库子检钞秤银，殆同市道矣。《春秋传》曰：‘国家之败，由官邪也；官之失德，宠赂彰也。’岂不信夫!”〔2〕从这段记载可以看出，到了元末，台宪官可以用钱财买得，而这些买官的人在进入官场后又利用手中的职权去牟利，整个官场与市场竟然没有区别。负责监督百官的台宪官如此，其他官员更是可想而知，而整个王朝的命运也就更可以揣知了。

---

〔1〕 关汉华：《元代监察官员选任制度述论》，《江汉论坛》2002 年第 3 期（下同），第 62 页。

〔2〕《草木子》，第 82 页。

四、监察官员的职责

元代对于监察官员相关职责的规定异常细致而完备，在元世祖至元五年（1268年）成立御史台的时候，就颁布了相应的“合行条划”[1]，约有三十六条之多，包括以下几个方面。

其一是对于中书省、枢密院等中央机构的监察，包括日常的行政事务、祭祀之事以及外交事务等，如规定“弹劾中书省、枢密院、制国用使司等内外百官奸非，刷磨诸司案牍，并监察祭祀及出使之事”。

其二是对于司法事务的监督，如规定“诉讼冤抑人等，民户经左右部，军户经枢密院，钱谷经制国用使司，如理断不当，赴中书省陈告。若省官看徇或理断不当，许台官纠弹”，以及“诸官司刑名违错，赋役不均及造作不如法者，委监察纠察”。从中可以看到监察部门可以对司法机构错判的案件进行纠察，并且其处理这些司法事务的层次要在其他行政部门之上。除了审判不当的案件之外，监察部门也会负责一些刑狱方面的事务，如“诸囚禁非理死损者，委监察随事推纠”。

其三是对于朝廷官员行政事务的监督，如官员任满后不迁转，或者是不依照相关的规定迁转，以及不奉朝命擅补注官品的，都在监察官员纠察的范围之内。当然，如官员因为老病或是污滥不能胜任者，监察部门也会进行纠察，反之，对于廉能公正的官员，监察部门要将他的姓名上奏朝廷。除此之外，非常重要的一点是官员经

〔1〕《新元史》，第290页。

济方面的问题也必须接受监察部门的监督。如明确规定“随路总管府诸官及大府监应管财物文帐，委监察，每季照刷”，并且“和买如不依时价，冒支官钱或克减给散不实者，委监察纠察”便是。

其四，一些其他职能部门的行政事务，监察官员也要进行弹纠。如属于工部的营造役工之事，属于户部的户口流散之事，属于兵部的军官申报俘馘不实，属于地方行政机构的杀虫减灾之事，以至于“阻坏钞法”、“诸贫穷孤老幼疾应养济”等琐屑事务，也都属于监察官员的管辖范围之内。

其五，对于官员个人举止的一些监督。如规定“诸求仕及诉讼人，于官员私第谒托者，委监察纠察”，“诸官府如书呈来往者，委监察纠察”等都属于此类。规定甚至详细到“诸官吏入茶坊酒肆者，委监察纠察”，官员连去茶馆喝茶、酒店饮酒，也需接受御史的监察，这些条例规定之细，以及监察官员职权之广，也就可以推知了。

在至元五年（1268 年）之后，关于监察的法规还处于不断的增益中，“元统治者先后又陆续制订、颁布，总数约略近二十种。元世祖至元二十八年，元顺帝至正十七年还曾汇编和续编《风宪宏纲》，作为监察官吏的准则”。而按照监察机构的不同，这些监察法规又可以分为三类。首先是属于御史台的法规，如《宪台格例》、《体察咨禀等事》、《监察则管体察》、《监察合行事体》、《整治台纲》等；其次是属于行御史台的法规，如《行台体察等例》、《行台体察又例》、《立行御史台官》等；再次是属于肃政廉访司的《察司体察等例》、《察司合察事理》、《禁治察司条例》、《合行条例》等〔1〕。

〔1〕《元代的监察制度述论》，第 83 页。

由这些条例、条规可以看到对于元代监察官员的相关规定异常细致和完备，其职权范围也异常广泛，可以说上至有关朝廷社稷的军国之大事，下至官吏人等的个人品行修养，无不受其监督纠察，并且其权力所及，横跨行政、司法、军事、民政等各个不同的部门。

从正面的角度来看，监督部门对于行政、司法、军事、民政等部门的日常工作进行监督，有利于防止这些职能部门滋生腐败，产生渎职甚至是不法的事情。但从负面的角度来看，监督部门的权限过大，有时不免产生喧宾夺主的负作用，行政部门的正常工作会受到干扰，乃至其职权受到侵夺，例如元代的司法事务中就存在这样的问题，而如何维持这二者之间的平衡，显然是让监察部门的职权得以正常运转的关键。

五、对于监察官员的管理和考核

如上所论，元代监察官员的职权颇大，而与之相应的，对监察官员的管理和考核也应该颇为细致，这样才能够避免监察官员本身缺乏足够的监督和纠察的局面。而元代对于监察官员的管理和考核也确实比较严格。

上面曾说及至元五年（1268 年）颁布的“合行条划”，其中就有一条为“监临官如不举劾犯法者，减罪人罪五等，台官知而不举劾，亦减罪人罪五等”〔1〕，也就是说，倘或监察官员遇见应该纠察的事情却没有弹纠，也会因此获罪。

---

〔1〕《新元史》，第 290 页。

元世祖至元十九年（1282 年）诏谕天下："官吏受贿及仓库官侵盗，台察官知而不纠者，验其轻重罪之。中外官吏赃罪，轻者杖决，重者处死。言官缄默，与受赃者一体论罪。"〔1〕如果说在至元五年（1268 年）的规定中，监察官员不履行职责虽然会获罪，但罪名要比应该纠察的人要低，在至元十九年的这道诏书中，监察官员不弹劾、纠察腐败官员，就会与犯罪官员罪名相等，这样的规定显然又要严格得多。

除此之外，对于监察官员的日常行为，元代也有严格的纪律约束。例如对于肃政廉访司的官员就有如下的限制：其一，不准擅离职守；其二，必须服从调配；其三，不得擅自增设官吏编制；其四，不得接受礼物；其五，不得同监察私下宴请；其六，不得宿娼饮会；其七，巡按去处不得求聚妻妾；其八，巡查时不得带妻子亲眷、闲人并长行马匹同行；其九，巡察时不得增带随行书吏；其十，不得以私事役使公吏人等。〔2〕这些规定细密的纪律在各个方面约束着监察官员的举止，防止其在还没有触及监察对象的腐败问题之前，就已经倒在"糖衣炮弹"之下。

除了用相关的规定和纪律进行管理，元代还在每年的年终对监察官员进行考核，即"年终检较所在监治去处，能使官吏廉勤，不敢违法；凡事办集，不致扰民；非因天灾流行，百姓安业，则为称职"〔3〕。也就是说，考核的标准主要是要让受监督的官员不违法，让百姓正常的生活秩序不受干扰，使之安居乐业，这样的监察官员就是称职的。由此可见，元代对于监察官员的要求不在

---

〔1〕《元史》，第 246 页。
〔2〕《元代的监察制度述论》，第 84 页。
〔3〕《大元圣政国朝典章》，中国广播电视出版社 1998 年版（下同），第 149 页。

于纠察出了多少腐败的官员，而主要是防范于未然，并尽量与民生息。这在避免腐败现象的同时，也会减少苛政出现的可能性。而考核不合格的监察官员，则是那些“有习弊不改，败事扰民之人”〔1〕，而这些官员自然会受到相应的处治。

而在监察官员任满之后，也会受到考核：“按察司官、行台监察御史今后如遇任满得替，咨申文字，开写某官姓名、年甲、籍贯、入仕根脚、请俸月日，并任内刷过卷宗、追到钱物、弹劾官吏起数、保举可用人材、所陈利害及应行过事迹，移牒本司照勘完备，从实保结，开申监察御史行移察院，依上施行”〔2〕。从中可知，任满之后，对于监察官员在任内察过的案卷、追索的钱物、弹劾的不法官员、荐举的贤才异能之人、提出的建议等，都要进行一个全面的清理，而在这些方面表现杰出的监察官员会受到升职的褒奖，不称职甚至是贪污腐化的监察官员则会被撤职。这一任满考核的制度也必然会对监察官员在任内的廉洁奉公、恪尽职守起到良好的推动作用。

这里还可以提到监察官员的升职。一般说来，监察官员较之其他官员，会比较容易得到升迁的机会，“不仅升迁快，而且升幅高，如正七品的监察御史，往往能升调为正五品的廉访司佥事。其原因主要是宪官承担着较大的风险，而这些规定则有利于激励他们言谏及纠劾的积极性”〔3〕。

一方面是利用严格的规定和纪律来约束监察官员的言行，另一方面又用通畅的仕途对其进行鼓励，这些措施都有助于监察官员将

〔1〕《大元圣政国朝典章》，第149—150页。
〔2〕《大元通制条格》，法律出版社2000年版，第104页。
〔3〕《元代监察官员选任制度述论》，第63页。

手中颇大的权力用到正确的方向，使其真正成为铁面无私的御史。

第四节　俸禄制度

对于官员来说，俸禄的重要性不言而喻，它影响了官员在职时的实际行为，或是在解决了后顾之忧的状况下行使自己的职权，或是截然相反，官员通过手中的职权谋取非法的好处以解决可能的生计之愁。而对于整个王朝来说，俸禄的确也同样重要：一方面，要给予官员一定的经济支持，使得他们的生活有所保证，以便于官员正当行使权力；另一方面，庞大的俸禄支出又会给王朝带来经济方面的压力，令其举步维艰。因此，维持这两方面的平衡便显得异常关键。从整个中国历史来看，元代官员的俸禄是较低的，这也似乎成为元代吏治败坏的某种根源。但仔细分析，除了俸禄制度本身的缺陷之外，造成俸禄偏低的主要原因便在于经济形势的不堪，严重的通货膨胀使得官员实际得到的俸禄大大降低。而经济形势的不堪造成官员俸禄的偏低，俸禄偏低使得吏治腐败，吏治的腐败又势必影响王朝的经济，整个元代的统治便在这样的恶性循环中走向覆灭。

一、俸禄制度的建立与发放形式

俸禄制度对于官员的廉洁奉公至为重要，正所谓“官必有禄，所以养廉也”[1]。只有日常生活有保障，官员才能安心于本职，

〔1〕《元史》，第2449页。

不至另生他念。但元代的俸禄制度，却经历了一个从无到有的过程。元初的时候，并不给官员发放俸禄，这就是《元史·食货志四》所说的“元初未置禄秩”，到了元世祖即位后，才首次下令给官员发俸禄，从此后，“内而朝臣百司，外而路府州县，微而府史胥徒，莫不有禄”〔1〕。

事实上，虽然元世祖初年就开始发放俸禄，但所有官员俸禄制度的确立却还有一个过程：“禄秩之制，凡朝廷职官，中统元年定之；六部官，二年定之；随路州县官，是年十月定之。至元六年，又分上中下县，为三等。提刑按察司官吏，六年定之。”〔2〕这以后，元代的俸禄制度又经过了多次的调整，尤其值得注意的是至元十八年（1281年）的规定：“更命公事毕而无罪者给之，公事未毕而有罪者逐之。”〔3〕也就是说，俸禄的有无与官员在任时候的表现紧密相连，只有在任时没有触犯法律的官员才能得到俸禄，而有罪的官员非但得不到俸禄，还会被逐出官场。

除此之外，至元二十二年（1285年），“重定百官俸，始于各品分上中下三例，视职事为差，事大者依上例，事小者依中例”〔4〕。从中可见，俸禄不仅与官员的品秩相关，还与官员所负责的事情相关，即便是同品秩的官员，也因为负责事情的不同，在俸禄上有上、中、下不同等级的区别。

关于官员的俸禄，元代还有一些较为细致的规定：“凡诸官员上任者不过初二日，罢任者已过初五日，给当月俸。各路官擅割官吏俸者罪之。诸职官病假百日之外，及因病求医、亲老告侍者，不给禄。后官已至，而前官被差者，其俸两给之。随朝官吏每月

〔1〕〔2〕〔3〕〔4〕《元史》，第2449页。

给俸，如告假事故，当官立限者全给，违限托故者追罚。军官差出者许借俸，殁于王事者借俸免征。各投下保充路府州县等官，其俸与王官等。”[1]从这些规定里可以看出，在发放俸禄上，元代还是采取了一定的措施，保护官吏合法的经济利益，如不许上级克扣下级官吏的俸禄，前官、后官的俸禄可以发放两份，军官出差可以借用俸禄，为国捐躯的军官所借俸禄不用偿还等，但也有一些限制，如请病假时间在一百天以上，就不给俸禄。这些细致的规定无疑也会使得整个俸禄制度得到较为切实的保障和执行。

元代俸禄的发放形式主要有三种，即俸钞、俸米和职田。

首先是俸钞，俸钞的数额可以参见至元二十二年（1285 年）所定的“百官俸例”，各品又分为上、中、下三等：“从一品：六锭，五锭。正二品：四锭二十五两，四锭一十五两。从二品：四锭，三锭三十五两，三锭二十五两。正三品：三锭二十五两，三锭一十五两，三锭。从三品：三锭，二锭三十五两，二锭二十五两。正四品：二锭二十五两，二锭一十五两，二锭。从四品：二锭，一锭四十五两，一锭四十两。正五品：一锭四十两，一锭三十两。从五品：一锭三十两，一锭二十两。正六品：一锭二十两，一锭一十五两。从六品：一锭一十五两，一锭一十两。正七品：一锭一十两，一锭五两。从七品：一锭五两，一锭。正八品：一锭，四十五两。从八品：四十五两，四十两。正九品：四十两，三十五两。从九品：三十五两。”[2]此次所定的俸例在俸禄史上也具有异常重要的意义：“官员的俸钱全部采用货币形式，在中国封

〔1〕《元史》，第 2450 页。
〔2〕同上书，第 2451—2452 页。

建社会俸禄制的沿革中，无疑是一项重大的改革。”〔1〕

其次是俸米。由于物价上涨，一些小官吏的俸禄不足以支撑其日常开销，只能去残害百姓，这也便是所谓的“张官置吏，本以为民。小吏禄食不给，掊取为害”〔2〕，因此至元二十二年（1285 年）便规定，在原本的俸禄之外，给一些小官吏增发俸米，“俸钞依旧例支给，每月添米一石”〔3〕。这以后，随着物价的进一步不可控制，货币愈发贬值，而俸米的发放也成为各级官员通用的一种支俸方法。

再次是职田。职田之制，古已有之，职田又称为“菜田、禄田、职公田、职分田”等。此种田产属于公有，不能买卖，但可以授予官员，以其出产物作为官员俸禄的补充。官员在离任后，职田也要转交给下任官员。元代的时候，给予只有俸钞却没有俸米的府、州、县官以职田，以补偿他们的俸禄收入：“职田之制，路府州县官至元三年定之，按察司官十四年定之，江南行省及诸司官二十一年定之，其数减腹里之半。至武宗至大二年，外官有职田者，三品给禄米一百石，四品给六十石，五品五十石，六品四十五石，七品以下四十石；俸钞改支至元钞，其田拘收入官。四年，又诏公田及俸皆复旧制。延祐三年，外官无职田者，量给粟麦。凡交代官芒种已前去任者，其租后官收之，已后去任者前官分收。后又以争竞者多，俾各验其俸月以为多寡。”〔4〕职田是外官收入的重要来源，也是朝廷平衡内外官员收入的一种重要举措。但职田制度的实行，也滋生了各种弊端，如南北官员收入不均等。

---

〔1〕 潘少平：《论元朝俸禄制度》，《南都学坛》2002 年第 1 期，第 24 页。
〔2〕〔3〕《大元圣政国朝典章》，第 584 页。
〔4〕《元史》，第 2450—2451 页。

元人郑介夫对此便道："时务所急，虽未专在此，而禄之不均，自是朝廷一大缺政。"[1]因此在入明后，职田制度便被废除了。[2]

总之，元代的俸禄制度制定得颇为严密，俸禄的发放形式也较为多样，可以互相补充。但总体而言，元代官员的俸禄却偏低，再加上越来越严重的通货膨胀，原本是用来养廉的俸禄往往连最基本的日常生活都难以维系。这也是元代后期吏治腐败的一大原因。

二、退休金制度

除了俸禄之外，"退休金"也是促进官员养廉的一个重要手段，在某种情况下甚至更为紧要。因为退休后能否获得经济上的保障，不仅关乎退休官员的生活水准，更会对在职官员的心理产生暗示：退休后的衣食无忧意味着他们没有充分的必要性利用手中的职权捞取个人利益，以作为退休后生活的储备；而倘或缺乏这样的保证，则即便是最廉洁的官员，也不得不考虑到日后的生存问题，吏治将会由此而动摇。在元代，除了比较严密的俸禄制度之外，也建立了相应的退休金制度。

据《元史·王磐传》记载："磐尝于会集议事之际，数言：'前代用人，二十从政，七十致仕，所以资其材力，闵其衰老，养其廉耻之心也。今入仕者不限年，而老病者不能退，彼既不自知耻，朝廷亦不以为非，甚不可也。'至是，以疾，请断月俸毋给，自秋及春，坚乞致仕。"而经过多次请求之后，王磐的致仕——也

〔1〕《元代奏议集录》(下册)，浙江古籍出版社1998年版（下同），第87页。
〔2〕潘少平：《论元朝俸禄制度》，《南都学坛》2002年第1期（下同），第26页。

就是退休愿望终于得到了满足，“丞相和礼霍孙为言，诏允其请，进资德大夫，致仕，仍给半俸终身”〔1〕。从这段材料中可以看到，在王磐所处的元初，官员的致仕还没有形成一种可以普遍执行的制度，也就是所谓的“今入仕者不限年，而老病者不能退”，但如果有官员提出申请，还是可以退休，而王磐可以享受“给半俸终身”，即退休后可以拿在职时一半薪水的待遇，既是元代对于功勋老臣的某种优待，也隐隐意味着其他官员在退休后获得一定的经济收入将会成为可能。

元成宗大德七年（1303 年）规定：“诸职官七十致仕，礼有明文。比见年及者往往驱驰仕途，倘因疲倦误事，或被弹劾，不能全其晚节，良可悯惜。今后内外官员有及七十者，拟自三品以下，验所历日月，于应得资品上优与散官致仕。其德望素著，为时所重，翰林、集贤侍从老臣，备朝廷咨询者，不拘此例。”〔2〕此段材料有三处值得注意：其一，在此之前，就已明确规定职官七十岁就可以致仕，但制度的执行状况可能并不十分严格，因此要在大德七年予以重申；其二，并不是所有的官员都统一在七十岁的时候致仕，三品以上的高级官员，以及有德望的大臣，还有翰林院等部门亦然可以备顾问之用的老臣，不在七十岁致仕的行列中；其三，到了年纪的官员在致仕时会被授予一定的官职，但这样的官职只是“散官”，也就是说更多的是一种称号，没有实权，只代表着某种身份和地位。除此之外，既然是“官”，就应该有一定的俸禄，这实际上也就是用“散官”的名号给予致仕官员一定的退休金。

〔1〕《元史》，第 3754—3755 页。
〔2〕《大元圣政国朝典章》，第 441 页。

而元代的退休金主要也有四种形式，首先便是如王磐一般，退休后拿以前俸禄的一半；其次是退休后，仍然可以领取在职时的全俸；其三是退休后没有固定的俸禄，但获得了朝廷赐给的若干财物；其四是既每月支取俸禄，又获得了赐给的财物。[1]

总之，元代的退休金制度成为其俸禄制度的一个重要补充，有利于官员队伍的人心安定。但其中也有不少缺憾，如在致仕待遇上并不统一，那些位高权重之人可以享受不退休的权利，而按年级致仕的官员即便拿到退休金，也必定在心理上难以平衡。又如官员在退休金的多少上，缺少一个整齐划一的标准，也势必增加制度实行的难度，并阻碍了其实际的效果。

第五节　考课制度

对于廉政来说，可能没有什么制度比考课制度更为重要，其决定了官员政绩能否获得肯定，在任时的功过是非能否得到切实的评价和奖惩。这是促进官员廉洁奉公、不贪赃枉法的关键。但在元代，虽然名义上考课制度决定着官员的升迁抑或是降职，可在实际的操作中，考课的结果却往往只有升职一种。其中最为主要的指标是任职的年限，只要年限达到了标准，就可以升迁，至于政绩、功过等，却都并不重要。这也就决定了元代的考课制度不能行使其真正的职能。虽然元代的监察制度比较严密，可以多少弥补考课制度的不足，但考课制度存在的缺失还是对元代的统治造成了极大的影响。

---

〔1〕《论元朝俸禄制度》，第27页。

一、考课黜陟

所谓“考课”，也称考绩、考核、考查等，就是指对于官员在任时的政绩、表现等进行考核，以决定其官职的升降。

元代规定：“而理考通以三十月为则。内任官率一考升一等，十五月进一阶。京官率一考，视外任减一资。外任官或一考进一阶，或两考升一等，或三考升二等。四品则内外考通理。此秋毫不可越。然前任少，则后任足之，或前任多，则后任累之。一考者及二十七月，两考者及五十七月，三考者及八十一月以上，遇升则借升，而补以后任。此又其权衡也。”[1]从中可以看到，元代是以三十个月为一个周期，考核官员一次，称之为一考。但内任官与外任官在考课时所受到的待遇并不相同。内任官经历一考的周期，就可以升一等，经历十五个月就可以升一阶，而外任官经历一考才可以升一阶，经历大约四十五个月乃至六十个月的时间才能升官一等。相比较而言，外任官升职的时间要比内任官多得多。

在此严格的规定之外，还有一些变通的方法：一考、二考、三考的时间分别应是三十个月、六十个月、九十个月，倘或官员任职已分别达到二十七个月、五十七个月或是八十一个月，虽然在任职时间上还未符合要求，但已经有升职的机会，则官员也可以升职，而不及一考、两考、三考的月份则在下一个任上补足。这也可以视为在考课上对于官员的一种优待。

---

〔1〕《元史》，第2064页。

此外，对于元代的考课还可参见《元史·选举志四》的记载："省部定拟：从九品拟历三任，升从八。正九品历两任，升从八。正八品历三任，升从七。从七历三任，呈省。正七历两任，升从六。从六品通历三任，升从五。正六历两任，升从五。从五转至正五，缘四品阙少，通历两任，须历上州尹一任，方入四品。内外正从四品，通理八十月，升三品。"〔1〕从这一段记载中可以看到每一个品秩的官职升任到上一品秩所需要的详细时间。

元代的考课一般是由中书省、吏部等部门主持进行，而由御史台、行御史台、肃政廉访司这些监察机构负责监督。同据《元史·选举志四》："中统三年，诏置簿立式，取会各官姓名、籍贯、年甲、入仕次第。至元十九年，诸职官解由到省部，考其功过，以凭黜陟。大德元年，外任官解由到吏部，止于刑部照过，将各人所历，立行止簿，就检照定拟。"〔2〕这里提到了元代考课制度值得注意的三个特点。首先是每一个官员都有一个类似档案的记录，上面有官员的姓名、籍贯、年纪、科名等个人信息，以此作为官员考课的基本材料。其次是即便经历了制度规定的时间，官员的升职与否也还要参照其在职时的具体表现，也就是所谓的"考其功过，以凭黜陟"。第三是外任官的考核还有一个名为"行止簿"的物件，上面记载的应该是官员在任时的政绩以及所犯过失等，以此为根据来进行考课。

元代官员的考课是有一定标准的，以地方官为例："凡选举守令：至元八年，诏以户口增、田野辟、词讼简、盗贼息、赋役均五事备者，为上选。九年，以五事备者为上选，升一等。四事备

---

〔1〕《元史》，第2093页。
〔2〕同上书，第2094页。

者，减一资。三事有成者为中选，依常例迁转。四事不备者，添一资。五事俱不举者，黜降一等。二十三年，诏：'劝课农桑，克勤奉职者，以次升奖。其怠于事者，笞罢之。'"〔1〕也就是说，地方官考课的标准主要是户口、田地、司法、治安、赋役这样五件事情，只有五件事情都做得好，才能得到"上选"的评价，并升官一等。做好了三件的，属于无功无过型的，可以按照一般的惯例转官到其他地方。而倘或五件事情都没有做好，则不仅会受到降职一等的处置，还会受到鞭笞的刑罚。而在这五件事情中，对于农桑之事的督促，即对于农业生产的促进，又是地方官考课里的重中之重。

由此可见，元代建立起了较为初步的考课制度，这无论是对于官员队伍的正常循环，还是对于官员的励勤惩惰，都有一定的积极影响。

二、元代考课制度的弊端

元代虽然建立了初步的考课制度，但相对于其他朝代的考课制度而言，元代的考课还显得比较粗疏。这主要集中在以下几个方面。

其一，虽然元代也以考课来决定官员的升职还是降职，也就是所谓的"考其功过，以凭黜陟"〔2〕，但"考功过"的具体实施步骤却并不明显。与此对应，"以凭黜陟"也主要集中在升职方面，对于如何通过考课来降职却体现得并不显著，考课不像是一种考核官员政绩的切实制度，倒更像是官员升职前的一种可有可

〔1〕《元史》，第2038页。
〔2〕同上书，第2094页。

无的仪式。这也便是元人所说的“今国家选法，腹外三年为一考，腹内二年半为一考，自非负罪之员，皆有进而无退”[1]。

其二，在元代的考课中，对于官员奖惩的标准体现得并不充分，在评定中，居官的时间成了决定官员能否升职的最重要的因素。从上一部分的引述中可以看到，对于官员各级的升职均有规定，而这些规定所牵涉的都是官员在职的时间，也就是所谓的“一考”、“二考”等。这便足以产生两个最为严重的影响：首先是只要够资历，无论官员的能力如何、政绩怎样，只要他没有犯太大的过失，到了一定的时间都可以升职；其次，即便是能力和政绩异常突出的官员，限于在职时间的相关规定，也不能很快升职，必须有足够长的居官时间才能具备相应的资格。这样的考课制度显然难以达到其设置的本来目的。

其三，官员只有在任满时，才会有一次考课的程序。对于元代考课制度的这一特点，就有论者说：“职官考课有一个重大变化，就是不像唐宋那样一年一次，而是一任只考课一次，任满为一考。这样，考课的间隔时间比其他朝代都要长得多。”[2]这也就是说，元代官员接受考课的次数要比其他朝代少得多，这对于监督、纠察官员的勤惰以及腐败与否，显然也并不有利。

总的说来，元代的考课制度制定得并不周密，而即便是这一粗疏的考课制度，在具体的实行中也存在不少的问题。程钜夫便有言：“国朝建御史台，虽有考课之目，而未得其要，莫可致诘。欲乞照前朝体例，应诸道府州县，下至曹掾等，各给出身印纸历

---

〔1〕《元代奏议集录》(上册)，第297页。

〔2〕刘文瑞、马丽：《“粗放型”的辽金元廉政建设》，《西北大学学报》2008年第3期，第77页。

子一卷，书本人姓名、出身于前，俾各处长吏联衔结罪保明，书其历任月日，在任功过于后。秩满，有司详视而差其殿最，则人之贤否，一览而知。考核得实，庶无侥幸。”〔1〕参照前面一部分的引文可以知道，在考课中，元代官员也有一个类似的档案记录，上有官员的一些个人信息；此外还有一个“行止簿”，记载官员的政绩和功过，以此作为考课的凭据。

而从程钜夫的这段话中可以揣度到，这些档案记录以及“行止簿”在考课中并没有起到其应该发挥的作用，而程钜夫因此才提出了更为详切的建议，试图促进考课制度的实行。其实际上建议每一个官员有一个“考功历”，不仅有本人的姓名、出身等个人信息，还有各处官员对其德行、才干等方面的担保，并在后面写清楚其在职的时间，以及在任期间的功过是非。等到任满之后，就把这一考功历交到相关的部门，然后在官员中排序，如此一来，便可以看出官员是否贤能，这样的考核也更能符合实际。

事实上，程钜夫的建议虽然比元代实行的考课制度更为切实一些，但也相去无几。可即便是这样并不复杂的考课程序，元代也无法有效地执行，则说明无论是制度的制定，还是具体的操作，都存在着很大的问题。考课是保障吏治的一项重要制度，而考课制度存在的这些弊端与元代统治的迅速瓦解，也便具有着极其密切的联系。

〔1〕《新元史》，第763页。

参考文献：

《元史》，中华书局1976年版。

柯劭忞：《新元史》，上海古籍出版社1989年版。

《元代奏议集录》，浙江古籍出版社1998年版。

《大元通制条格》，法律出版社2000年版。

《大元圣政国朝典章》，中国广播电视出版社1998年版。

胡祗遹：《吏学指南（外三种）》，浙江古籍出版社1988年版。

苏天爵：《滋溪文稿》，中华书局1997年版。

叶子奇：《草木子》，中华书局1959年版。

陶宗仪：《南村辍耕录》，中华书局1959年版。

刘晓：《元史研究》，福建人民出版社2006年版。

陈德洋：《元朝选官制度研究》，吉林大学硕士学位论文，2005年。

本章执笔：叶楚炎